GUANGZHOU YANJIU

广州研究

· 2011—2012 ·

李江涛　郭凡　蔡国萱　主编

· 广州 ·

版权所有　翻印必究

图书在版编目（CIP）数据

广州研究.2011—2012/李江涛，郭凡，蔡国萱主编.—广州：中山大学出版社，2015.10
ISBN 978-7-306-05305-3

Ⅰ.①广… Ⅱ.①李… ②郭… ③蔡… Ⅲ.①广州市—概况—2011～2012 Ⅳ.①K926.51

中国版本图书馆 CIP 数据核字（2015）第 147162 号

出 版 人：	徐　劲
策划编辑：	金继伟
责任编辑：	杨文泉
封面设计：	林绵华
责任校对：	王　璞
责任技编：	何雅涛
出版发行：	中山大学出版社
电　　话：	编辑部 020-84110771，84110283，84111997，84110779
	发行部 020-84111998，84111981，84111160
地　　址：	广州市新港西路135号
邮　　编：	510275　　　传　真：020-84036565
网　　址：	http://www.zsup.com.cn　E-mail:zdcbs@mail.sysu.edu.cn
印 刷 者：	虎彩印艺股份有限公司
规　　格：	787mm×1092mm　1/16　16 印张　296 千字
版次印次：	2015 年 10 月第 1 版　2015 年 10 月第 1 次印刷
定　　价：	40.00 元

如发现本书因印装质量影响阅读，请与出版社发行部联系调换

编辑委员会

主　任：李江涛　郭　凡
副主任：蔡国萱
委　员：尹　涛　卢晓媚　李　杨　张　强　欧江波　周翠玲
　　　　杜家元　白国强　黄　玉　郭艳华　于　静
主　编：李江涛　郭　凡　蔡国萱
副主编：曾俊良　伍　庆　陈　剑
编　辑：禹　静　叶丛梅

前　言

据统计公布，2011年我国的城镇户籍人口比例开始超越农村人口，人口比例的这一变化意涵深远，伴随着的是社会治理路径、社会组织方式、资源配置形式等社会结构全范围的变革，意味着我们的社会发展迎来了城市时代。

城市时代是人口、物品及思想向城市聚集的过程，城市在空间的扩张、区域规模的扩大，同时也增持着交通拥堵、环境污染、居住空间不足等社会风险。所以，城市建设实践最重要的意义是根本性地提升人民的生活品质。在城市时代，广州作为有2000多年历史的大都会，30年改革开放的先行地，其发展路径的选择与探索，不仅对珠三角地区有重要影响，更对全国其他城市的发展有借鉴意义。2011年中共广州市第十次党代会提出了广州走新型城市化发展道路的要求，强调广州的发展要以科技的进步增强可持续发展的能力。2012年广州市政府工作报告对广州的新型城市化建设做了工作部署。广州市社会科学院围绕市委市政府的中心工作，组织多学科专家学者开展深入的研究，以专题报告、咨询建议、专家建言、直接参与决策部门调研等多种方式发出声音，贡献专家库、智囊团的智慧。

这个时代的社会科学工作者是幸运的，因为我们能够目睹我们国家、我们城市的巨大变化，有机会在发生变化的同时对其进行观察、分析和解读，并且和公共政策的决策者共同分享我们的思考。本书分为经济篇、社会篇和文化篇，收录了我院2011—2012年度的部分决策研究课题的研究成果，是我们院科研工作者对广州发展的一些重要问题的认识和解决路径的思考，这当中所涵盖的问题不一定全面，所主张的观点不一定系统，但这些议题和观点，都是在其时引起了决策部门热切关注的。我们将持续出版这些研究成果，它也是广州发展过程的学术记录。

我们期待读者对我们的研究成果有更多的补充、商榷乃至于批评的意见，若然可以，这将是广州思想开放、学术繁荣的一个佐证。

目　录

经济篇

保持广州综合经济实力增长的前景分析／2
广州发展健康产业的思路与对策建议／34
专业服务业的国际经验："增长速度最快、持续时间最长"
　　——培育广州新的经济增长点研究／48
广州绿色建筑发展规划研究／66
完善多元化、多层次资本市场，打造华南财富管理中心／88
建设国际滨海新城，打造一个新广州
　　——南沙新区发展战略定位研究／95
广州南沙新区建设国际自由贸易园区研究／105

社会篇

广州亚运模式的成功经验、社会影响与未来启示／128
广州农村土地流转现状调查及政策建议／148
深化广州农村扶贫开发的思路与建议／170
建立广州农村扶贫开发长效机制的思路与建议／189
城市物流配送车辆对广州城市交通的影响及对策建议／199

文化篇

广州历史人文资源保护与开发的思路及对策建议／214
打造广州文化摩尔，创建世界文化名城新名片／233

经 济 篇

保持广州综合经济实力增长的前景分析

一、广州经济实力增长基础与面临问题

(一) 增长基础

1. 经济增长保持持续快速态势

改革开放以来,广州经济持续快速增长。1978—2010年全市实现地区生产总值由43.1亿元人民币增加到10604.5亿元人民币,年均增长18.2%,在全国主要大中城市中年均增速位居第一,经济总量跨入万亿元城市俱乐部,已经连续22年保持全国主要城市第三位。经济总量占全国比重也由1978年的1.2%增加到2010年的2.66%,人均GDP由全国人均GDP的2.4倍增加到3.41倍,经济地位稳步上升。(见图1)

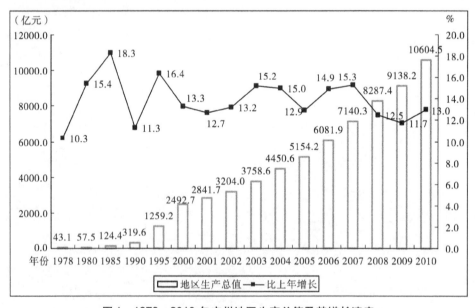

图1 1978—2010年广州地区生产总值及其增长速度

2. 投资增长逐步提升

投资是拉动广州经济增长的主要动力，推动经济增长成效显著。2000—2010年，广州固定资产投资规模由923.67亿元增加到2010年的3263.6亿元，年均增速达12.2%。投资占GDP的比重呈现"N"字型发展态势，与经济发展阶段高度相关。2000年投资占GDP的比重37.05%，之后受宏观经济调控、节能减排等政策压力，2005年下降到28.04%，在经过短期调整后，尤其是在2009年国家出台"保增长、扩内需"的政策效应及亚运会工程建设的刺激，固定资产投资大幅度增加，从2006年的27.9%上升到2010年的30.8%。（见图2）

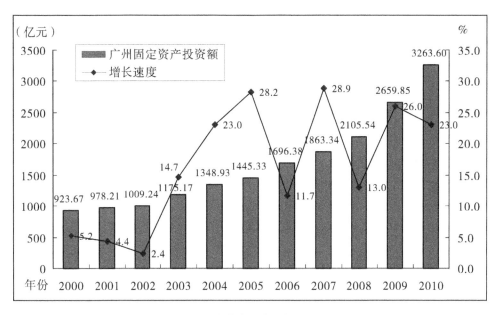

图2　广州固定资产投资总额及增长速度

3. 消费增长贡献逐步增强

消费水平对经济发展逐步提高，对经济增长的贡献逐步增强。2000—2010年，广州社会消费品零售总额由1121.13亿元增加到2010年的4476.38亿元，年均增长13.4%，占GDP的总额始终保持在40%左右。从广州社会消费品零售总额波动周期与经济增长周期看，呈现上升的态势，内需拉动经济增长的趋势明显。（见图3）

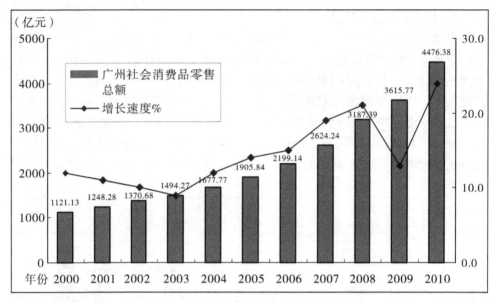

图3 广州社会消费品零售总额及增长速度

4．对外贸易仍是增长的重要动力

外贸出口仍是拉动经济增长的主要驱动因素。2000—2010年，广州外贸进出口总额由233.8亿美元增加到1037.8亿美元，对外贸易规模首次突破1000亿美元大关。对外贸易依存度仍保持较高水准，2010年对外贸易依存度达66%。

（二）面临问题

1．发展环境有待优化

目前，我国的中小企业，尤其是民营中小企业，存在融资难问题，融资环境还有待进一步改善。当前，广州年销售产值在500万元规模以下工业企业增长速度明显低于全市工业平均水平，小企业增长相对缓慢，对于活跃城市经济、启动民间投资都会带来一定的消极影响。此外，城市创业居住环境、发展载体建设等也有待于进一步优化提升。

2．扩大内需仍以财政投资扩张为主

扩大内需，实现内需驱动经济发展转型，是我国实现经济转型升级的战略举措。在积极贯彻落实国家积极的财政政策和稳健的货币政策，保持政策的连续性基础上，要通过制度创新，突破体制机制瓶颈，形成内需稳定增长的内在机制，推动投资、消费可持续增长。长期以来，城市基础设施投资和建设主要是政府行为，政府既要负责投资建设，也要维护和管理，再加上社会保障支出持续增加，政府财政负担加重。20世纪90年代后，广州地方财政支出不断大幅增长。2005—2010年，广州地方财政支出平均每年增长17%。过度依赖政府投资拉动内需，不仅导致政府运行负荷加重，而且无助于政企分开，不利于市场体制的发育。

3. 科技创新对经济增长贡献仍较低

广州技术进步对经济增长贡献率逐步提高，已经超过全国平均水平（29%），但与发达国家平均60%～80%的水平尚有较大的差距。从技术成果转化角度看，科研成果和发明专利等基础性研究和高技术领域研究成果，产业化发展缓慢。从创新企业主体看，广州缺乏在国内外有较大影响力科技型的国有和民营企业，国有大中型企业缺乏自主研发和技术创新能力，而国有大中型企业在广州经济总量中仍占相当比重。2010年广州国有及国有控股企业的工业规模总产值占33%，客观上影响广州总体技术进步的发展和对经济增长作用的体现；此外，广州新兴高科技企业还处在成长阶段，规模普遍偏小。

4. 经济转型升级调整任务艰巨

有效合理的经济结构是当前城市社会经济发展竞争制胜武器，也是当前广州提高经济竞争力的重点任务。广州经济结构虽然在"十一五"期间取得较大优化调整，但结构调整任务仍较艰巨。从产业结构看，第一产业从业人数所占比重仍达10%，而第一产业产值比重仅为3.2%，表明农业产业化和规模化程度不高。第三产业总体规模还不大。从表1的数据可以看出，2010年，广州第三产业增加值为6464.79亿元，与上海、北京相比较有很大差距，第三产业发展还有待进一步加强和提升。从工业发展来看，与国内先进兄弟城市横向比较，工业投入不足、总量规模不够大。2010年广州第二产业投入为625.9亿元，约为天津（2704.1亿元）的1/4还弱，差距比较大。从所有制结构看，2010年全市公有经济生产总值占整个地区生产总值的46.5%，比重仍占将近半壁江山。从外向型经济发展看，广州的国际贸易依存度、涉外税收比例、直接利用外资额度以及与世界500强"牵手"的个数，在国内还没有达到较高水平，这与广州城市发展地位不相称。

表1 2010年广州第二、第三产业增加值与北京、上海的比较 （单位：亿元）

城市	第二产业增加值	第三产业增加值
广州	3950.64	6464.79
北京	3323.10	10330.50
上海	7139.96	9618.31

数据来源：2010年北京、上海、广州三城市统计公报。

5. 缺乏与国家中心城市地位相适应的管理权限

目前，北京、上海、天津和重庆四个国家中心城市均是直辖市，拥有省级行政管理权限。1955年以前，广州曾是直辖市，改革开放后曾是计划单列市，目前是副省级城市。城市政治地位制约广州国家中心城市发展，影响城市集聚、辐射和带动功能的发挥。

二、广州与全国七大城市经济增长比较

（一）2010年经济增长情况

2010年全国GDP约为39.8万亿元，增速为10.3%。在总体经济保持快速增长的大背景下，全国主要城市的经济也保持较快增长。从经济总量看，上海、北京两市的经济总量位居全国城市的前两位，GDP总量分别为16872.4亿元和13777.9亿元；广州的GDP首次突破万亿元大关，2010年达10604.5亿元，居全国主要城市的第三位。其次，深圳、天津、苏州三城市的GDP均突破9000亿元，分居八城市的第三、第四和第五位；重庆与杭州两城市的GDP总量分别为7894.2亿元和5945.8亿元。至此，全国共有三个城市GDP总量超过万亿元。从经济增速看，除上海市外，其余七城市的GDP增速达到两位数，均超过全国增速，总体增速平稳。增速最快的是天津（17.4%）和重庆（17.1%），增速最慢的是上海（9.9%）和北京（10.2%）。

（二）主要经济指标及增长动力比较

1. 主要经济指标比较

（1）各城市竞相发展，综合经济实力明显增强

从经济总量看，2010年，北京、上海、广州、天津、深圳、重庆、苏州、

杭州八城市的地区生产总值（GDP）可划分为三个梯队（见表2）。第一梯队：北京、上海、广州，GDP在万亿元以上；第二梯队：天津、深圳、苏州三城市，GDP在9000亿～10000亿元之间；第三梯队：重庆、杭州。广州虽处于第一梯队，但与上海、北京两城市经济总量差距较大，与第二梯队的深圳、天津、苏州的GDP差距缩小。按地区生产总值增长10%测算，三城市也将在2011年顺利进入"万亿元城市俱乐部"。

表2 "十一五"时期广州与全国七大城市生产总值及增速比较

城市	2006年	2007年	2008年	2009年	2010年	"十一五"年均增速（%）	"十五"年均增速（%）
上海	10572.24	12494.01	14069.87	15046.45	16872.40	11.0	11.5
北京	8117.80	9846.80	11115.00	12153.00	13777.90	11.4	11.9
广州	6081.86	7140.32	8287.38	9138.21	10604.48	13.5	13.8
深圳	5813.56	6801.57	7786.79	8201.31	9500.00	13.5	16.3
苏州	4900.63	5850.11	7078.09	7740.20	9168.90	13.6	15.5
天津	4462.74	5252.76	6719.01	7521.85	9108.83	16.0	13.9
重庆	3907.23	4676.13	5793.66	6530.01	7800.00	14.4	—
杭州	3441.51	4100.17	4781.16	5087.55	5945.82	12.4	—

数据来源：各市2007—2010年统计年鉴、2010年统计公报及"十二五"国民经济和社会发展规划纲要。

从经济增长速度看，"十一五"时期，八城市年均增速在11.0%及以上，广州年均增速13.5%，居第三位，分别比上海、北京、杭州高2.5个百分点、2.1个百分点和1.1个百分点。比天津、重庆、苏州分别低2.5个百分点、0.9个百分点和0.1个百分点，与深圳并列第三。

从人均GDP看，2010年，按当年汇率计算，除天津、重庆外，其余六城市人均GDP均超过10000美元，广州达1.2万美元[①]，上海、北京、深圳、苏州、

[①] 2010年广州GDP 10604.48亿元，按广州市2010年第六次全国人口普查数据，截至2010年11月1日全市常住人口达12700800人，人均GDP达8.3万元，折合美元（1:6.45）为1.2万美元。

天津、杭州与广州人均GDP之比为0.9:0.8:1.0:1.4:0.7:0.8，广州人均GDP仅次于深圳，居八城市第二位。2000—2009年，八城市的人均GDP增速比较快，其中，广州人均GDP增速达13.3%，增速位居八城市首位。（见图4）

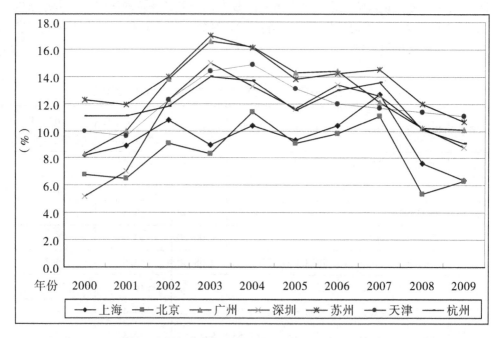

图4　广州与全国七大城市人均GDP增长速度比较

从财政实力看，上海、北京、深圳作为直辖市和特区，享有的财政优势明显，"十一五"期间地方财政一般预算收入在八城市中持续保持前三位。天津、重庆作为直辖市，加上2006年来经济快速增长的强大支撑，地方财政一般预算收入增幅较大，分别由2006年的331.74亿元、317.72亿元增长到2010年的1068.80亿元、1018.36亿元。广州的地方财政一般预算收入排名由2006年的第四位下降为第七位。从地方财政一般预算收入与GDP之比看，其他七个城市都是10%以上，而广州仅为8.23%。这表明广州可支配的财力相对较小，与广州经济发展地位不相称。（见表3）

表3 广州与全国七大城市地方财政一般预算收入比较

城市	2006年（亿元）	2010年（亿元）	2006年地方财政一般预算收入/GDP（%）	2010年地方财政一般预算收入/GDP（%）
上海	1600.37	2873.59	15.12	17.03
北京	1117.15	2353.90	13.76	17.08
广州	427.08	872.65	7.02	8.23
深圳	500.88	1106.80	8.82	11.64
苏州	316.78	900.60	6.46	10.01
天津	331.74	1068.80	7.43	11.73
重庆	317.72	1018.36	8.13	12.90
杭州	301.39	671.34	8.76	11.29

资料来源：八城市统计公报（2006、2010年）。

（2）产业结构不断优化，产业发展重点突出

在产业结构发展方面，八城市第一产业比重均不到一成，北京、上海、广州、深圳第三产业均超过半壁江山，产业结构比呈现"三、二、一"的结构特征；而天津、苏州、重庆、杭州的工业比重较高，体现"二、三、一"结构特征。北京、上海、广州作为中心城市，第三产业比重均超过50%，尤其是北京的第三产业发展水平高居首位，其现代服务业发展迅速，第三产业比重高过广州14个百分点。天津、重庆和苏州第二产业比重较高，均超过50%。（见表4）

表4 2010年广州与全国七大城市三次产业结构比较

城市	第一产业增加值（亿元）	第一产业增加值占GDP比重（%）	第二产业增加值（亿元）	第二产业增加值占GDP比重（%）	第三产业增加值（亿元）	第三产业增加值占GDP比重（%）
上海	114.15	0.7	7139.96	42.3	9618.31	57.0
北京	124.30	0.9	3323.10	24.1	10330.50	75.0
广州	189.05	1.8	3950.64	37.2	6464.79	61.0

续上表

城市	第一产业增加值（亿元）	第一产业增加值占GDP比重（%）	第二产业增加值（亿元）	第二产业增加值占GDP比重（%）	第三产业增加值（亿元）	第三产业增加值占GDP比重（%）
深圳	6.00	0.1	4523.36	47.5	4981.55	52.4
苏州	—	—	—	—	—	—
天津	149.48	1.6	4837.57	53.1	4121.78	45.3
重庆	685.39	8.7	4356.41	55.2	2852.44	36.1
杭州	207.96	3.5	2844.47	47.8	2893.39	48.7

资料来源：八城市统计公报（2010年）。

从工业发展水平来看，上海工业总产值和工业增加值规模最大，深圳、苏州和天津的工业总产值及工业增加值也已超过广州。（见表5）八城市工业重型化特征较明显，上海、深圳、苏州重工业比重超过70%，天津达到82.9%，而广州重工业比重为62.2%。

表5　2010年广州与全国七大城市工业总体情况比较　　（单位：亿元）

城市	工业总产值	工业增加值
上海	31038.57	6456.78
北京	—	2701.60
广州	15329.21	3593.34
深圳	18211.75	4233.22
苏州	28483.69	4950.28
天津	17016.01	4410.70
重庆	10331.99	3697.83
杭州	11258.49	2500.29

资料来源：八城市统计公报（2010年）。

在工业集中度方面，上海电子信息产品制造业、汽车制造业、石油化工及精细化工制造业、精品钢材制造业、成套设备制造业、生物医药制造业等六个支柱产业占上海规模以上的工业总产值比重达64.3%。广州汽车制造业、电子信息产品制造业、石化制造业三大支柱产业占规模以上工业总产值比重达70%以上，在工业集中度方面优势比较明显。深圳以通信设备、计算机及其他电子设备制造业为主，其工业总产值已占规模以上工业总产值58.7%。苏州形成了电子信息、装备制造、纺织、轻工、冶金、石化等六大超千亿元的主导产业，占规模以上工业总产值比重达60%以上，新能源、新材料、生物技术和新医药、节能环保、新一代信息技术、高端装备等战略性新兴产业产值占规模以上工业总产值的比重达27%以上。天津工业在滨海新区的龙头带动下，大力引进重大工业项目，形成了航空航天、石油化工、装备制造、电子信息、生物医药、新能源新材料、国防科技、轻工纺织等八大优势支柱产业占工业比重保持在90%以上，战略性新兴产业初具规模，工业对经济增长的拉动作用显著。重庆形成了汽车摩托车、装备制造业、材料工业和电子信息产业为主的产业，占规模以上工业总产值比重70%左右。比较而言，广州已经处于重化工业发展阶段，但工业规模还有进一步提升的空间，支柱产业类型相对较为单一，有待培养新的工业增长点，促使工业结构趋向高级化，增强工业发展后劲。

从创新能力情况看，深圳的创新优势突出，其高新技术产业产值高达8507.81亿元，占工业总产值比重达53.7%，其中具有自主知识产权的高新技术产品产值5062.10亿元，占全部高新技术产品产值比重59.5%，位居各城市之首。相比而言，广州高新技术产业总体规模偏小，创新驱动力不足，企业创新主体地位不强，科教资源优势尚未充分发挥，自主创新能力建设亟待加强。

（3）人民生活稳步提高，社会事业蒸蒸日上

八城市城镇居民及农村居民收入稳步提高。从收入总量看，上海、广州、深圳及杭州的城镇居民人均可支配收入均突破3万元以上。2010年，八城市城镇居民人均可支配收入均比上年增长8.0%以上。除重庆外，其他城市的农民人均纯收入都在万元以上，农村居民的人均纯收入比上年增长均超过10%，其中，广州农村居民的人均纯收入增长达14.5%，居八城市首位。但是从城乡收入差距来看，八城市的城乡收入差距明显。其中，重庆、广州城乡差距较大，城乡收入比分别为3.6和2.4。（见表6）

从社会消费水平看，2010年，广州社会消费品零售总额为4476.4亿元，消费品零售总额居全省第一。社会消费率（社会消费品零售总额占GDP比重）为42.2%，分别高出全省和全国平均水平4.0和3.8个百分点。居民消费情况方

面，2010年广州城市居民消费率（居民消费支出占居民可支配收入比重）和农村居民消费率分别为81.6%和70.9%，城镇居民消费率居八城市第一位。

表6 2010年广州与全国七大城市居民收入增长比较

城市	城镇居民人均可支配收入（元）	城镇居民人均可支配收入增长（%）	农村居民人均纯收入（元）	农村居民人均纯收入增长（%）	城乡收入比
上海	31838.00	10.40	13746.00	11.50	2.3
北京	29073.00	8.70	13262.00	10.60	2.2
广州	30658.00	11.00	12676.00	14.50	2.4
深圳	32380.86	10.70	—	—	—
苏州	29219.00	11.00	14460.00	11.50	2.0
天津	24293.00	13.50	11801.00	10.50	2.1
重庆	17532.00	11.80	5277.00	11.30	3.6
杭州	30035.00	11.80	13186.00	11.50	2.3

资料来源：八城市统计公报（2010年）。

农村居民消费率仅次于上海（74.4%）居第二位。在消费结构方面，广州城市居民在衣着、居住、交通、通信、文教娱乐等方面的支出比重普遍较高，广州城市居民和农村居民的恩格尔系数分别为33.3%和45.9%。而北京分别为32.1%和30.9%，天津为35.9%和39.0%，深圳为35.5%。在主要耐用品消费拥有量方面，汽车及电子信息产品已逐步成为大众消费的商品，2010年广州每百户城市居民家用汽车和电脑拥有量分别达21辆和125台，上海为17辆和129台。

2. 经济增长动力比较

从拉动经济增长的投资、消费和外贸出口等"三驾马车"进行比较分析：

（1）投资需求快速扩展，广州增速较低

"十一五"时期，上海、北京、深圳、苏州、天津、重庆、杭州全社会固定资产投资总量与广州之比为2.1、1.9、0.7、1.2、1.6、1.9和0.9。八城市的投资水平大幅度提高，但广州投资总体规模在八城市中偏小。从投资增速来看，八城市均有大幅度增加，其中天津、重庆增速高达33.8%和28.7%，广州增速（14.4%）居第五位。从投资拉动经济增长来看，广州依靠投资促进经济增长作用逐渐变弱。2010年，广州投资率（固定资产占GDP比重）明显呈现下滑发展态势，投资占GDP比重由2000年37.1%下降到2010年的30.8%，单位投资产生的GDP下降了约7个百分点。重庆的投资率为88.9%，居首位；天津次之，达72.3%；苏州40%；广州与上海相当，在31%左右。从投向看，北京第三产业投资比重高达89.60%，广州次之；天津、苏州第二产的投资比重分别为44.3%和43.25%，高居八城市前列，两城市的工业拉动经济增长作用显著。广州第二产业投资规模相对较小，仅占投资总额19.18%，位列第七位，工业领域的投资增速低于固定资产投资增速的7个百分点，尤其是在先进制造业、战略性新兴产业等新的经济增长点的投资规模偏小，工业拉动经济增长效率有待进一步增强。（见表7、图5）

表7 "十一五"时期广州与全国七大城市全社会固定资产投资情况

城市	2010年投资额（亿元）	"十一五"累计投资（亿元）	"十一五"年均增速（%）	2010年投资占GDP比重（%）	全社会固定资产投资结构（2010年）		
					第一产业投资比重（%）	第二产业投资比重（%）	第三产业投资比重（%）
上海	5318.0	23804.5	8.5	31.3	0.31	26.99	72.70
北京	5493.5	21538.5	18.1	39.9	0.79	9.61	89.60
广州	3263.6	11588.7	14.4	30.8	0.11	19.18	80.72
深圳	1944.6	7740.0	10.5	20.5	0.03	24.73	75.24
苏州	3618.0	13669.9	14.0	40.2	0.23	43.25	56.52
天津	6511.4	19020.1	33.8	72.3	4.54*	44.28*	54.18*
重庆	6935.0	21911.5	28.7	88.9	3.82	34.94	61.24
杭州	2753.1	10169.8	15.5	46.3	0.15	24.97	71.20

注明：天津三次产业固定投资结构采用2009年数据。
资料来源：八城市统计公报（2010年）。

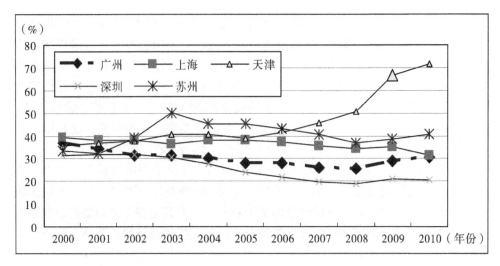

图5 沪、穗、津、深、苏五大城市投资率比较

(2) 消费需求较快增长,广州增速居第一

2010年,北京、上海、天津、深圳、苏州、重庆、杭州与广州社会消费品零售总额之比分别为1.39、1.35、0.65、0.67、0.54、0.64和0.48。北京、上海消费总额分居第一、第二位,广州居第三。广州社会消费品零售总额增速(24.4%)居第一位,比居第八位深圳高约7个百分点。从消费率看,广州消费率有下降趋势。由2002年的44.9%下降到2010年的42.2%,对经济增长贡献减弱。天津31.87%,苏州31.58%。从消费结构看,文化娱乐、休闲体育、旅游观光等消费项目增长较快,但与北京、上海先进城市增速相比有差距,与天津、深圳、苏州等追兵城市相比差距也在不断缩小,消费结构亟须进一步优化调整。从居民消费收入看,广州城镇居民和农村居民的人均可支配收入占人均GDP比重持续下降,分别从2000年40.5%、17.4%下降到2010年的37%和15.7%[1],表明居民收入水平的增长与经济发展速度极不相称,经济发展成果没有合理转化为居民财富,居民消费不足已成为制约经济增长的主要因素之一。从消费潜力看,广州城市及农村居民的收入占人均GDP的比重与北京、上海相比,差距有进一步扩大的趋势,与深圳、天津、苏州及杭州、重庆等追兵城市相比差

---

[1] 广州城镇和农村居民人均纯收入与人均GDP之比,按照第六次人口普查计算的广州人均GDP的8.3万元进行比较分析。

距逐步缩小。通过分析投资率与消费率的变化,可看出广州和北京的经济发展由投资主导型向消费主导型转变,而天津则在投资主导型与消费主导型之间徘徊。(见图6、图7)

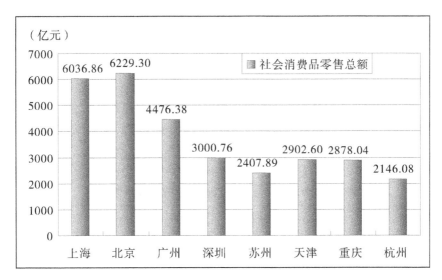

图6　2010年广州与全国七大城市社会消费品零售总额比较

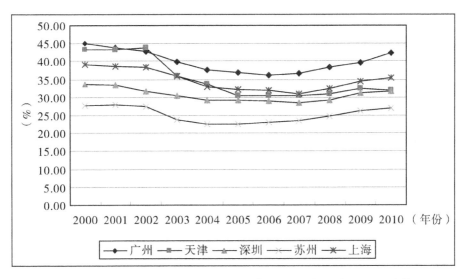

图7　沪、穗、津、深、苏城市社会消费品零售总额占GDP比重趋势

(3) 外贸出口稳步增长，广州增速较缓

广州外向型经济发展明显，海外市场需求有力地拉动广州经济增长。从其变动态势上看，出口在广州总需求中所占比重较为稳定，出口总额总体上保持稳定增长态势，由 2005 年的 266.68 亿美元增加到 2010 年的 483.8 亿美元，年均增长约 10.4%。从外贸依存度的角度看，广州外贸依存度较高，更容易受到海外市场波动的影响。出口依存度始终保持在 32% 左右，说明广州出口业务与 GDP 趋于均衡发展，外贸管理政策渐近成熟，进出口结构趋于稳定化。与其他七城市相比，从出口规模看，深圳对外出口总额连续 18 年保持全国第一，其次是上海和苏州，广州、天津、杭州、重庆等市出口规模较小，低于 500 亿美元。从出口增速看，受国际金融危机影响，各市出口贸易增长速度均有所放缓。（见表 8、图 8）

表 8　广州与全国七大城市外贸出口总额及增速比较

城市	出口总额		
	2005 年（亿美元）	2010 年（亿美元）	"十一五"增速（%）
上海	907.42	1807.84	12.2
北京	308.70	554.70	10.3
广州	266.68	483.80	10.4
深圳	1015.18	2041.84	12.4
苏州	727.75	1531.10	13.2
天津	274.15	375.20	5.4
重庆	33.52	74.89	14.3
杭州	198.04	353.37	10.1

资料来源：八城市统计公报（2010 年）。

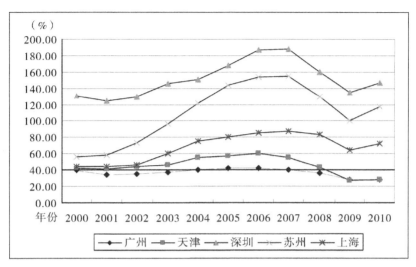

图8 2000—2009年沪、穗、津、深、苏出口总额占GDP比重趋势

从实际利用外资情况来看，上海利用外资一直保持较高水平，2010年实际利用外资额达111.21亿美元，位居八城市之首；天津、重庆利用外资水平大幅度提高，2010年实际利用外资总额分别达108.50亿美元、63.44亿美元；苏州、北京利用外资总额也较大；而广州利用外资总额在八城市中偏小，仅39.79亿美元。（见图9）

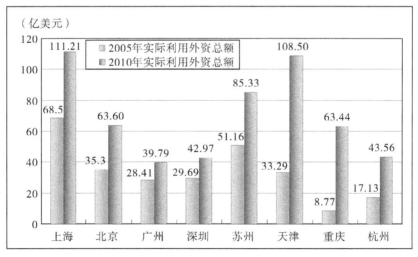

图9 广州与全国七大城市实际利用外资情况比较

(4) 重大项目和园区建设加快，广州发展载体亟待提升

"十一五"时期，国内主要城市，特别是上海、天津、重庆等地积极引进大项目，加快推进产业载体建设，为经济快速发展提供重要保障。"十一五"时期，天津重大项目及新开工大项目带动作用明显增强，推出了工业、服务业、区县、自主创新、交通、市政基础设施和商贸旅游重大项目940项，投资总规模1.7万亿元。截至2010年末，940项重大项目中450项建成或基本建成，有力地带动了全市经济的平稳较快增长。天津全面推进滨海新区开发开放，加快推进中新天津生态城等大园区建设，为产业发展提供发展载体。"十一五"期间是上海建设投资高速发展期，重点支持了一批世博会项目和重大产业项目建设，上海浦东机场综合保税区一期封关运作，虹桥商务区和外高桥国际贸易示范区等一批重点园区建设加快推进，有力带动了上海投资和产业发展。"十一五"时期，重庆两江新区获批，招商引资取得突破性进展，"大投资、大项目、大企业"发展进程快速推进，2010年，世界第二大笔记本电脑生产商宏碁入驻两江新区；同时，涉及交通设备、装备制造以及化工行业的项目招商引资同步深入推进，为重庆经济快速发展提供保障。"十一五"时期，广州三大国家级开发区及汽车、造船、重大机械装备等国家级产业基地发展迅猛，但相对而言，广州在园区建设规模、项目投资规模、政策优势及空间发展潜力等方面远不及以上城市，产业发展载体亟待提升。

三、保持广州综合经济实力面临的挑战及机遇

（一）广州及其他城市"十二五"规划指标比较

综合分析和比较广州及其他七个全国大城市国民经济和社会发展第十二个五年规划纲要，广州未来五年在经济增长、结构调整、科技创新、社会建设等多个方面都存在不同程度的竞争与压力。

在经济增长方面，广州预定目标11%，同比低于天津（12%）、重庆（12.5%）等追兵城市；而苏州（10%）、杭州（10%）等城市的指标设定多为保守目标值，其实际增长动力很强。仅在固定资产投资上，天津保守估计年均增速15%，而广州压力较大。广州新一轮经济增长动力有限，难以再跃升至新的台阶，其经济总量优势极有可能被追兵赶超。在结构调整方面，广州预定服务业增加值占比65%，稍低于北京、上海两个特大城市。广州金融服务业所占比预

定达到9%，相较于上海仍然有较大差距，后者的金融市场直接融资额比重将至少达到全国的30%。广州的战略性新兴产业将有较大提升，占比达到10%以上，但低于北京、上海、深圳。在科技创新方面，广州的高技术产业增加值占比预计达到45%，低于北京、上海、深圳，稍高于苏州等城市；研发投入所占比重低于上海，和其余城市基本持平。在社会建设方面，广州城市化水平较高，其城市人均可支配收入和农村人口净收入在未来几年依然高于天津、苏州等追兵城市。广州和其他城市"十二五"期间经济发展规划主要指标的对比结果如表9所示。

表9 "十二五"时期广州与全国七大城市主要发展目标比较

城市	GDP（万亿元）	第三产业占比（%）	地方财政收入（亿元）	新兴产业增加值（亿元）	城市居民可支配收入（元）	研发投入占GDP比重（%）	科技进步贡献率（%）	城市化水平（%）
上海	2.5	65	4000	16000	50000	3.3	65	100
北京	2.0	78	3500	12000	45000	6	65	100
广州	1.8	70	1500	6000	49000	3	60	90
深圳	1.5	60	1600	6500	49000	6	65	100
天津	1.6	50	2000	8000	40000	3	55	75
苏州	1.5	48	1500	5000	50000	3	60	75
重庆	1.5	45	2000	3500	40000	2	—	60
杭州	1.0	54	1200	2000	50000	3	58	74

数据来源：各市国民经济和社会发展第十二个五年规划纲要。

（二）广州与"追兵"城市前景预测及比较

为进一步验证"十二五"时期各城市经济增长前景，课题组利用GDP的远期预测模型，对广州及其主要的"追兵"城市2011—2015年的GDP进行预测，推导各城市"十二五"期间可能达到的经济总量及增长率，分析广州经济总量保持全国主要城市第三位的发展前景。

本课题在预测中采用三种预测方案。第一，保守预测方案。依据各市已经颁布的"十二五"规划文本得到。第二，乐观预测方案。依据各市"十一五"期间发展情况及更为早期的经济运行状况等时间序列数值预测而得。第三，超乐观预测方案。依据各市"十一五"经济运行表征、"十二五"期间的发展前景，尤其是在有大产业、大项目、优政策的支持下，对经济增长做出的预测。在预测过程中，由于数据运算系统误差的存在，故预测结果均保留一位小数。另外，在乐观预测和超乐观预测，考虑不同的城市增长动力不同，因而预测值的变化幅度不同。

1. 追兵一：天津

天津得益于良好的区位优势以及国家政策倾斜和实施，在全国大城市中异军突起。"十一五"期间增速迅猛，达到年均18.45%（当年价格水平），2010年天津GDP总量达到9108.83亿元，同比增长17.4%，领跑全国各大城市。2011年上半年，天津GDP实现5098.65亿元，相比去年同期增长达到16.6%，位居全国第一位。全市地方财政收入700.85亿元，同比增长40.0%。滨海新区综合配套改革第二个三年计划启动，北方国际航运中心核心功能区的建设方案也获得了国家的批复，626项的功能区开发和产业大项目顺利实施，各项指标均好于天津市整体水平。相比之下，天津与广州经济总量之比由2006年的71.4%左右迅速上升到2010年的85%。在考虑政策因素影响的情况下，对天津经济增长情况进行预测，"十二五"期间，天津GDP增速可达到16.0%～18.0%，其GDP总量将达到1.9万亿～2.0万亿元。（见表10）

表10 天津"十二五"期间GDP远景预测

年 份	GDP（亿元）					年均增速（%）
	2011	2012	2013	2014	2015	
保守方案	10201.9	11426.1	12797.3	14332.9	16000	12.0
乐观方案	10566.2	12256.8	14217.9	16492.8	19131.7	16.0
超乐观方案	10748.4	12683.1	14966.1	17660.0	20838.8	18.0

备注：保守方案为天津"十二五"规划确定的增速及目标；乐观方案根据天津"十一五"增速及转型升级需要，预计年均增速可达16%；超乐观方案按天津"十一五"增速即18.0%进行预测。

2. 追兵二：深圳

"十一五"期间，深圳GDP年均增速13.9%（当年价格水平），2010年达到9168.91亿元，位列全国第四位。2011年上半年，深圳GDP直逼广州同期水平，实现5015.22亿元，比上年同期增长10.6%，工业增加值增长13.4%，支柱行业增长较快，民营企业、股份制企业发展迅速。在"十二五"期间，深圳规划实现 GDP 年均增长 10% 左右的目标，到 2015 年将达到 1.5 万亿元，重点放在经济质量和结构的提升上，届时人均 GDP 达到 2 万美元，地方财政一般预算收入达到 1600 亿元。根据预测，"十二五"期间深圳 GDP 年均增长率可达到 12.0%~13.9%，在 2015 年 GDP 总量将达到 1.7 万亿至 1.9 万亿元。（见表 11）

表 11 深圳"十二五"期间 GDP 远景预测

年 份	GDP（亿元）					年均增速（%）
	2011	2012	2013	2014	2015	
保守方案	10418.3	11412.2	12500.9	13693.6	15000	10.0
乐观方案	10652.2	11930.5	13362.1	14965.6	16761.5	12.0
超乐观方案	10832.9	12338.7	14053.8	16007.3	18232.3	13.9

备注：保守方案为深圳"十二五"规划目标及增长率；乐观方案根据深圳"九五"至"十一五"时间序列数据并结合深圳经济结构优化需要预测得到；超乐观方案依据延续"十一五"发展速度预测得到。

3. 追兵三：苏州

改革开放以来，苏州地区生产总值年均增长 14.6%，"十一五"时期 GDP 平均增速达到 13.6%（当年价格水平），2010 年底 GDP 总量达到 9168.91 亿元，在全国各大城市中排名第五位。其产业基础较好，国际化程度较高，城乡发展较协调。"十二五"期间，苏州规划提出 GDP 年均增长 10.3%，到 2015 年达到 1.5 万亿元。据本课题预测，苏州未来五年的 GDP 年均增速可达到 13.0%~14.6%，到 2015 年其 GDP 总量将达到 1.7 万亿至 1.8 万亿元。（见表 12）

表 12 苏州"十二五"期间 GDP 远景预测

年 份	GDP（亿元）					年均增速（%）
	2011	2012	2013	2014	2015	
保守方案	10117.5	11164.2	12319.2	13593.7	15000	10.3
乐观方案	10360.9	11707.8	13229.8	14949.7	16893.1	13.0
超乐观方案	10507.6	12041.7	13799.8	15814.5	18123.4	14.6

备注：保守方案为苏州"十二五"规划目标和增长率；乐观方案按照苏州"十一五"发展良好态势预测；超乐观方案根据苏州 20 年来时间序列数据模型预测。

4. 追兵四：重庆

"十一五"期间，重庆GDP年均增速达到14.9%，2010年底其经济总量达到7894.24亿元，同比增速17.1%，创造其经济发展新纪录，总量位列全国第七位。2011年上半年，重庆整体经济高位运行，GDP同比增长16.5%，达到4450亿元，位居西部第一、全国第二。尤其是工业增长较快，固定资产投资等拉动作用显著。"十二五"期间，重庆将建设全国战略性新兴产业高地，依靠多个国家和省级的开发区等大型载体，大力发展通信、新能源、电子等支柱产业，同时进一步推进其社会保障、城乡统筹等建设，在全国范围内做出表率作用。其"十二五"时期规划经济总量达到1.5万亿元，年均增速12.5%。根据预测，重庆在未来五年内总量可达到1.6万亿～1.8万亿元之间，年均增速可达到15.5%～17.5%。（见表13）

表13 重庆"十二五"期间GDP远景预测

年 份	GDP（亿元）					年均增速（%）
	2011	2012	2013	2014	2015	
保守方案	8881.02	9991.15	11240.04	12645.05	15000	12.5
乐观方案	9070.5	10422.0	11974.9	13759.1	15809.2	14.9
超乐观方案	9157.3	10622.5	12322.1	14293.6	16580.6	16.0

备注：保守方案为重庆"十二五"规划目标和增长率；乐观方案根据重庆"十一五"发展情况预测；超乐观方案根据重庆十年来时间序列数据及"十二五"大投资大项目带动的实际背景进行参数模型预测。

5. 广州经济增长预测

"十一五"期间，广州GDP年均增速13%（当年价格水平），其经济总量连续26年位列全国各大城市第三位。2011年上半年，广州经济放缓，GDP同比增速11%，预计为5730亿元，低于去年同期水平，工业生产运行呈现增速回落、三大支柱产业增长乏力、利润下降、企业亏损增加等形势严峻。根据广州市"十二五"远期战略目标规划，2011—2015年地区生产总值保持年平均增长率11%左右，期末达到约1.8万亿元。而据本课题预测，"十二五"期间，广州的年均增速可达到12.0%～13.0%之间。至"十二五"期末，广州GDP总量可达到1.8万亿至2.0万亿元。（见表14）

表14　广州"十二五"期间GDP远景预测

年　份	GDP（亿元）					年均增速（%）
	2011	2012	2013	2014	2015	
保守方案	11771.0	13065.8	14503.0	16098.3	18000	11.0
乐观方案	11877.0	13302.3	14898.5	16686.4	18688.7	12.0
超乐观方案	12036.08	13660.96	15505.19	17598.39	19974.17	13.5

备注：保守方案根据广州"十二五"规划目标值和增长率得到；乐观方案根据广州20年时间序列数据模型预测；超乐观方案根据广州"十一五"时期发展情况预测。

6. 综合预测分析

综合本课题三种预测方案，可以得出未来五年广州和全国主要大城市的经济增长及总量排名，详细结果如表15所示。

表15　"十二五"期间全国八大城市GDP排名预测

	年份	1	2	3	4	5	6	7	8
乐观方案	2011	北京	上海	广州	深圳	苏州	天津	重庆	杭州
	2012	北京	上海	广州	天津	苏州	深圳	重庆	杭州
	2013	北京	上海	广州	天津	苏州	深圳	重庆	杭州
	2014	北京	上海	广州	天津	苏州	深圳	重庆	杭州
	2015	北京	上海	天津	广州	苏州	深圳	重庆	杭州
超乐观方案	2011	北京	上海	广州	深圳	苏州	天津	重庆	杭州
	2012	北京	上海	广州	天津	苏州	深圳	重庆	杭州
	2013	北京	上海	广州	天津	苏州	深圳	重庆	杭州
	2014	北京	上海	天津	广州	苏州	深圳	重庆	杭州
	2015	北京	上海	天津	广州	苏州	深圳	重庆	杭州

备注：本课题未单独列出北京、上海和杭州三个城市GDP预测结果，但在课题写作中均有预测。

预测分析一：按照保守方案预测，广州在未来五年将继续保持全国大城市经济总量第三的位置，和北京、上海的差距同比"十一五"时期略有扩大。另外，天津将超越深圳、苏州，排列第四位，和广州的差距约1800亿元。

预测分析二：按照乐观方案预测，各城市延续"十一五"期间良好的发展态势。广州"十二五"期间压力逐年增大，并逐渐被超越。在2013年之前，广州总量继续保持全国第三的地位，但优势逐渐式微，领先天津只在600亿元以内，天津将在2012年超越苏州，位列全国第四。至2014年，广州的领先优势基本消失，领先天津只在150亿元左右。到2015年，天津将一举超越广州，并将差距扩大至约500亿元。因而广州将很有可能在2014年下半年被天津超越。

预测分析三：按照超乐观方案预测，各城市在"十一五"发展基础上，抓住转型升级和政策优惠的大好机遇，充分发挥各自优势，经济发展有可能更上一层台阶。依此方案预测，广州在2013年之前将继续保持全国第三的位置，但领先天津不足600亿元，深圳、苏州和广州的差距将缩小到1000亿元左右。到2014年，广州将被天津超越，位列第四，总量与天津相差不大。到"十二五"期末，广州经济总量将接近2.0万亿元，而天津则突破2万亿元，差距逐渐明显。其间重庆追势迅猛，将超越杭州，紧追深圳、苏州。

（三）保持广州综合经济实力面临的挑战及机遇

1. 面临挑战

（1）外需挑战严峻，内需仍有待挖掘

从GDP的"三驾马车"消费、投资、净出口三方面看，广州面临竞争压力。

1）居民内需仍有上升空间，农村内需不足。2001年以来，GDP的增速均高于城镇居民可支配收入增长率和农村居民纯收入增长率，且在当前通胀压力攀升的情况下，人均收入尽显"缩水"（见图10），广州的消费需求已经是经济增长的主体，人均可支配（纯）收入的增长对提高和扩大消费需求有实质性的促进作用。

比较广州城市消费水平和农村消费水平差距，城市人口消费水平是农村人口的3倍左右。2010年广州城乡居民收入比为2:1，二者收入水平基本保持同步增长，农村人均纯收入增长速度首次超过城镇居民收入增长速度。但消费水平差距仍然较大，农村人口消费支出水平偏低。如何提高农村人口的消费需求，是今后一个时期广州经济增长面临的挑战之一。

2）广州投资增速平稳，潜在增长压力较大。在固定资产投资方面，广州近十年来平均增长率在12%左右，2008—2010年，亚运会工程建设，拉动了投资需求，增长率上升较快。但与天津相比，2010年广州固定资产的总量3260亿元

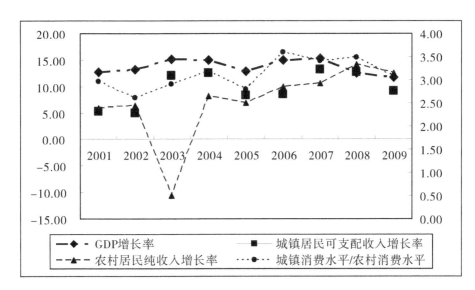

图10　广州城乡居民可支配收入对比

和增速22.7%，远落后于天津的6511亿元和30%。而且，广州投资拉动经济增长贡献率基本稳定在40%左右，已经进入消费拉动经济增长的主导时期。而天津、苏州两城市仍呈现以投资拉动经济增长的主导模式，广州潜在的投资增长压力比较大。

从固定资产对整体经济的拉动系数[①]来看，广州、苏州和深圳的拉动系数历年来基本都在数值1以下。而天津市自从2008年以来的固定资产对拉动系数攀升迅速，2009年更是高达4左右，固定资产投资总额占GDP的比重，创纪录地达到了75%以上，为国内城市最高，这充分说明近年来固定资产投资对天津市的经济增长的带动作用。相比之下，广州未来几年投资水平渐趋平稳。（见图11）

3）对外贸易压力上升，外向型增长模式难以为继。在进出口需求方面，广州2010年进出口总额1037.76亿美元，出口483.80亿美元，贸易逆差70.16亿美元，是多年来贸易逆差最大的一年，与当年GDP相比，广州贸易依存度不高仅仅为0.66；对比分析广州以及三个"追兵"城市出口依存度，广州出口依存度较为平稳且处于低端，一直保持在0.3～0.4之间，在同一时期均低于其他三

---

① 固定资产投资拉动系数 = 固定资产增加值/GDP增加值。

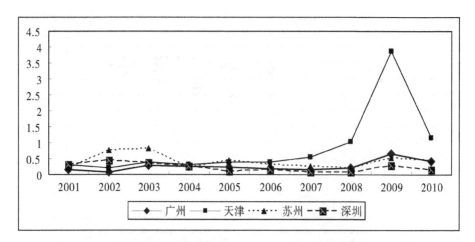

图 11 四城市固定资产拉动系数

个城市，与深圳、苏州相比差距悬殊。广州对外贸易竞争力存在较大压力，外向型增长模式难以为继，并且在对外贸易中，加工贸易、企业的转型升级势在必行，这些因素影响广州的对外贸易，从而给经济总量上升带来相对压力。（见图 12）

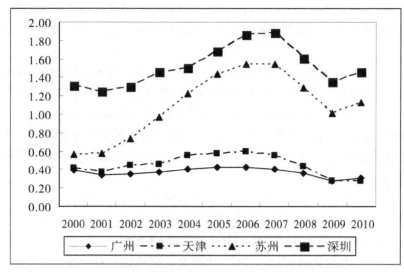

图 12 广州、天津、深圳、苏州的出口依存度①

---

① 出口依存度＝出口额/GDP 总额，反映了一个国家或地区的国民经济对出口贸易的依赖程度。

(2) 总体需求结构持续好转，但总量上升压力大

从需求支出法角度，经济总量可分为最终消费支出、资本形成总额、货物与服务净流出三大需求①，三者综合反映了总体需求结构。从广州和天津比较结果来看，广州在20世纪末主要依靠资本投资推动整体经济的发展，随着经济发展方式的不断转型，需求结构趋于好转，消费逐渐增加并占据主体，贡献率保持在50%以上水平，基本改变了依靠资本增长的模式；而天津市两项的贡献率多年来基本持平，2004年以来，资本投入不断加大，其贡献率高达65%以上，消费支出贡献相对减少，并且从波动周期看，这种趋势在"十二五"时期将会延续下去。在经济结构上，广州更趋优化。但在总量上存在较大压力，天津在有着庞大的资本投入下，拥有不断攀高的贡献率，势必对广州构成挑战。（见图13、图14）

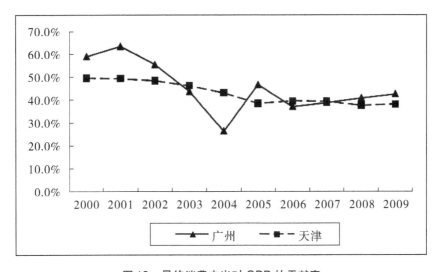

图13 最终消费支出对GDP的贡献率

---

① 三大需求指支出法计算的GDP的三大构成项目，即最终消费支出、资本形成总额、货物和服务净流出。

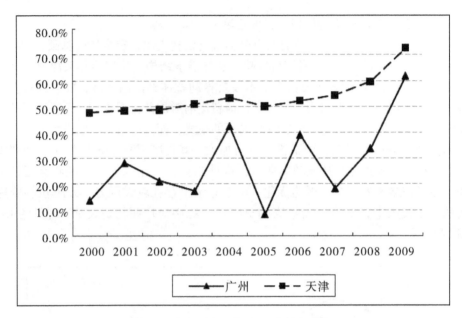

图14 资本形成总额对GDP的贡献率

(3) 第二产业拉动作用平稳，战略新兴产业竞争压力大

广州第二产业拉动作用不足，整体经济增长放缓。从生产的角度看，根据1999—2009年GDP及其增长速度及三大产业增加值，广州与天津的第一、第二、第三产业所占GDP的贡献份额进行比较，两市经济拉动力的源泉有所区别。广州经历了依靠第二产业拉动逐渐步入第三产业拉动的轨道，增速趋势稳定，但由于整体经济的增速不再呈现高速增长态势，整体经济上行压力较大。天津十年来一直保持着高速增长，从第二、第三产业的拉动作用看，天津正处于工业快速成长阶段，工业拉动经济增长的趋势持续。（见表16）

从中观角度看，战略性产业发展更能说明未来经济发展的潜力。未来几年广州将构建以现代服务业、先进制造业、战略新兴产业为主体的现代产业体系，到2015年，服务业占地区生产比重达到67%，现代服务业在第三产业中比重超过80%（市口径）。到2015年完成重要项目投资8016亿元。相比之下，天津到2020年工业总产值将达到6万亿元，形成以战略性新兴产业为引领、装备制造业为核心、优势支柱产业为支撑的新型工业体系，战略性新兴产业比重达到40%。深圳到2015年，生物、新能源、互联网、文化创意及新材料等5大战略性新兴产业总规模达到10000亿元以上，增加值达到3000亿元以上。

表16 "十一五"期间两市三次产业对GDP的拉动作用① （单位:%）

年份	广州			天津		
	GDP增幅	第二产业	第三产业	GDP增幅	第二产业	第三产业
2006	14.9	6.6	8.5	14.7	8.8	5.8
2007	15.3	5.6	9.7	15.5	9.2	6.3
2008	12.5	4.4	8.1	16.5	10.1	6.3
2009	11.7	3.7	8.0	16.5	10.1	6.3
2010	13.0	4.8	7.9	17.4	9.2	7.9

2. 面临机遇

（1）国家中心城市建设注入新动力

广州被定位为国家中心城市，给广州的经济发展和城市发展带来新的前所未有的重大机遇，将给广州的全面发展注入全新动力。广州将牢牢抓住"十二五"重要战略机遇期，在产业发展、城市建设、社会管理等多个方面实现新突破。在新的定位下抢抓机遇，升级传统产业，发展战略性新兴产业，提升现代服务业。整合利用好创新资源推动创新城市的建设。在产业升级和城市升级上进行互动、配套融合、拓展产业发展的空间。发挥广州中心城市的龙头带动作用，广泛开展和港澳台、东盟等地区的合作，提升广州国际化水平和形象。

（2）亚运会效应延伸展示新面貌

亚运会和亚残运会的成功举办，极大地促进了广州经济社会发展，显著优化了城市发展环境，带动了多方面体制的完善，广州呈现给世界人民以新气象和新面貌，城市国际影响力显著增强，人民生活状况得到进一步改善，社会服务水平显著提升，奠定了广州作为国际化大都市的硬件和软件基础，为广州的综合性门户城市和世界文化名城建设提供了难得的契机，亚运效应的延伸，将为广州经济的深化发展和结构优化提供持续的动力。

（3）国际国内地位提升塑造新形象

珠三角改革规划纲要、CEPA的全面贯彻落实，亚运会的成功举办大大提升了广州的国际国内形象，中新知识城、南沙穗港澳合作示范区等一系列国际合作项目建设计划的有效落实，成为广州经济增长新动力。广州和港澳台、东盟等在

---

① 产业拉动作用指GDP增长速度与各产业贡献率之乘积，本表数据按可比价格计算。

金融、贸易、投资、航运、中介、教育和科研等领域的合作将优化广州的经济内核和产业结构。广州未来国际商贸中心、航运中心和金融中心的建设将强力打造广州的国际名片，带动广州经济提升，夯实城市软实力。"十二五"期间抓住和利用好南沙、增城、广佛同城化、珠三角一体化等重要的对外对内区域合作的机遇，将助推广州经济增长。

(4) 城乡统筹增添经济增长新鲜活力

"十二五"时期是广州城乡统筹发展的决胜期，将为广州经济发展提供新鲜活力。乡镇收入水平的大幅提高，有利于拉动内需，优化经济结构，缩小城乡差距，对经济增长起到质的促进作用。乡镇基础设施建设和公共服务平台的建设有利于扩大投资需求，加快经济增长。乡镇人口的户籍制度改革和社会保障制度的完善，有利于解除后顾之忧，全心全力谋发展，乡镇富余的劳动人口给城市发展带来不可或缺的人力资本。广州北部山区扶贫开发推进力度的加大，将不断加快城乡一体化进程，增强全市经济社会发展的新动力。

四、增强广州综合经济实力的对策建议

(一) 以大项目为带动，增强经济发展推动力

大项目是扩大投资增量的重要载体，是推动产业转型升级、实现大发展的关键环节。"十二五"期间广州应以大项目为抓手，围绕全市战略性主导产业，加大招商选资力度，通过"新广州，新商机"推介会等系列招商活动，采用产业招商、项目招商、以商引商等多种方式，大力吸引世界500强企业、国内民营企业500强、大型央企、境内外跨国公司及行业龙头企业来穗投资发展；全力争取中央和广东省安排的投资项目，继续落实各级政府性投资项目；鼓励民营投资项目，引导其重点投向高端领域和产业链高端环节；做好重大项目跟进和服务工作，加强项目的储备工作，形成建成一批、开工一批、谋划一批的良性发展机制，促进重点项目健康发展，继续扩大投资规模，提高固定资产投资增长速度，解决广州目前存在的投资率偏低、投资规模与追兵城市差距较大以及"后亚运低谷效应"等问题，巩固和提高其综合经济实力。

(二) 以大平台为载体，增强经济发展支撑力

上海的浦东新区、天津的滨海新区以及重庆的两江新区发展实践证明，大平

台作为产业集聚的重要载体,为经济发展提供有力支撑,推动经济加快发展。"十二五"时期,广州要以重大战略性发展平台建设为重点,以国家级各类园区为重要载体,培育城市空间增长极。一要加快南沙新区的开发开放。抓住南沙新区开发建设上升到国家战略层面的重大机遇,汇集全市资源,依托粤港澳合作力量,加快南沙新区大发展,打造一个新广州。二要加快三个国家级开发区能级提升。依托广州开发区、南沙开发区和增城经济技术开发区,进一步提升产业发展能级,打造成为广州重要的先进制造业和战略性新兴产业及生产性服务业集聚区,带动周边区域共同发展。三要加快中新广州知识城、科学城规划建设。高标准推进中新广州知识城规划建设,重点发展知识经济及现代服务业,建成广东扩大对外开放的新平台、创新发展的新标杆和中新合作的新典范。加快广州科学城、广州国际生物岛等重点产业园区建设发展,为广州产业发展提供空间载体。四要谋划和加快建设六大功能区。重点谋划和加快建设珠江新城—员村地区、琶洲地区、白鹅潭地区、广州白云新城地区、广州城市新中轴线南段地区、广州(黄埔)临港商务区等六大现代服务业功能区,作为全市高端服务业发展的重要空间载体,提升广州对全国的服务辐射功能。

(三)以大产业为依托,增强经济发展竞争力

积极寻找新的产业支撑点,加快推动产业向高端引领、创新驱动、绿色发展转变,构建以服务经济为主体,现代服务业、战略性新兴产业和先进制造业融合发展的现代产业体系,增强经济发展竞争力。一是要加快推进现代服务业发展。借助亚运效应、建设国际商贸中心契机,以世界的视野谋划现代服务业的发展,加快推进金融保险、总部经济、商贸会展、现代物流、信息服务、文化创意为核心的现代服务业,努力打造珠三角、全国乃至世界的服务高地。二是要培育发展战略性新兴产业。把握当前世界科技发展新趋势,全面调动各种资源支持战略性新兴产业发展,重点培育发展新一代信息技术、生物医药、新材料、新能源汽车、新能源与节能环保、海洋工程六大战略性新兴产业,成为新的产业支柱,改变广州目前工业总体规模落后于追兵城市的状况,为广州经济长期发展提供有力保障。三是要加快推进制造业高端化发展。坚持走新型工业化道路,以技术高端化、产业集群化、资源集约化推动制造业结构调整,依托大产业、大项目和大基地建设,着力提升产业链长的汽车、石化、现代装备等优势产业的核心竞争力,打造世界先进制造业基地,增强广州的经济实力。四是要提高自主创新能力。以创建国家创新型城市为契机,加快完善以企业为主体、市场为导向、产学研相结

合的技术创新体系，对接国家知识创新和技术创新工程，推动一批国家工程研究中心和工程实验室落户广州，着力发展一批具有较强自主创新能力的主导产业，增强经济发展后劲。

（四）以大设施为枢纽，增强经济发展集聚力

加快大型基础设施建设，打造国际性交通枢纽，增强城市枢纽功能和门户功能，增强对经济发展的集聚力。一是要加快推进国际空港枢纽建设。以新白云国际机场为依托，拓展国际航线，逐步建立连接国内、辐射全球的枢纽航线网络，提高和改善航班的接驳能力，完善旅客服务、休息、娱乐及餐饮设施保障，健全机场接驳系统，打造国际航空枢纽。二是要加快推进海港枢纽建设。加快南沙港建设，加快码头基础设施的建设，加快港口协调管理，改善港口集疏运体系，完善港口网络，打造国际枢纽港。三是要加快推进陆路交通枢纽建设。以火车南站、北站作为陆路交通枢纽，大力发展高速铁路，加快建设高铁网络，完善高铁配套设施，整合好与轨道交通、快速路、主干道、客运站、公交站等交通接驳，提高运营水平，建设国家铁路主枢纽，开展多式联运，打造成为全国综合性交通枢纽。四是要构建枢纽型国际化信息港。以智慧广州建设为契机，实施"天云计划"，加快推进云计算中心、"三网融合"、"无线城市"、光纤入户等智慧基础设施建设，加快推进智慧技术在各领域的应用，如智慧交通、智慧城管、智慧电网、智慧环保、智慧医疗等，成为后亚运时代基础设施投资新热点，也进一步提升城市环境与品位，促进经济加快发展。

（五）以大社会建设为保障，增强经济发展包容力

加快推进"幸福广州"建设，加强和创新社会管理，促进社会和谐稳定，增强经济发展的包容力。一是要促进政府社会管理职能转变。坚持服务优先，关注重大建设项目、征地拆迁等对社会民生的负面影响，畅通民意表达的渠道，积极了解民情民意，强化柔性执法意识，化解社会矛盾。最大限度地增加社会的和谐因素，化解社会的消极因素。二是要深入探讨和解决城乡城市"二元"结构问题。坚持服务与管理并重，妥善解决流动人口就业服务、社会保障、子女就学、居住环境等突出问题。强化城乡社区自治和服务功能，促进村居社区服务管理改革创新，推进环境综合整治，完善公共配套服务设施，引导各类社会组织、志愿者参与社区管理和服务，为构建和谐社会起积极作用。三是要加强社会主义核心价值体系建设。大力弘扬"敢想会干为人民，和谐包容共分享"的亚运精

神和新时期广州人精神，建设学习型城市，继续创建全国文明城市，培养公民意识，履行公民义务，不断提高市民素质和城市文明程度，提升城市软实力。通过举办公益性专题宣讲、义诊、志愿者服务等多种多样活动，在各领域、各群体、各阶层之间搭建各种形式互相沟通、协商协调、参与共建平台，在交流沟通中增进相互理解，扩大社会认同，共建和谐社会。

（六）以大环境为条件，增强经济发展保障力

结合国家中心城市定位的机遇，争取中央、省及各方支持扶持，解放思想，大胆改革，促进制度和体制机制创新，突破制度障碍，增强对经济发展保障力。一是要争取计划单列市经济管理权限。为了更好地促进新一轮经济加快发展及加快国家中心城市建设，广州应积极争取国家赋予广州省级经济社会管理权限或计划单列市经济管理权限（如工作汇报、计划报批、行政审批权、财政支配权等方面），进一步加强广州与国家的联系，提高广州经济社会发展的政策能力，更好地发挥国家中心城市的辐射带动作用。二是要争取国家支持南沙新区开发建设。建议中央批准广州南沙为"粤港澳全面合作的国家级新区"，赋予粤港澳合作体制机制改革和社会管理创新的先行先试权先试先行，并争取国家和省在开发管理、规划和土地、投融资、财税、合作开放、口岸通关等方面的政策支持和倾斜，支持在南沙新区建设免税区、自由贸易区等，发展离岸金融、碳金融等，赋予南沙新区更大的管理权限。三是要争取重大项目支持政策。争取国家有关部门恢复设立广州期货交易所，争取国家支持广州进行金融改革创新，加快建设区域金融中心。争取国家支持设立自由贸易区，加强与香港国际航运中心的合作与对接，加快形成国际航运中心和物流中心。并积极争取"旅游购物退税"和"免税商店"等有可能促进广州商品市场发展的政策。四是要研究制定其他改革创新新举措并争取先行先试。发挥国家中心城市的示范带头作用，加快推进社会保障、生态环保、城乡户籍制度改革等经济社会各领域体制机制改革创新，加快制定相关配套政策，为经济发展破除体制机制阻力，并积极争取国家有关部门支持广州先行先试，为全国进一步深化改革探索新模式、新途径。

（课题组成员：杨再高　陈来卿　陈亚鸥　张小英　姚阳　蒋丽）

广州发展健康产业的思路与对策建议

健康产业分为健康生产和健康服务，也就是健康制造业和健康服务业。基本涵盖四个方面的内容：以医疗服务机构为主体的医疗产业，以药品、医疗器械以及其他医疗耗材生产制造及营销为主体的医药产业，以保健食品、健康产品产销为主体的保健品产业，以个性化健康检测评估、咨询服务、调理康复、保障促进等为主体的健康管理及服务产业。

广州经过改革开放30多年的发展，不仅经济和城市建设取得了令世人瞩目的成就，居民生活质量和生活水平也实现了跨越式的提升。富裕起来的人们对健康有了越来越多的需求，这给健康产业发展带来了旺盛的市场需求。特别是在广州已开始迈进服务经济为主导的新阶段、新形势下，健康产业无疑是广州现代服务业中最具有市场潜力的战略性新兴产业，必须未雨绸缪，摸清产业发展的现状，找出制约产业发展的薄弱环节，提出产业发展的总体思路，制定相应的对策措施，促进健康产业快速发展。

一、广州健康产业发展现状

（一）广州健康产业涉及的主要领域与统计分类

结合广州市经济普查数据（2008年），课题组把广州健康产业涵盖的领域分为制造、流通、研发和服务四个领域[①]。制造领域包括营养、保健食品制造、医药制造业和医疗仪器设备及器械制造，流通领域包括医药及医疗器材批发和医药及医疗器材专门零售，研发领域主要指医学研究及试验发展，服务领域主要指卫生、社会保障和社会福利业。此外，一些未列明的卫生、社会保障和社会福利业则计入其他服务业。

广州健康产业按国民经济行业大类（4个）、中类（9个）和小类分组、代

---

① 按照健康产业的涵盖范围，流通领域归类在医药制造业，研究与发展归类在医疗产业，服务领域归类在健康服务管理及服务产业。

码及营业收入如表1所示。

表1 广州健康产业按国民经济行业分组、代码及营业收入

项　　目	代码	营业收入（万元）
制造业	C	101723315
食品制造业	14	2430349
其他食品制造	149	252895
营养、保健食品制造	1491	71561
医药制造业	27	1172629
化学药品原药制造	271	88780
化学药品原药制造	2710	88780
化学药品制剂制造	272	468801
化学药品制剂制造	2720	468801
中药饮片加工	273	60396
中药饮片加工	2730	60396
中成药制造	274	397517
中成药制造	2740	397517
兽用药品制造	275	39587
兽用药品制造	2750	39587
生物、生化制品的制造	276	81621
生物、生化制品的制造	2760	81621
卫生材料及医药用品制造	277	35927
卫生材料及医药用品制造	2770	35927
专用设备制造业	36	1494891
医疗仪器设备及器械制造	368	126230
医疗诊断、监护及治疗设备制造	3681	52146
口腔科用设备及器具制造	3682	1091
实验室及医用消毒设备和器具的制造	3683	1370
医疗、外科及兽医用器械制造	3684	31618

续上表

项　　目	代码	营业收入（万元）
机械治疗及病房护理设备制造	3685	4715
假肢、人工器官及植（介）入器械制造	3686	6691
其他医疗设备及器械制造	3689	28600
批发和零售业	H	114358146
批发业	63	99512605
医药及医疗器材批发	635	4534528
西药批发	6351	2873819
中药材及中成药批发	6352	982758
医疗用品及器材批发	6353	677952
零售业	65	14845541
医药及医疗器材专门零售	655	409831
药品零售	6551	299320
医疗用品及器材零售	6552	110511
科学研究、技术服务和地质勘查业	M	2911572
研究与试验发展	75	544013
医学研究与试验发展	754	41276
医学研究与试验发展	7540	41276
卫生、社会保障和社会福利业	Q	235209
卫生	85	226007
医院	851	94259
综合医院	8511	56321
中医医院	8512	643
中西医结合医院	8513	815
专科医院	8515	32035
疗养院	8516	4445
卫生院及社区医疗活动	852	12624
卫生院及社区医疗活动	8520	12624

续上表

项　目	代码	营业收入（万元）
门诊部医疗活动	853	58381
门诊部医疗活动	8530	58381
计划生育技术服务活动	854	28924
计划生育技术服务活动	8540	28924
妇幼保健活动	855	351
妇幼保健活动	8550	351
专科疾病防治活动	856	1962
专科疾病防治活动	8560	1962
疾病预防控制及防疫活动	857	2727
疾病预防控制及防疫活动	8570	2727
其他卫生活动	859	26780
其他卫生活动	8590	26780
社会保障业	86	1472
社会保障业	860	1472
社会保障业	8600	1472
社会福利业	87	7729
提供住宿的社会福利	871	6749
干部休养所	8711	241
收养收容服务	8712	6508
不提供住宿的社会福利	872	980
不提供住宿的社会福利	8720	980

资料来源：《广州市第二次全国经济普查年鉴》（2008年）。

（二）广州健康产业集聚情况

本项研究报告主要讨论医药制造业、医药及医疗器材批发零售业、卫生、社会保障和社会福利业等三大门类的法人单位数、从业人数和营业收入等指标在广州各区的集聚情况。

1. 医药制造业

从广州医药制造业的239个法人单位来看，萝岗、白云和天河三个区占全市60.67%；全市医药制造业法人单位平均从业人数为109人，海珠区人员规模最大，花都区医药制造业企业平均人员数最少。白云、萝岗和海珠区从业人数占全市25.5%、19.6%和16.3%，是广州医药制造企业的主要分布区域；番禺、天河和荔湾区的医药制造也有一定的规模；其他各区从业人员较少。

从营业收入来看，白云、萝岗和海珠三个区占全市医药制造业营业收入的72.33%；其次是天河、番禺和荔湾三个区；越秀区作为广州的行政中心，是全市唯一一个没有医药制造企业的区域。

其他指标如法人单位数、企业平均从业人数（人员规模）等在各区的分布如表2所示。此外，日用及医用橡胶制品制造主要分布在白云、花都和海珠三个区；制药专用设备制造企业分布在白云、番禺和荔湾三个区。

表2 广州医药制造业集聚情况

项 目	全市	荔湾区	越秀区	海珠区	天河区	白云区	黄埔区	番禺区	花都区	南沙区	萝岗区	增城市	从化市
法人单位数（个）	239	19		17	39	44	2	21	17	4	52	9	153
从业人数（人）	26111	1674		4252	2408	6665	155	3143	525	560	5216	438	1165
人员规模（人/个）	109	88		250	62	151	78	150	31	140	99	49	78
营业收入（万元）	1172629	63936		185113	104324	413601	3480	57317	10052	50781	249403	8633	25990
营业收入占全市比例	100.00%	5.45%		15.79%	8.90%	35.27%	0.30%	4.89%	0.86%	4.33%	21.27%	0.74%	2.22%

数据来源：《广州市第二次全国经济普查年鉴》（2008年）。

2. 医药及医疗器材批发零售业

广州医药及医疗器材批发业主要集中在六个中心城区，其中，荔湾、越秀和天河批发营业收入占全市86.68%，集中程度相当高。依赖众多的批发市场，荔湾区占据广州医药及医疗器材批发业营业收入的半壁江山；越秀区紧随其后，两区营业收入约占全市的3/4。从企业的人员规模来看，从化、荔湾和增城分别居前三位，南沙区医药批发尚属空白。与高度集中的批发行业相比，广州医药及医疗器材零售业的区域分布相对均衡。天河、越秀、海珠和荔湾区占据行业的绝大部分，四区总计占全市零售总量的82.08%；萝岗、番禺和白云三个区也占有一定份额。

从行业从业人数来看，广州医药及医疗器材批发业从业人员主要集中在越秀、天河和荔湾三区；其次是白云、海珠和番禺区；单个批发业企业规模以荔湾区最大，平均每家有34人。医药及医疗器材专门零售从业人员主要集中在海珠、天河、越秀和荔湾区。（见表3）

表3　广州医药批发零售业集聚情况

	项目	全市	荔湾区	越秀区	海珠区	天河区	白云区	黄埔区	番禺区	花都区	南沙区	萝岗区	增城市	从化市
医药及医疗器材批发业	法人单位数（个）	1475	134	450	168	419	141	3	98	11		27	20	4
	从业人数（人）	24224	4501	6636	1935	4257	2076	38	1677	142		280	516	166
	人员规模（人/个）	16	34	15	12	15	15	13	17	13		10	26	42
	营业收入（万元）	4534528	2139036	1180160	179495	611432	220885	2809	163103	3832		12814	16656	4108
	营业收入占全市比例	100.00%	47.17%	26.03%	3.96%	13.48%	4.87%	0.06%	3.60%	0.08%		0.28%	0.37%	0.09%
医药及医疗器材专门零售业	法人单位数（个）	869	104	168	127	171	91	3	117	25	10	13	32	2
	从业人数（人）	13149	1751	2162	2666	2297	677	28	1177	215	40	1971	142	23
	人员规模（人/个）	15	17	13	21	13	7	3	10	9	4	152	4	12
	营业收入（万元）	409831	58306	87671	74866	92129	23432	659	32262	5706	719	29422	4034	626
	营业收入占全市比例	100.00%	14.23%	21.39%	18.27%	22.48%	5.72%	0.16%	7.87%	1.39%	0.18%	7.18%	0.98%	0.15%

数据来源：《广州市第二次全国经济普查年鉴》（2008年）。

3. 卫生、社会保障和社会福利业

广州市卫生、社会保障和社会福利业共有1988个法人单位，其中绝大部分是卫生法人单位。在卫生法人单位中，门诊部医疗活动单位有847个，占据卫生事业法人单位的半壁江山，但其营业收入和就业人数远远少于医院法人单位，其影响力也不可与医院同日而语。

从卫生事业单位的从业人员分布来看，越秀区占全市1/3强，其次是天河、海珠和白云三个区，荔湾区和番禺区也占据一定的份额，其他各区从业人员所占比例比较少。医院是健康产业的核心组成部分，广州的医院主要分布在六个中心城区。在全市117家综合医院中，六个中心城区有95个，占全市81.2%，集聚情况十分明显。

中医医院主要集中在越秀和荔湾，天河、白云各2家；中西医结合医院主要集中在天河、白云、番禺三个区；专科医院主要集中在越秀区、天河区，其次是

海珠区、番禺区、白云区和荔湾区；疗养院集中在白云区、越秀区；社会保障业法人单位主要集中在白云区、天河区、越秀区、番禺区；社会福利业法人单位主要集中在越秀区和荔湾区，其他各区分布也较为均衡。（见表4）

表4 广州卫生、社会保障和社会福利业集聚情况

项目	全市	荔湾区	越秀区	海珠区	天河区	白云区	黄埔区	番禺区	花都区	南沙区	萝岗区	增城市	从化市
卫生、社会保障和社会福利业	1988	120	261	127	239	349	47	272	236	34	47	38	218
卫生	1725	80	201	108	212	315	41	245	218	26	38	30	211
法人单位数（个）	254	19	53	26	51	34	7	25	14	4	5	10	6
从业人数（人）	80202	5871	28578	9765	9667	9134	1059	6664	3123	521	1423	2580	1817
人员规模（人/个）	316	309	539	376	190	269	151	267	223	130	285	258	303
营业收入（万元）	94259	2105	11480	9733	8923	24553	2338	33666	1462				
营业收入占全市比例	100.00%	2.23%	12.18%	10.33%	9.47%	26.05%	2.48%	35.72%	1.55%	0.00%	0.00%	0.00%	0.00%
综合医院	117	10	19	13	28	15	2	10	7	3	2	7	1
中医医院	17	3	4	1	2	2	1	1	1		1		
中西医结合医院	20	1	2	1	5	4		4					
专科医院	66	5	23	7	13	6	2	7	2		1		
疗养院	34		5	2	3	7	2	3	3		1	2	4
社会保障业	73	4	9	4	12	18	1	8	6	4		2	4
社会福利业	190	36	51	15	15	16	5	19	12	4	8	6	3

数据来源：《广州市第二次全国经济普查年鉴》（2008年）。

二、广州发展健康产业的基础条件和存在问题

（一）广州发展健康产业的基础条件

1. 广州医疗服务业发达，服务体系较为健全

广州是广东省的省会城市，也是华南地区医疗资源比较密集、医疗服务设施比较齐备、医疗服务体系比较健全、医疗水平较高的城市。据统计，2010年广

州市现有医院224家[1],其中公立医院165家,民营医院59家。三级医院33家,800床以上医院18家,均占广东省同类医院42%。另据广州市工商局的统计数据显示[2],2010年,广州市拥有医疗诊所219家,中西药房2176家,医疗器械经营处993家,药品生产企业71家。目前,广州健康产业已初步形成以医疗产业为主、医药产业为辅、保健品及健康服务产业共同发展的局面。其中,医疗服务业的辐射范围已扩展到华南以及东南亚地区,以中山大学广州肿瘤医院为例,从门诊量来看,接收广州市以外患者的比例为15%左右,而且近年来有逐步上升的趋势。

2. 以广药集团为龙头的医药产业在全国拥有一席之地

广药集团是广东省医药产业的龙头企业和建设中医药强省的主力军,2008年中国500强企业(集团)排名第263位,入选广东省50强企业集团。从健康产业的发展趋势来看,广药集团在全国医药行业排名第4,拥有较强的发展实力,是广州发展医药产业的重要依托和支撑,尤其是"大健康产业"板块的推进,将会给广州健康产业发展做出新的贡献。

3. 广州拥有发展健康产业良好的市场需求

广州是全国经济发达城市,总体经济实力居上海、北京之后列全国第三位。一方面,随着经济的快速发展,生活水平不断提升的市民,对改善生活质量,加强保健、健康管理与服务等的意识不断增强,这给健康产业的发展提供了良好的市场需求。另一方面,由于健康产业与市民日常生活密切关联,市场需求潜力巨大,是大量民间资本极为关注的投资领域。

4. 广州市各区基本都有发展健康产业的设想及规划

鉴于健康产业本身所表现出来的旺盛的市场需求及产业发展的高增长性,广州市各行政区都有发展健康产业的想法或规划,有些已经在逐步落实和实施。

(二)广州发展健康产业存在的主要问题

1. 对健康产业的支持和扶持力度不够大

健康产业属于战略性新兴产业,在起步发展阶段特别需要政府在规划上的引导,以及政策方面的支持和扶持方能做大做强。和国内先进城市相比,广州在健康产业发展上,还没有出台一些系统的政策措施,在推进力度上不够大手笔,除

---

[1] 数据来源:《广东省2010年卫生年鉴》。
[2] 数据来源:广州市红盾信息网,www.gzaic.gov.cn。

了白云区已编制完成《广州国际健康产业城发展规划》外，其他区还多停留在思路酝酿及寻找合作方的阶段。国内先进城市，如上海在国家卫生部的支持下，正全力打造"上海国际医学园"，园区将于2012年建成初具规模的亚洲一流综合性国际医学园；2020年跻身于世界先进的综合性国际医学园之列。成都也在举全市之力建设目前国内乃至亚洲规划占地规模最大、功能最为完善的现代医疗产业园区。相比国内先进城市发展健康产业的气魄和举措，广州无论是推进力度，还是措施和行动上都过于平稳。

2. 对健康产业现有资源缺乏有效整合

受传统计划经济体制的影响，广州市现有涉及健康产业的资源比较分散，除了广药集团整合了30多家广州中医药生产的中小型企业，奠定了广医的龙头地位以外，其他如医疗产业、保健品产业和健康管理产业都未进行有效的资源整合。

三、健康产业对广州 GDP 拉动情况的测算

除卫生、社会保障和社会福利业增加值可以直接从政府的统计公报或者统计年鉴获取外，医药制造业增加值、医药及医疗器材批发零售业增加值和一些列入其他服务业的增加值必须通过相关的测算方法得到。本报告采用百分比估算，如先计算出所要估算行业的从业人数、行业总产值、主营业务收入、营业利润等，再根据这些指标占国家统计标准指标的百分比来估算行业增加值。

（一）健康产业增加值分析估算

根据行业从业人数、产值和利润，测算2008年广州健康产品制造领域增加值占工业增加值比重在1.27%～1.33%，取中值1.30，得到2008年广州健康产品制造领域增加值为51.13亿元。同理，估算出2004年广州健康产品制造领域增加值为32.98亿元。2004—2008年广州健康产品制造领域增加值年均增长率为8.30%，低于广州同期年均GDP增速。

根据行业从业人数、主营业务收入和营业利润，估算2008年广州健康产业流通领域增加值为39.49亿元，占批发零售业增加值比重为4.23%（平均值）。估算2004年广州健康产业流通领域增加值为25.28亿元。2004—2008年广州健康产业流通领域增加值年均增长率为11.38%，高于广州同期年均GDP增速，但低于广州同期批发零售业年均增加值增速，其中医药及医疗器材批发年均增速快

于零售业增速。

2008年广州卫生、社会保障和社会福利业增加值为168.14亿元，2004—2008年均名义增速20.46%。考虑到2004年广州市统计局根据国家统计政策对2004年的GDP进行了重大调整，广州卫生、社会保障和社会福利业增加值年均实际增速依然低于同期GDP增速。此外，估计列入其他服务业的卫生、社会保障和社会福利业增加值为6.82亿元（2008年）。

如前所述，根据健康产业构成及2008年各组成部分增加值占健康产业增加值比重，得到2004年、2008年和2010年广州健康产业增加值。（见表5）

表5 广州健康产业增加值及构成

项 目	2004年	2008年	2010年
健康产业制造领域增加值（亿元）	32.98	51.13	65.93
健康产业流通领域增加值（亿元）	25.28	39.49	50.93
健康产业研发领域增加值（亿元）	2.19	4.13	5.33
卫生、社会保障和社会福利业增加值（亿元）	78.68	168.14	216.83
其他服务业增加值（亿元）	3.20	6.82	8.79
广州健康产业增加值（亿元）	142.34	269.71	347.83
广州市国民生产总值（GDP，亿元）	4450.55	8287.38	10604.48
健康产业增加值占GDP比重	3.20%	3.25%	3.28%

（二）基于医疗卫生机构的诊疗服务和住院服务的健康产业GDP测算

国内生产总值（简称GDP）是指按市场价格计算的一个国家（地区）所有常住单位在一定时期内生产活动的最终成果。除却归入其他服务业部分，医药制造业和医药及医疗器材批发零售业活动最终要围绕医疗卫生机构的诊疗服务和住院服务展开。因此，根据GDP最终产品和服务的定义，只需分别计算出广州市各类医疗卫生机构在某一年度所提供的诊疗服务和住院服务的数量和价格，就可以大致推算出该年度广州健康产业的增加值。

2010年，广州市各类医疗卫生机构向社会提供诊疗服务1.08亿人次，提供出院服务 176.43 万人次，分别增长 6.58% 和 9.29%①。如表 6 所示，2010 年广州各类医疗卫生机构提供服务所得收入为 433.09 亿元。根据地区 GDP 定义，2010 年广州医疗服务业创造的 GDP 超过 400 亿元。

表6　广州各类医疗卫生机构年收入（2010年）

项　目	数量	单位
诊疗服务总人次	1.08	亿次
人均诊疗服务支出	193	元
诊疗服务收入	208.44	亿元
住院服务总人次	176.43	万人
人均住院支出	1.273334	万元
住院服务收入	224.65	亿元
各类医疗卫生机构年总收入	433.09	亿元

数据来源：广州统计信息网及南方报业网，详见下页标注①和标注②。

由于医疗卫生机构就业人数占广州卫生、社会保障和福利业总就业人数的 71.36%，根据广州居民医疗卫生年支出，我们可以合理推算：2010 年广州卫生、社会保障和福利业 GDP 为 606.85 亿元。

考虑到广州医药制造业和医药及医疗器材批发零售业除了服务广州市以外，还向广州以外地区提供相应服务。由上述可知，广州健康产业除卫生、社会保障和福利业外的增加值占广州健康产业 GDP 的 31.62%，由此，我们推算：基于医疗卫生机构的诊疗服务和住房服务收入计算，2010 年广州健康产业增加值高达 887.47 亿元，远远大于根据健康产业构成及 2010 年各组成部分增加值占健康产业增加值比重计算得到的 2010 年广州健康产业增加值 347.83 亿元。

（三）2015 年和 2020 年广州健康产业 GDP 估计

根据前面我们对广州医疗服务业增加值的估计，2010 年广州健康产业增加值为 887.47 亿元，占全市国民生产总值 10604 亿元的比重达到 8.37%。其次，利用趋势预测法对广州市 2011—2020 年的 GDP 进行了估计，如表 7 所示。2015

---

① 广州统计信息网（http：//www.gzstats.gov.cn）：2010 年广州市国民经济和社会发展统计公报。

年,广州市健康产业增加值占全市 GDP 比重至少可以达到 8.5%,健康产业增加值规模可望超过 1500 亿元[1];到 2020 年,广州市健康产业增加值将接近 2300 亿元[2],健康产业占全市 GDP 比重保守估计达到 9%,有可能突破 10%。

表7 广州全市 GDP 及健康产业 GDP 预测(2010—2020 年)(单位:亿元)

年 份	两年期趋势预测
2005	5154.2
2006	6068.0
2007	7108.0
2008	8215.0
2009	9112.8
2010	10604.5
2011	12096.2
2012	13587.9
2013	15079.6
2014	16571.4
2015	18063.1
2016	19554.8
2017	21046.5
2018	22538.2
2019	24030.0
2020	25521.7
2015 年健康产业 GDP	851.7
2020 年健康产业 GDP	1203.4

结论:从广州医疗服务业增加值的估计情况来看,2010 广州市健康产业增加值占全市 GDP 比重 8.37%(支出法估计 GDP);2015 年和 2020 年广州市健康产业规模分别为 1500 亿元和 2300 亿元。"十二五"期间,随着广州健康产业的

---

[1] 2015 年广州健康产业增加值 = 18063.1 × 8.5% = 1535.36 亿元。
[2] 2020 年广州健康产业增加值 = 25521.7 × 9% = 2296.95 亿元。

加速发展,健康产业占 GDP 比重有可能达到 9%～10%,成为广州名副其实的支柱产业。

四、广州发展健康产业的对策措施

(一) 打造服务粤港澳、辐射东南亚的国际医疗服务之都

广州市作为国家中心城市,其医疗服务范围超出了本市的行政区域,历史上一直是充当广东省其他市县的医疗服务中心的功能角色,服务范围辐射南中国地区,直达粤港澳以及东南亚。多年以来,广州的医疗机构树立了良好的品牌形象,技术水平和仪器设备居国际一流水准,但由于场地所限,难以满足市场的需求。存在大量潜在客户、拥有大量专业人才储备的医疗产业,是广州发展现代服务业的重要突破口和增长点,按照目前的规模,即使在短期内再翻一番也完全能被市场接纳和消化。广州必须尽快落实国家有关政策,加强对医疗产业的投入,切实开放医疗服务市场,允许不同所有制企业通过各种形式介入医疗服务市场,制定有利于健康产业发展的规划和政策,形成统一管理市场运作的健康产业发展模式。

(二) 大力发展医疗制造业

进一步落实广州市"十二五"规划中提出的加快发展新型疫苗、诊断试剂、基因工程药物、现代中医及海洋生物制药等产业,依托信息化和智能化手段,以"智慧医疗"建设引领生物医药产业的发展,大力发展发酵与酶工程、功能食品、生物质能等生物制造业,建设具有国际水平的创新型国家生物产业基地。

(三) 做好医疗服务外包产业

要建立面向高端消费群体和国外消费群体的高端医疗产业,重点发展中西医结合的高端医疗、健康管理和健康养生等高端服务业,提供以患者为中心,国际一流水平的个性化、精细化、高附加值、形式多样的医疗服务。充分利用各种医学人才,整合社会资源和国外先进设备,建立医疗服务外包产业的国际网络。

(四) 大力发展基于优质医疗服务的养老服务业

养老服务市场需求巨大,老龄产业还处在起步阶段,存在的突出问题就是老

龄产业的发展与老年人的实际需求还有较大差距，老龄产业规模小、层次低，养老服务业发展滞后，供需矛盾突出。建议从多方面积极支持民办养老机构开展各具特色的社会养老服务，积极帮助培育壮大社会养老服务事业和产业。

（五）做好广州健康休闲产业

随着我国经济快速发展，国民生活质量提高，休闲保健产业近年来获得了较快发展，日渐成为服务业的重要支柱。要充分发挥从化、花都、白云、增城等北部山区，由于环境资源约束不能发展其他制造业，从而为健康、养老、保健产业腾出的广大空间资源，用这些符合广州市发展战略的先进服务业、高端制造业、生物医药产业来拉动北部地区的经济发展。要积极引进境内外知名医疗和保健机构，提供以体育锻炼、治病疗伤等各类养生保健服务，开发温泉、SPA、药膳、中医调理等系列服务产品，引导广州健康休闲产业做出特色，做出品牌，做大做强。

（课题组成员：郭艳华　阮晓波　周晓津）

专业服务业的国际经验：
"增长速度最快、持续时间最长"
——培育广州新的经济增长点研究

一、专业服务业的内涵、特征及规律

（一）专业服务业的内涵及分类

专业服务业[①]属于高知识型服务业，是主要依赖专业人才投入专业知识、技能和信息进行创新活动，为社会和客户提供特制性较强的服务产品的产业，具有"高智力支持、高知识含量、低资源消耗、低环境代价"等特性。由于专业服务业行业分布相对较为广泛，产业属性较为多元难于界定，目前理论界尚未对其给出比较统一的界定，对专业服务业的了解主要是以列举法列举出其所包含的具体行业类型来认识。具体分类方面，不同国家和地区、不同组织、学者由于研究目的的不同和统计口径的差异，没有一个统一的对专业服务业的类型划分方法。（见表1）

表1　不同国家和地区、不同组织对专业服务业的界定

国家、地区或组织	分类标准	具 体 分 类
世界贸易组织	WTO标准	商业印刷，人力资源和就业服务，环境和设施服务，办公用品供应和服务，以及会计、法律、管理咨询和仓储等

---

① 专业服务业，主要是指提供商业活动中涉及的专业化服务，WTO称之为商业服务业，美国称之为专业科技服务业，新加坡称之为专业科技活动，香港称之为专业服务业；Drejer（2002）、仇向洋（2006）、汪永太（2007）等国内外学者将其定义为商务服务业或商业服务业。基于该行业自身特性，国内外学、商、政界对其称谓，以及研究的国际纵向、横向数据比较分析的考虑，本研究将其定义为专业服务业。

续上表

国家、地区或组织	分类标准	具 体 分 类
欧盟	NACE	法律、会计与管理咨询服务、建筑和工程活动、技术检测和分析广告、人力资源等
美国	SICS，1998年以前使用该标准	法律建议与诉讼、会计与审计、工程与测绘、代理服务、研究与开发、计算机服务、建筑服务、管理咨询服务、广告服务、摄影服务、设备租赁、个人提供服务等
美国	NAICS，1998年后使用，为加拿大、美国、墨西哥通用	法律建议与诉讼、会计与审计、建筑工程、管理咨询服务、研究与开发、专业设计、计算机服务、市场调查、摄影服务、翻译与口译、兽医等
新加坡	SSIC 2010	法律与诉讼、会计与审计、总部经济、管理咨询、工程与建设设计、技术测试与分析、研究与开发、广告、市场调查、专业设计、摄影服务、兽医等
香港特区	Hong Kong 2010	法律、会计（含会计、审计和簿记等）、商业管理与咨询服务、工程及技术服务、建筑设计、教育与服饰设计、质量监督及检测等
中国	GB/T 4754—2（2003年之前）	广告业、法律服务、计算机应用服务业、会计、审计、税务、社会调查、职业中介、旅行社等
中国	GB/T 4754—2（2003年之后）	咨询与调查（市场调查、社会经济咨询、会计、审计及税务服务、其他专业咨询）、企业管理服务（企业管理、投资与资产管理等）、法律服务、广告业、职业中介服务、市场管理、知识产权服务、旅行社、其他商务服务（会议及展览服务、包装服务、办公服务等商务服务）

资料来源：各国或地区官方统计标准。

综观各分类方法可知，对专业服务业的不同分类间目前仍然存在较大差异。基于数据的可获取性以及不同国家或地区横向比较的考虑，本研究把专业服务业包括的范围界定在以下几个行业：企业管理服务，法律服务，广告服务业，咨询与调查业，计算机服务业，建筑、工程与技术服务和其他专业服务业。（见表2）

表2　本研究对专业服务业的界定

类　别	具体内容
企业管理服务	企业投资与资产管理、企业管理机构、其他企业管理服务
法律服务	法律咨询与顾问、法律事务代理、有关专利产权方面的顾问、其他法律服务
广告服务业	广告设计、广告代理、其他广告活动、产品演示、贸易展览
咨询与调查业	市场调查、社会经济咨询、其他专业咨询、会计、审计及税务服务、投资决策分析、项目可行性分析、质量体系认证、资质认证、内部管理咨询、管理顾问、人力资源开发管理
计算机服务业	软件设计顾问和服务、硬件设计顾问、数据库服务、数据处理、其他计算机相关服务
建筑、工程与技术服务	建筑服务、水电气技术设计、城市规划设计、民用工程服务、其他建筑设计、技术测试分析、工业设计、机械工艺设计
其他专业服务业	其他专业服务业

（二）专业服务业的主要特征和作用机理

1. 主要特征——"高知识、高创新、高定制、高互动、高递增"

一般来说，专业服务业具有以下特征：高知识性、高创新性、高定制性、高互动性、高递增性等。高知识性：专业服务业属于典型的知识和技术密集型服务业，要求从业人员具有高度的专业技能和素质，他们通过运用自身掌握的各类专业知识和经验，创造性地构思出问题解决方案，从而满足客户的特定需求。高创新性：专业服务业作为客户的创新合作者，具备KIBS的高创新性特点，在创新过程中扮演着发起者、推动者、传播者等多重角色，创新调查结果表明，专业服务业中发生创新的企业比例达76%。高定制性：专业服务业是KIBS（知识密集型商业服务）中定制化程度最高的一类，就是同一个服务产品，不同的客户出于不同的目的，也存在完全不同的服务需求。因此是高度顾客导向型的服务业，服务过程中涉及大量的专门化创新。高互动性：专业服务业根据客户差异化量身定制个性化方案，为了能够更清晰地理解客户的需求，必然要求服务过程中与客户之间保持频繁的信息沟通和紧密互动，从而为客户提供满意度更高的服务方案。高递增性：专业服务业中要素投入主要是知识、信息和技能等无形投入，这些投入具有改善原有投入要素的质量和组合方式、改变产品的生产和制造工艺及流程、提高生产经营管理效率等一系列独特作用，无形要素投入的边际收益常常是递增的。因此，专业服务业将呈现出长时间、高增速的特征。

2. 专业服务业的作用机理

由于专业服务业是典型的高知识密集型服务业，具有高知识性、高定制性、高互动性、高创新性、高递增性等特征，它通过直接提供知识服务、提供创新平台和整合创新要素创造价值、引领发展，其积极意义和作用机理包括：

（1）持续创新服务，形成新的经济增长点。作为高技术、高文化和高智力的知识密集型服务业，专业服务业显著性依赖专门领域的专业性知识，它通过直接提供知识服务（价值发现—价值匹配—价值管理）、提供创新平台（价值发现—价值匹配—价值传递）和整合创新要素（价值发现—价值匹配—价值创新）创造价值，具有明显的"高创新、高递增、长时间"特征，这从美国专业服务业发展中可得到力证。因此，在目前全球经济普遍疲软的背景下，发展专业服务业将成为推动经济增长的亮点。

（2）优化营商环境，提高对总部机构和高端要素的吸引力。企业管理、法律服务、咨询与调查、广告、计算机等专业服务业在全球产业链处于高端位置，属于知识密集型高端服务业。加快发展专业服务业，可以完善区域和城市高端服务功能，为总部机构提供完善的高端配套服务，降低总部机构的运营成本，优化营商环境，提升城市发展软实力，将对全球总部机构和高端要素形成强大吸引力，从而加速总部经济和高端产业发展。

（3）提高整体产出效率，增强城市综合竞争力。专业服务业促进了专业化分工进一步深化，通过提供法律、咨询、广告等专业化服务，推动企业非核心业务的剥离，有效提高社会资源配置的效率。专业服务业通过为各行业企业提供专业的服务和解决方案，能降低各行业整体运营成本、提高各行业整体产出效率、提升市场竞争力和产品品牌价值，从而能使产业整体竞争力得到提升，形成较强的全球影响力和辐射力，最终推动城市综合竞争力不断提升。

二、专业服务业发展的国际经验与启示

（一）典型案例

1. 美国——全球专业服务业的核心和霸主

美国是全球专业服务业的核心和霸主，根据 2010 年 Vault 全球咨询公司 50

强排行榜，美国广告公司、律师事务所和咨询公司分别有28家、42家和50家进入全球咨询公司50强；另据2010年全球市场研究公司25强排行榜，美国市场研究公司和会计公司分别占据14家和15家。这非常清晰地反映出美国在全球专业服务业领域具有绝对优势地位。

"增速最快，持续时间最长"，这是处于全球专业服务业霸主地位的美国最突出的发展特点。1977—2010年美国专业服务业平均增速为9.00%，高于同期美国GDP的平均增速（6.66%）。随着1980年美国第三产业占比超过60%，美国专业服务业逐步"激活"，其年均增速由1977年的7.23%一跃增至1980年的11.32%，1988年和1999年，其增速分别达到18.30%和16.40%（见图1）。尤其是在1980—2000年美国经济转型过程中，美国服务业得到了快速发展，专业服务业、信息服务、金融与保险、教育医疗和文化娱乐发展最为迅猛，增速均超过9%，远高于同期GDP增速（7.3%）。其中，专业服务业发展增速最快，20年间年均增速达到11.64%。

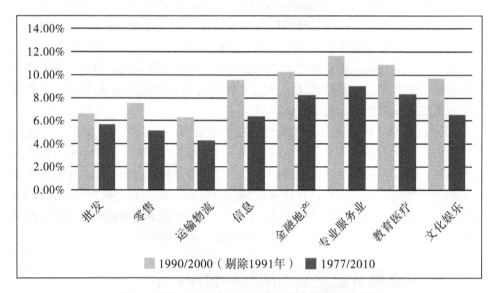

图1　1977—2010年美国消费及生产性服务业增速

再从细分行业看，在专业服务中，计算机服务、管理咨询、会计和广告等行业发展相对较快，1980—2000年的平均增速均超过8%，计算机服务和管理咨询服务平均增速分别达到15.37%和11.65%，远高于同期GDP增速（7.3%）。

(见图2)

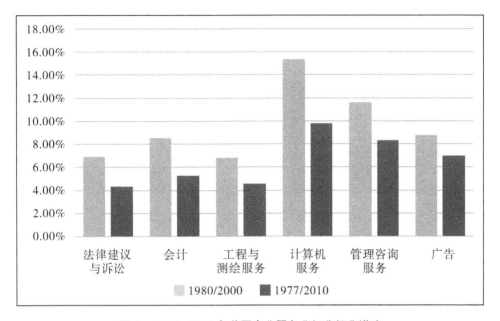

图2 1977—2010年美国专业服务业细分行业增速

2. 新加坡——国际企业的亚洲顾问

(1) 专业服务业在服务业总增加值中位居前列。新加坡由于得天独厚的地理地位、健全的法律体系、完善的税收制度、稳定的政治等，它已成为亚太地区重要的专业服务业中心，国际企业的亚洲顾问。新加坡专业服务业每年创造的增加产值紧随金融与保险业、运输与仓储业位列第三位，2004—2010年新加坡专业服务业在服务业增加值中占比达16.93%，远远超过房地产与租赁、信息与通信、教育、医疗保健、娱乐与休闲等服务业的占比。(见图3)

(2) 专业服务业增加值增速不断上升，成为经济复苏的强劲推动力。自2004年以来，新加坡专业服务业增加值增速不断上升，2008年其增速达到13.25%，远超过同期GDP增速（0.43%）。同时，自美国金融危机、欧洲债务危机后，2010年新加坡专业服务业出现强势反弹，其增速达到8.65%，成为拉动新加坡经济复苏的强劲推动力。(见图4)

从细分行业来看，市场研究和商业管理咨询业的增速惊人，2004—2008年，其年均增速达13.01%，虽然2009年全行业增速下滑甚至负向增速，但市场研

究和商业管理咨询业在2004—2010年年均增速仍达11.46%，明显高出同期GDP增速（9.39%）。（见图5）

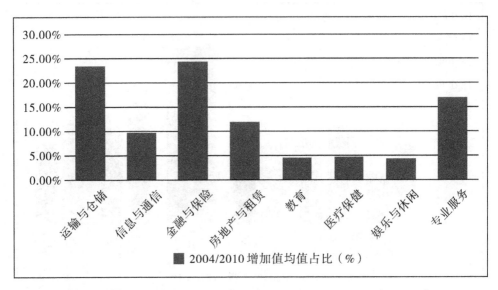

图3　2004—2010年新加坡服务业增加值均值占比份额

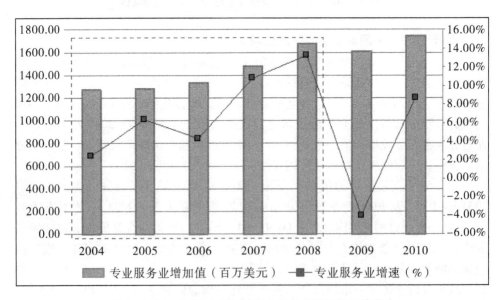

图4　2004—2010年新加坡专业服务业增加值及其增速

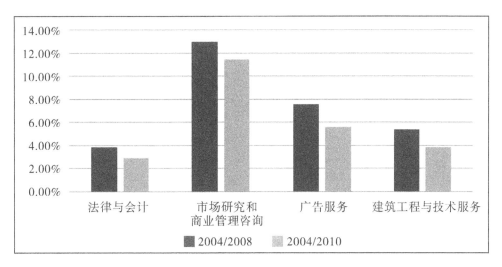

图5　2004—2010年新加坡专业服务业细分行业增速

3. 香港——亚太地区首屈一指的专业服务中心

专业服务业近10年保持快速发展，增速明显高于同期GDP增速。由于独特的地理地位及其拥有世界上最自由的经济体系，香港专业服务业得到了持续快速发展。尽管2002年受全球大环境影响和2008年受美国次贷危机及欧洲债券危机影响，香港专业服务业发展一度走低，但随后均迅速强势反弹、持续走高，其中2007年专业服务业增速更是达到14.02%。综观2001—2010年香港专业服务业增速及其GDP增速，专业服务业增速明显高于同期GDP增速，尤其是2007—2009年，两者增速的差距分别达到4.62%、5.01%和5.31%。（见图6）

从细分行业来看，法律、会计及核数服务，建筑工程、技术测试、科研及管理顾问等细分行业发展较快。其中，2004—2008年，香港法律、会计及核数服务增速达到9.61%，高于同期GDP增速（6.33%）。建筑工程、技术测试、科研及管理顾问2009—2010年增速更是达到18.55%，远超同期GDP增速（2.05%）。（见图7）

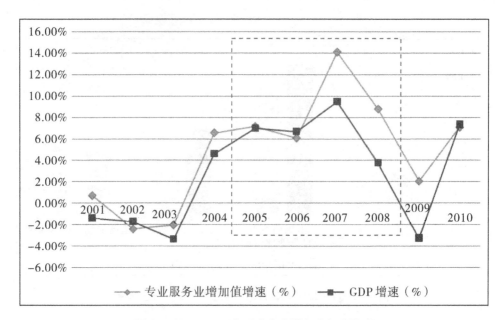

图6 2001—2010年香港专业服务业行业增速

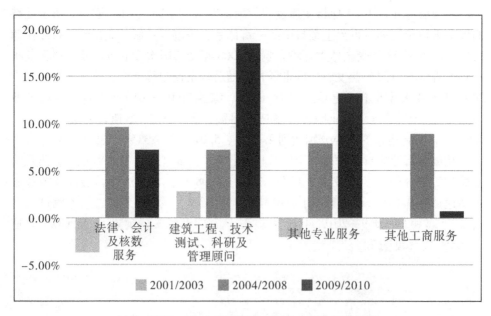

图7 2001—2010年香港专业服务业细分行业增速

(二) 国际经验与启示

通过综合分析专业服务业高度发达的美国、新加坡和中国香港特区，我们可以非常明晰地看到专业服务业的国际发展规律和经验，这对广州发展专业服务业具有重要启示。

1. "高门槛"启动

专业服务业的发展遵守明显的"门槛性"启动规律：只有当一个经济体进入服务型经济时代，第三产业逐渐发展成为经济主导力量情况下，专业服务业发展才会被逐步"激活"。例如美国随着1980年第三产业占比超过60%，专业服务业逐步"激活"，其年均增速由1977年的7.23%一跃增至1980年的11.32%，在随后的1980—2000年平均增速达到11.21%。2011年广州服务业增加值占GDP的比重达61.5%，这标志着广州已经步入服务型经济发展阶段，国际经验告诉我们，广州专业服务业发展将被逐步"激活"，高速发展之门即将开启。

2. "高增速"发展

专业服务业其一旦被"激活"，专业服务业将长期保持较高增速（速度明显高于其他行业和整体经济增速），从而成为经济体规模不断扩大，结构不断优化的强劲动力。1980—2000年美国专业服务业增速达11.21%，远高于同期GDP增速（6.67%），尤其是1988年和1999年，其增速分别达18.30%和16.40%；2001—2010年香港专业服务业增速同样明显高于同期GDP增速，尤其是2007—2009年；2004年以来，新加坡专业服务业增加值增速不断上升，2008年其增速达13.25%，远超同期GDP增速（0.43%）。2004—2010年广州专业服务业增加值年均增速已达24.29%，国际经验告诉我们，这种高增速在未来15~20年有望得到保持，将有力推动广州产业结构优化升级。

3. "高贡献"带动

随着专业服务业快速发展，其对经济增长贡献越来越高，带动性日益增强，其在第三产业中占比越来越大，基本上可达20%左右的水平。据相关统计数据显示，2004—2010年，美国专业服务业在第三产业增加值中占比均值达到20.75%；新加坡达到17.02%；香港也达到20.93%。2004—2010年广州专业服务业在第三产业中占比已达到12.67%，随着广州步入专业服务业高增速的服务型经济时代，专业服务业未来15~20年占比将逐步提高，有望达到或超过20%。

4. "高创新"领跑

在细分行业发展方面,尽管三个国家和地区情况略有不同,但是,高知识型、高创新型行业具有明显的领跑特点。如专业咨询(市场、工程、管理、技术)以及计算机服务在细分行业中表现最为强劲。以美国为例,1980—2000年计算机服务和管理咨询平均增速分别达到15.37%和11.65%;在占比方面,2008年美国科研、管理咨询、工程设计三项合计占比达到40.33%,法律与会计两项合计占比达到35.65%。2008年统计数据显示,广州专业服务业在企业管理、广告以及科研、技术及勘测具有较强的实力,而在咨询与调查以及计算机服务两个领域严重不足,根据国际发展经验,未来广州应重点发展咨询类(企业管理、专业设计、建筑工程设计等)以及计算机和软件开发服务。

三、广州加快发展专业服务业的战略意义

(一)在经济疲软背景下,培育新的经济增长点

在全球经济普遍疲软的背景下,外需市场疲软,而内销市场容量有限,广州要统筹考虑国内和国际两个市场,尽快培育形成经济增长的新动力和新亮点。发达国家和地区的发展经验表明,专业服务业作为高技术、高文化和高智力的知识密集型服务业,在工业经济向服务型经济转型的发展阶段,是服务业中平均增长速度最快、增长持续时间最长和对经济贡献率最高的服务业。广州若能精心创造条件加快发展专业服务业,势必能形成新的经济增长点和驱动力。

(二)增强创新功能,促进新型城市化发展

诺贝尔经济学奖获得者、美国经济学家斯蒂格利茨认为,21世纪对全人类影响最深的是美国高科技产业和中国城市化,而两者都离不开创新功能。随着广州等国内中心城市规模的迅速膨胀,一系列城市病的不断涌现成为城市进一步发展"紧箍咒",在这种背景下,广州新型城市化的发展战略提出适时而迫切。而专业服务业具备高创新性特点,它通过提供创新平台和整合创新要素创造价值,在创新过程中扮演着"发起者"、"推动者"、"传播者"等多重角色,利用"高创新性"促进新型城市化发展,能有效增强广州城市和产业创新能力,有利于突破中国传统城市化"天花板"。

(三) 优化营商环境，助推"国际商贸中心"建设

按照世界发达商贸城市的发展经验，要打造国际商贸中心应具备良好的营商环境，未来五年广州将凭借大的生产制造和商贸流通基础，以"国际商贸中心"作为战略重点。广州大力发展专业服务业，将为在穗以及珠三角地区生产性企业、现代服务业提供一系列高质量专业服务，涵盖除生产制造外的一切环节，有利于营造柔性化、国际化的营商环境，大幅提升专业服务质量，有效降低区域营商成本，有利于构建高端服务业产业体系，助推广州"国际商贸中心"和"国家中心城市"建设。

(四) 加快总部经济发展，增强广州综合竞争力

总部企业的经济活动和区位选择，对于区域的制度、环境有着高度的敏感性。专业服务业属于知识密集型的高端服务业，进一步加快发展专业服务业能够明显完善城市和区域的高端服务功能，优化总部经济的营商环境、降低运营成本，有效促进总部经济的发展，从而有效提升广州在世界经济竞争格局中的控制力和影响力。通过发展专业服务业，显著提升广州城市服务业水平，增强对总部经济和高端要素的吸引力，有效发挥总部的集群效应和溢出效应，从而加速高端产业发展，成为增强广州软实力和综合竞争力的有效"发力点"。

四、广州专业服务业发展现状及主要问题

(一) 广州专业服务业发展水平的比较分析

（1）国际比较：快速发展，潜力巨大。广州专业服务业在第三产业中占比虽然低于香港、新加坡和美国，但这种差距正在逐步缩小，尤其是2007年之后，广州专业服务业在第三产业中占比迅速上升，2010年广州专业服务业在第三产业中占比已经接近15%。2004—2010年广州专业服务业年均增速达到22.71%，明显高于美国（5.16%）、新加坡（5.97%）、香港（7.43%），这体现出广州专业服务业的巨大发展潜力。（见图8）

（2）国内比较：中国主要专业服务业中心。广州在规模和增速上与北京、上海不相上下，但明显高于深圳。从北上广深专业服务业增速来看，四地增速交替排位，其中2008年和2010年广州专业服务业增速排在首位。从单位从业人员

产值来看,广州明显高于京沪深三地,在专业服务业存在质的优势。(见图9)

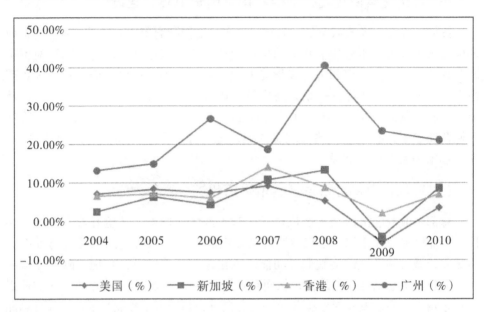

图8　2004—2010年美新港广四地专业服务业增速横向比较

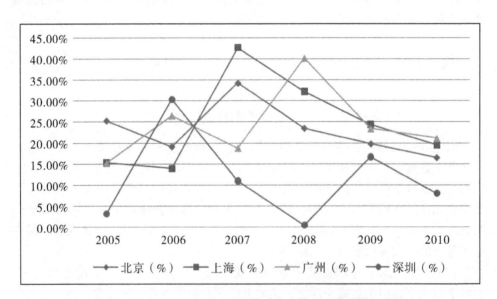

图9　2004—2010年北上广深四地专业服务业增速横向比较

(3)产业间比较:生产性服务业中独占鳌头,前景广阔。通过产值占比及增速分析发现,2007年以来,广州专业服务业增速(24.29%)明显高于同期金融服务业(18.56%)和房地产业(17.52%)。同时,专业服务业在生产性服务业中占比也不断上升,2010年这一占比达到41.15%,位居生产性服务业第一位。广州专业服务业人均产值平稳上升,但仍然低于金融业和房地产业。(见图10)

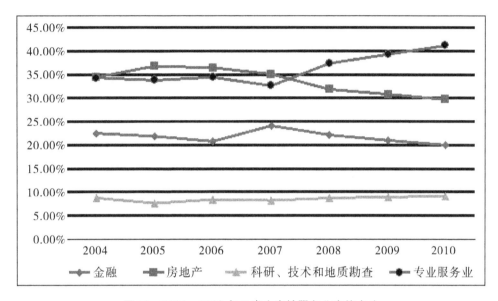

图10 2004—2010年四类生产性服务业产值占比

(4)区位商分析:在服务业中发展较快,具有较强的竞争力和发展势头。根据区位商①计算得知,2004—2010年广州专业服务业区位商超过1.6>1,且明显高于金融、房地产、科研、技术和地质勘查业,说明广州专业服务业专门化程度较高、就业吸纳能力较强,具有较强的竞争力和发展势头,但近几年专业服务业区位商有所减少。(见图11)

---

① 区位商又称专门化率,在衡量某一区域要素的空间分布情况,反映某一产业部门的专业化程度,以及某一区域在高层次区域的地位和作用等方面,其计算公式为:$LQ_{ij}=(E_{ij}/E_j)/(E_i/E)$,式中,$LQ_{ij}$为$j$城市$i$部门的区位商,$E_{ij}$为$j$城市$i$部门的就业人数,$E_j$为$j$城市总就业人数,$E_i$为全国$i$部门就业总人数;$E$为全国就业总人数。若区位商大于1则属于优势部门,小于1且属于劣势部门。区位商增加则发展势头上升,属于"朝阳"产业;区位商减少则发展势头下降,属于"夕阳"产业。

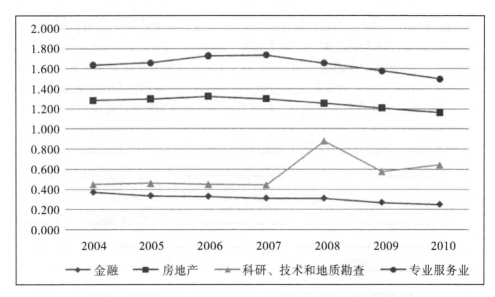

图11 2004—2010年四类生产性服务业区位商值横向比较

（二）广州专业服务业发展存在的主要问题

（1）总体发展水平不高，规模较小。从绝对规模角度，广州专业服务业与香港存在较大差距，2004—2010年香港专业服务业平均规模为广州的3倍多。在相对规模方面，2004—2010年广州专业服务业占第三产业占比均值为11.12%，远低于同期香港（20.93%）、新加坡（17.02%）和美国（20.75%）的发展水平。与国内京沪专业服务业相比，广州从业人员数量明显落后于北京、上海，甚至落后于深圳。综上分析，广州专业服务业总体发展水平尚不高。（见图12）

（2）研发、管理咨询、工程设计、计算机服务严重滞后。美新港广四地横向比较发现，广州广告、法律与会计在专业服务业中比占较大，广告占比为16.76%，法律与会计占比为9.81%，而研发、管理咨询与建筑工程设计仅占5.82%，这与国际专业服务业发达国家和地区形成强烈的反差，说明广州专业服务业结构明显不合理。如美国2008年科研、管理咨询、工程设计位居专业服务业第一位，占比达到40.33%，法律与会计合计占比达到35.65%；新加坡科研、管理咨询、工程设计占比为21.77%。

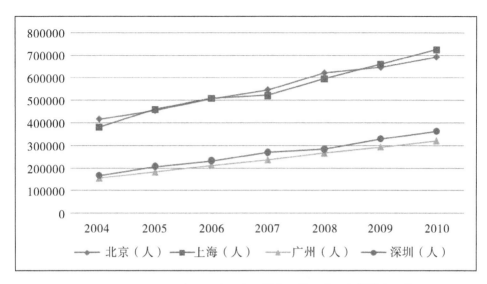

图12 2004—2010年北上广深专业服务业从业人员规模横向比较

（3）专业服务业对产业转型升级贡献度不高。专业服务业的核心职能是为产业提升、企业发展提供完备的解决方案。2004—2010年广州专业服务业相对生产性服务业的结构超前系数①为0.97<1，可见，相对生产性服务业而言，专业商务服务业近几年发展相对滞后，无法满足广州乃至珠三角产业体系发展，导致产业结构升级缓慢，对提升"广州制造"和"广州服务"贡献度不高。

五、加快广州专业服务业发展的主要对策措施

比对国际经验，广州专业服务业的高速增长期已经"开启"，广州应抓住专业服务业需求日趋旺盛和服务业跨国转移不断深入的机遇，充分发挥广州专业服务业发展的各方面优势，以世界眼光、战略思维、前瞻视野，把加快专业服务业发展摆到重要的战略位置加以推进。

---

① 产业结构超前系数：测定某一部门结构增长对经济系统中平均的增长趋势的超前程度，计算公式为：$E_i = a_i + (a_i - 1)/R_t$。式中，$E_i$即第$i$部门的结构超前系数；$a_i$即第$i$部门期末所占份额与期初所占份额之比；$R_t$即同期经济系统中平均的增长率。该系数小于1，说明该部门的份额呈现下降趋势；反之，说明该部门的份额呈现上升趋势，该产业有超前发展的倾向。

(一) 确立打造"亚洲专业服务新中心"的战略目标

确立把广州建成我国最主要的国际化专业服务中心,力争到2020年将广州建设成为"亚洲专业服务新中心"的战略目标。努力造就和吸引一批顶尖级国际性专业服务业企业,在专业服务业规模、聚集辐射能力和水平、专业服务业机构数量、吸引国际顶尖级专业服务业和高端人才比重等均居全国首位、亚洲前列。其主要辐射区域和服务区域是整个国内生产制造和商贸流通企业,助推提升"中国制造"和"中国服务"在全球产业链中的地位与形象,并力争代表中国专业服务业最高水平,参与全球专业服务业竞争。

(二) 研究制定切实可行的专项发展规划和促进政策措施

加强组织领导、规划引导、政策促进工作,力促广州专业服务业加快发展。一是结合广州专业服务业发展优劣势以及国际发展趋势、经验等,制定出台专业服务业总体发展规划以及各子行业专项发展规划,组织制定推进国际(尤其是穗港)专业服务业合作发展的各项政策措施。二是有针对性地推出行业优惠政策和鼓励计划。例如,为吸引更多跨国公司总部入驻,建议有针对性的推出如"营业总部地位"计划、"跨国营业总部奖励"等;如设立"广州百大专业服务企业排名"、"广州十大成长最快的专业服务企业排名"等。

(三) 打造专业服务业发展平台和聚集区

加速创建多元化、知识化和高附加值的专业服务业集聚区,按照"企业集中布局、产业集群发展、功能集合构建"的要求和"产城融合、三产融合发展"的理念,打造成中国一流的专业服务业集群式发展的促进平台,带动广州现代服务业、珠三角制造业向高端延伸。重点借助CEPA协议平台,在广州建立特别中外(港澳)合作区,具体可参照国家设立综合改革试验区的模式、功能和机制,借鉴自由贸易区、经济自由区的功能和政策,在广州先行探索推行与香港、澳门互认专业资格的政策,并建立"先行先试"措施的通报磋商监督机制,突破性打造专业服务业发展国际平台。

(四) 营造良好的专业服务业发展社会氛围和环境

以空港、海港和信息港为重点,不断强化广州国家综合门户枢纽功能和国家中心城市的服务功能,改善专业服务业的宏观环境。学习国内外发达城市做法,对符合广州产业发展方向和市场需要的专业服务业给予排期保护，制定行之有效的专业服务业保护机制。加快与国际惯例和体制接轨，建立与国际性专业服务业协会对话和沟通的平台，完善各种行业协会的引领和协调职能，通过政府推动、企业参与、社会支持等方式，努力创建多元化的专业服务业社会氛围和发展环境，营造行业发展的良好"生态环境"。

（五）大力引进国内外专业服务业总部机构和高端资源

引进总部机构和高端资源，是保证专业服务业快速发展的关键举措。广州应大力吸引一批顶尖级国际性专业服务业企业，吸引一批国际性企业，尤其是跨国企业总部择址落户广州。高度重视并充分发挥政府和行业协会在专业服务业招商引智中的作用，充分认识专业服务业特性与规律，创新招商引智的思维和方式，提高招商引智的科学性和针对性。应充分发挥社会上各类代理招商机构作用，实行中介招商和网络招商；应加强对国内外知名品牌或具有较强带动作用的总部机构和高端资源，进行重点招商、公关式招商。

（六）积极培育和引进专业人才

专业服务高端人才是发展高端专业服务业的稀缺资源，广州应高度重视培育和引进专业服务人才，提供行业发展提供专业人才保障。一是要建立专业服务业人才、智力和项目相结合的柔性引进机制，充分发挥广州各类人才市场作用，积极探索在专业服务业中采取知识入股、技术入股、期权激励等分配形式。二是加强与高校、职校、科研院所的合作，建立广州重点领域专业服务业人才培训基地；推进人才培训的国际交流合作，建立海外专业服务业人才培训基地。

（课题组成员：欧开培　赖长强　李雪琪　罗顺均）

广州绿色建筑发展规划研究

一、前言

(一) 绿色建筑的概念和内涵

绿色建筑是指为人们提供健康、舒适、安全的居住、工作和活动的空间，同时在建筑全生命周期中实现高效率地利用资源（节能、节地、节水、节材）、最低限度地影响环境的建筑物（杨文，2008）。

因而，绿色建筑包括两方面的内涵：一是节约能源及资源；二是要为居民提供安全、健康、舒适性良好的生活空间，与自然环境亲和，实现人及建筑与环境的和谐共处、永续发展。也就是说，绿色建筑的建设要遵循以人为本、循环经济的科学发展观理念，以人与自然的和谐为核心，科学有效地利用资源和高新技术成果，尽量减少对建筑资源的消耗，将环境污染降到最低限度，建造一个健康、舒适，满足人类居住的室内环境。这一方面包括适合的温度、湿度、通风换气效率、噪音、自然采光、空气质量等物理量，而且包括建筑布局、环境色彩、照明、空间利用、使用材料及工作的满意度和良好的人际关系等主观性心理因素，最终目标也是节约能源、科学有效地利用资源。与传统建筑相比，绿色建筑不仅仅局限于建筑业，也不仅仅只考虑建筑自身系统的可行性，而是在建筑与环境相互协调的基础上，以自然生态系统良性循环为基本原则，结合考虑生态环境、社会经济、历史文化、生活方式、建筑法则和适宜的技术等多种因素。所以，绿色建筑又可称之为绿色建筑体系（杨文，2008）。

(二) 绿色建筑的主要特征

（1）地域性，区域差异性。绿色建筑要求建筑与环境协调共生，从而具有地域性特征。强调采用当地的原材料，尊重当地的自然、人文、气候条件，建筑风格上要做到本地化的，才能产生出新的建筑美学和健康舒适的生活环境。

（2）绿色建筑强调从原材料的开采、加工、运输一直到建造、使用直至建筑物的废弃、拆除的全过程都注重环保（王耀利，2007）。

（3）绿色建筑能够使能源、资源消耗降至最低程度，想方设法使用太阳能、风能、地热、生物能等天然能源和再生能源，利用节能技术并防止污染。绿色建筑和既有建筑相比，耗能可以降低70%～75%，最好的能够降低80%（吴志强、邓雪湲，2008）。

（4）绿色建筑体现了对使用者的关心，在注意环保的同时，还重视良好的采光和通风、声环境氛围、合理的空间布局、完善的通讯系统，替使用者考虑周全。

总之，绿色建筑遵循可持续发展原则，体现绿色平衡理念，通过科学的整体设计，集成绿色配置、自然通风、自然采光、低能耗围护结构、新能源利用、中水回用、绿色建材和智能控制等高新技术（杨文，2008）。绿色建筑必须充分展示人文与建筑、环境与科技的和谐统一。它不仅可以满足人们的生理和心理需求，而且能源和资源的消耗最为经济合理，对环境的影响最小。

（三）绿色建筑的广州阐释

广州属于冬暖夏热地区，冬季室内湿冷，夏季室内酷热，考虑到舒适性以及节能环保，发展绿色建筑需要科学的规划布局和合理的建筑设计，充分利用光热能。建筑物的单体设计要考虑其体型系数，以减少外围护结构的热传损失，降低建筑能耗，提高建筑围护结构的隔热性能，屋顶、外墙、外门窗的热工设计要具有超前性原则。

二、广州绿色建筑的发展现状

（一）广州开展绿色建筑的现状及成效

广州绿色建筑的开展是从抓建筑节能开始推广的。从2005年开始先抓居住节能，从设计阶段的施工图开始抓。2007年开始，从管理层面到技术层面，从工程施工到竣工验收，对建筑节能都有明确的要求，建筑节能工作进一步推进，建筑节能步伐加快（田华、赵文学，2010）。目前，在建筑节能的基础上，重点抓"四节一环保"（节地、节水、节材和节电）的工作，大力推广绿色建筑，取得了较大成效。

1. 出台政策，保障绿色建筑工作开展

配合国家和省建设部门《民用建筑节能条例》的实施出台了一系列的地方法规和部门规章。至2009年底，广州市完成了《广州市民用建筑节能管理条例（送审稿）》，出台了《广州市发展应用新型墙体材料管理规定》，积极推进了绿色建筑的立法工作。制定了《广州市建筑节能示范工程管理办法》、《广州市建筑节能验收工作方案》、《广州市绿色建筑评价管理细则》等规范性文件，保障了全市绿色建筑工作的有序开展。

2. 积极实施既有建筑节能改造

在既有建筑的节能改造中，广州市采取诸多措施积极实施建筑节能。一是积极引入合同能源管理模式，引进社会资金参与节能改造，以商业建筑为突破口，以试点示范为带动，以围护结构和空调、热水系统节能改造为重点，开展了爱群大酒店、广东外商活动中心等既有建筑节能改造，取得了良好的节能效果；二是结合城中村改造，积极推进建筑节能工作，已审批的约1000万平方米新建建筑完全按建筑节能标准进行设计、施工；三是以迎亚运会为契机，严抓亚运整治工程的节能改造；四是以建筑节能设计审查备案为关口，严抓装修改造工程的建筑节能设计。广州市对所有改建、扩建及装修改造的工程，涉及建筑围护结构和用能系统的，在办理建筑节能设计审查备案时必须严格执行建筑节能标准，否则不予备案。

3. 以示范工程带动绿色建筑的推广开展

一直以来，广州市注重建筑节能示范工程的建设，通过试点、示范工程的建设，推进建筑节能材料、产品以及节能技术成果的推广应用。坚持围绕"从单一技术到技术集成、从节能建筑到绿色建筑、从单体建筑到社区建设"的指导思想推进民用建筑节能和绿色建筑工作。通过试点示范工程建设，促进新材料、产品以及技术成果的推广应用，涌现了广州亚运城、番禺区中心医院等一批高品质的民用建筑节能示范项目。目前，全市在建的国家级示范项目共有10个，建筑面积约1330万平方米；省市级示范项目11个，建筑面积约140万平方米。涵盖了绿色建筑、低能耗建筑、可再生能源建筑示范项目，实现了材料新型化、技术集成化，有效提升了节能建筑的层次。

4. 加强监管体系建设

广州市陆续推进了能耗统计、能源审计、能效测评、能耗监测平台建设。一是通过公开招标选取能耗统计单位对全市政府办公建筑和大型公共建筑及16条抽样街道的居住建筑和普通公共建筑的基本信息和能耗进行调查。二是开展政府

办公建筑和大型公共建筑的能源审计和能效公示工作。2008年9月，制定了《广州市首批大型公共建筑能源审计实施方案》，在广州市选取20家大型公共建筑开展能源审计（2009年再选取40多家），对用能单位的建筑能源使用效率、消耗水平、能源利用等经济和环境效果进行综合监测、诊断和评价，并提出了节能整改意见和建议，为推进全省政府机关办公建筑和大型公共建筑节能监测体系建设工作提供了经验。三是逐步开展建筑能效测评标识工作。2009年对南沙行政办公楼、广东科学中心、番禺中心医院等项目开展了建筑能效测评试点。四是全面推进广州市民用建筑能耗监测平台首期建设。

5. 鼓励推广新型墙材

结合节能工作开展，广州市在新型墙材的推广应用方面也取得了较大成效，逐渐向轻质、保温、隔热方向发展，开发了加气混凝土砌块、普通混凝土砌块、轻集料混凝土砌块等多个品种。2009年，全市新墙材生产量达到22.46亿块标砖，新墙材应用量达到11.22亿块标砖，节约土地资源1852亩，节约能源6.96万吨标煤，减排二氧化硫1392吨，新墙材应用比例约92%（市区达到了97%以上），有力地保护了土地资源，净化了环境。

6. 合理利用可再生能源

2009年，为促进太阳能等可再生能源的普遍应用，广州市制定了《新能源和再生能源发展规划》。并在《广州市民用建筑节能管理条例》的立法中，将太阳能热水技术作为强制性推广技术纳入建设程序的行政监督中。对学校、宾馆、医院等具有稳定热水需求的建筑，大力推广太阳能热水、空气源热泵热水等技术的应用。同时，大力推进风能的应用。南沙区充分利用良好的风力资源，试点安装了约50盏风光互补路灯，并陆续投入360多万元，在南沙各镇（街）12个地点相继建设安装了426盏风–光互补节能路灯和122盏太阳能节能灯。

7. 注重新监测技术的应用

2009年，广州建立了市建筑能耗监测平台数据中心，该中心按满足同时监测600栋广州市国家机关办公建筑和大型公共建筑的能耗，并存储20年数据的需要进行建设，预计2010年完成200栋末端监测，至2012年完成600栋末端监测。

8. 注重宣传，强化引导

为营造全社会共同参与民用建筑节能与绿色建筑、支持墙材革新的氛围，广州市建委组织开展了一系列宣传活动。一是通过"广州市节能降耗成果展"、"广州房地产博览会"等活动，对民用建筑节能进行专题宣传；二是在《广州日报》、《羊城晚报》等报纸杂志刊登民用建筑节能的政策、示范进展等，扩大宣贯面；三是免费向社会公众发放《广州墙材革新与建筑节能》16000多份。

（二）广州市绿色建筑典型案例分析

1. 发展中心大厦

发展中心大厦位于珠江新城的发展中心大厦，不仅是广州首座真正的环保节能的绿色建筑，也是世界上首次在高层建筑的外立面装置大型竖向遮阳板系统的高层建筑。大厦外立面四周均安装了1026块可在电脑控制下随日照角度进行180度旋转的遮阳板，覆盖总面积6370多平方米。这些遮阳板可以避免过多热量透过窗户，从而调节内部空间照明和节省空调运作费用（钟方等，2009）。

2. 汇景新城

广州汇景新城的规划建设是致力于建成一个超前于当今中国水平的绿色生态、可持续发展的高级豪华居住社区。规划设计中结合景观朝向，合理选择建筑不同朝向的窗墙比，西向开窗面积尽可能减少，从而降低东西向的能耗。墙体采用质轻、保温、隔热、防水、隔音的环保型材料（金俊实、王军，2006），门窗中的平面玻璃一律采用隔热、防辐射的中空玻璃。同时还考虑了南方生活模式，在各方向设置了出挑阳台，屋面设计了飘板和花棚，有很好的遮阳效果。并在西墙上每层窗台下设计了花池等垂直墙面绿化，从而减少了建筑东西墙对能耗的影响，确保建筑全年的能耗最少。注重住宅的立体绿化，设计了屋顶花园，既降低了室内能耗，又消除了屋面的热辐射。

3. 广州亚运城

广州亚运城用地面积有2.73平方千米，总建设量约为140万平方米，整个亚运城高标准实施了建筑节能。

亚运城所有区域的建筑将按建筑节能划分为三个层次：低能耗建筑示范——亚运城居住建筑组团（媒体村、运动员村、技术官员村居住建筑），节能率为65%，示范建筑面积约110万平方米；绿色建筑示范——广州亚运城综合体育馆（大型体育馆三星级绿色建筑），节能率为60%，示范建筑面积约5万平方米；建筑节能示范——广州亚运城整体，节能率为50%，总体节能率大大高于国家标准的要求。

亚运城还将大规模运用可再生能源，通过太阳能与水源热泵的结合对建筑物提供供冷、供暖和生活热水。太阳能和水源热泵系统可实现全年生活热水新能源替代率不小于75%。亚运城在规划设计过程中大量使用建筑群热环境分级模拟、建筑节能技术的优化组合和综合设计等，这些技术在国内都是首次运用。在建筑单体节能方面，亚运城将运用两项南方地区适用新型建筑节能技术，其技术指标在国内同类产品和技术中居于前列（廖小俏，2009）。

三、国内外的绿色建筑发展经验及启示

（一）我国绿色建筑的发展及主要城市经验

1. 我国绿色建筑发展的基本状况

我国的绿色建筑起步较晚，始于20世纪后半叶，与其他发达国家一样是从建筑节能这个绿色建筑的核心内容抓起的，以科技项目和示范工程为首逐步推广。大致可以分为三个发展阶段。

第一阶段：绿色建筑初期阶段（1986—2002年）。中国绿色建筑是从建筑节能开始的，可以追溯到1986年我国第一部建筑节能的设计标准——《民用建筑节能设计标准》出台，当时提出建筑节能分三步走，从居住到公建，从北方到南方，从设计到施工。这一阶段的中期，政策开始启动，从墙改开始。这个阶段的后期，20世纪90年代中期之后，开发商开始大量炒作绿色建筑、生态建筑概念，中央政府要求有了标准再搞。

第二阶段：绿色建筑的快速发展阶段（2003—2007年）。2003年，随着新一届国家领导人施政，提出科学发展观、节能减排、节约型社会、整顿政府建筑浪费等思想与举措，绿色建筑快速发展阶段到来。这个阶段主要完成了四项工作：一是抓执行，根据2006年节能专项检查，建筑设计阶段符合节能设计标准的项目为95.7%，施工阶段执行节能设计标准则降为53.8%。二是从新建到既有，我国400亿平方米既有建筑的节能改造逐步开始。三是绿色建筑的标准法规体系初步确立（陈果、禤文帅，2010）。2004年，建设部颁布实行《全国绿色建筑创新管理办法》和《全国绿色建筑创新实施细则（试行）》。2005年修订了《民用建筑节能管理规定》，颁布实施《公共建筑节能设计标准》；2006年，建设部和国家质量监督检验总局正式发布实施了《绿色建筑评价标准》，这是我国第一部从住宅和公共建筑全寿命周期出发，多目标、多层次，对绿色建筑进行综合性评价的推荐性国家标准，打破了我国一直缺乏综合性评估标准的局面。四是将绿色建筑作为转变城乡建设方式的抓手，提高到国家层面（曾光，2009）。

第三阶段：大力推广阶段（2008年至今）。2008年年初，国家住房和城乡

建设部提出了"推进建筑节能,推广绿色建筑"。指出未来四个大的方向是:从北方到南方,从既有到新建,可持续能源规模化应用,从强制规范到经济激励。

总体上,我国绿色建筑尚属起步阶段,缺乏系统的技术政策法规体系,绿色建筑评估标准规范尚未正式颁布,本土化的单项关键技术储备和集成技术体系的建筑一体化研究应用均需进一步深化,国内外绿色建筑领域的合作交流还未全面展开。真正意义的绿色建筑尚未进入实质性推广应用阶段,绿色建筑设计理念和绿色消费观念有待进一步引导。

2. 典型城市的主要经验

(1) 节能减排法规先行。北京、上海、深圳等国内主要城市在发展绿色建筑过程中,以建立健全地方法规作为节能减排的基础。如深圳市早在 2001 年就开始编制建筑节能地方标准,2006 年 7 月,深圳率先在全国出台了《深圳经济特区建筑节能条例》,开启了深圳建筑节能发展的新时代。2007 年 7 月,出台《深圳市绿色建筑设计导则》。2008 年 3 月,深圳市政府出台了《深圳生态文明建设行动纲领(2008—2010)》及《关于打造绿色建筑之都的行动方案》等 9 个配套文件,第一次以市政府文件的形式,提出了"打造绿色建筑之都"的目标,为今后城市发展指明了方向。2009 年又颁布了《深圳市建筑废弃物减排与综合利用条例》和全国第一份绿色建筑设计地方规范——《光明新区全面实施〈深圳市绿色建筑设计导则〉管理办法(试行)》,建立了一整套建筑节能和绿色建筑方面的法规标准体系。

(2) 注重发挥非政府组织的作用。2008 年,深圳市成立全国第一个绿色建筑协会。其以"发展绿色建筑,促进循环经济"为宗旨,将最近一两年工作重点确定为大力宣传和普及绿色建筑的理念。上海和北京则先后于 2004 年和 2005 年成立了绿色建筑促进会。宗旨是以专业技术优势,发挥桥梁纽带作用,促进高新科技、先进适用技术在绿色建筑中的应用,开展绿色建筑评估咨询工作,同时还开展绿色建筑的宣传推广、研究与交流等工作。

(3) 加强国际合作,借鉴先进经验。通过国际合作,借鉴国外先进经验也是深圳市实现绿色建筑高起点发展的举措之一。深圳是住房城乡建设部和美国能源基金会"推动夏热冬暖地区居住建筑节能试点示范城市",是住房城乡建设部和世界环球基金组织"中国终端能源效率项目(UNDP)"试点城市。同时,深圳市住房和城乡建设局还与美国能源基金会签订了关于把深圳建设成为绿色建筑示范城市的合作框架协议。

（二）国外发展绿色建筑的主要做法和经验总结

1. 制定切实可行的绿色建筑评价体系

美国、英国、加拿大、日本等国都建立有一套较为完善的绿色建筑评价体系，且实施得较为成功。美国的能源及环境设计先导计划（即 LEED）是目前世界各国建筑环保评价标准中最完善、最有影响力的。它从建筑全寿命的视角对建筑整体环境性能进行评估，为绿色建筑提供了明确的构成标准。1990 年，英国的建筑研究所提出了建筑环境评估法（BREEAM），它是国际上第一套实际运用于市场和管理之中的绿色建筑评价体系，目的是为绿色建筑实践提供权威性的指导以期减少建筑对全球和地区环境的负面影响。加拿大提出了绿色建筑挑战的评价方法（GBTool）等。这些评价体系都是在明确的可持续发展原则指导下进行的，都有明确清晰的分类和组织体系，可以将目标和评价标准联系起来，都有一定数目的包括定性和定量的关键问题可供分析。评价的数据和方法都向公众公开，并由相关部门给予专业认证的评估人执行。

2. 注重经济激励政策的实施

英美等国不仅通过法律法规、行政条例等在新建的建筑或既有建筑改造中实施绿色建筑的相关标准，采取强制性措施，还注重激励政策的实施。英国政府主要通过税收优惠政策鼓励居民建设"绿色住宅"。通过开征气候变化税，督促企业走综合能源供应途径，并对节能企业进行补贴，鼓励商业和公共部门实施最佳节能措施。制定了一系列的税收、财政等政策促进高能效在新建建筑和既有建筑的改造方面中的应用，从而推动绿色建筑的推广。美国政府也制定了一系列的刺激政策，从经济上保证投资者收回投资，调动他们投资节能与绿色建筑的积极性。首先是货币补助，主要是从税收来实现，通过税收优惠、奖励和免税，由联邦政府和当地政府提供材料折扣，降低保险费。其次是非货币形式的奖励，通过对扩张许可、批准许可、密度奖励、特别的规划许可证的行政审批的优先权，以及允许开发商建设更大的项目等（何积铭，2009）。

3. 在政府机构等公共建筑中率先开展节能和绿色建筑

在公共建筑率先推广绿色建筑，是英国政府推广绿色建筑的显著特点之一。如 1981 年建成的 BRE 老办公楼，成功地将保温、采光、太阳辐射、建筑蓄热等节能技术运用到办公建筑之中。和英国一样，美国的节能与绿色建筑也是率先在政府、学校等公共建筑中率先发起的。

4. 国家大力支持技术研究

美联邦政府专门成立了劳伦斯伯克利实验室开展技术方面的研究。1998年，美国用于建筑节能研发的费用达9740万美元。另外，英美等国政府还为绿色建筑的评估和实践提供财政支持和税收优惠政策，以减少开发商和住户的额外支出，引起对绿色建筑的广泛关注和接受。

（三）国内外经验对广州的启示

1. 绿色建筑评价体系的建立要结合实际、兼顾多方利益

一个科学适用的评估体系是在实践过程中逐步形成的，需根据当地民众对新概念、新技术的接受程度，根据实例操作经验，不断地修改与完善，才能适用于本地情况，达到有效引导与规范建筑发展的目的。同时，评估标准体系既要兼顾各方利益，还应充分考虑其可操作性，既要让房地产开发商得到实惠，让消费者体会到健康、舒适，还要便于设计、施工等部门的实际操作，才能更易于接受、推广和应用。

2. 突出政府推动作用

国内外成功经验表明，绿色建筑的发展不仅依靠个体的自觉与环境意识，政府的推动是引导市场开发走上"绿色"之路的重要手段。英美两国绿色建筑产品的推广首先是从政府办公楼和公共建筑项目开始的，各州和地方政府都为绿色建筑的市场开发做出了贡献。政府推荐采用绿色建筑评估标准，鼓励开发商使用绿色建材、绿色技术，鼓励采用节能设备及各种节约资源措施，组织示范/试点工程，使用政策和税收等手段，建立有效激励机制，对于打开绿色建筑推广局面，畅通推动渠道是非常重要的。广州的绿色建筑评价工作中，政府还未充分发挥其应有的作用。目前，主动响应绿色建筑评估的多为住宅项目，大量"绿色地产"导致住宅的外部成本大幅提高，而这部分外部成本必然转化为开发商和住户的内部成本。

3. 强制立法与激励机制相结合

发展绿色建筑事关国家利益，有时会与个人利益、短期利益相冲突，因此，完全依靠市场自发调节难以推动。在发展绿色建筑方面，很多发达国家都有强制性的规定，包括采用最低限度节能标准的设计、产品、设备，未达到最低要求的不予设计审批，不予核发使用证等。除了强制性政策外，很多国家还采用多种形式的激励措施鼓励业主和承包商发展绿色建筑，如税收、土地优惠、财政资助等。

4. 注重全过程、全寿命周期的系统管理

英国、美国、新加坡等发达国家都建立有一套绿色建筑评价体系，既包括绿色建筑的建设，也包括使用，既涉及节能、节水设计，又注重建筑管理与运行，包括建筑维修、环境管理系统、公共交通连通性、建筑垃圾回收、入住健康等，还关注室内环境质量与环境保护，是一个全过程、全寿命的绿色建筑管理系统。

5. 注重公众参与

发达国家在发展绿色建筑、推进每一项绿色行动计划时，都注重政策与计划的亲和力，广泛宣传绿色建筑理念，发动全民自觉参与到绿色建筑的实践中来。如新加坡政府通过编制手册、指南、公益广告等形式，引导公众关注全球变暖，提高节能意识，在新加坡出租车和公交车上随处都可以看到相关广告。

四、广州发展绿色建筑的环境和条件分析

（一）机遇

（1）可持续发展理念的要求。可持续发展是21世纪人类共同的选择。不论是国家政府，还是建筑师对环境的责任感，还是普通大众对健康生活环境的追求，使绿色建筑与生态城市的建设在国际范围内引起了广泛的关注。广州市正处在建筑业蓬勃发展时期，推广绿色建筑建设不仅有助于改善城乡人居环境，提高居民生活质量，更是实现社会可持续发展的重要途径。

（2）国家发展战略的要求。在国家可持续发展战略、"三个代表"重要思想、科学发展观的重要思想指导下，绿色建筑发展正面临前所未有的机遇。国家"十一五"规划中提出建设资源节约型、环境友好型社会，专门提到了建筑节能。《国家中长期科学和技术发展规划纲要（2006—2020年）》中将"建筑节能与绿色建筑"作为重点领域"城镇化与城市发展"下的优先项目。党的十七大报告提出"建设生态文明"，并将其作为全面建设小康社会奋斗目标的新要求之一。建设部也提出大力发展节能省地型住宅。这都说明中国政府非常重视绿色建筑的发展，并已经从国家层面开始实际行动，这就要求作为地方政府的广州市给予全面的积极响应。

（二）挑战

（1）城市能源结构不合理，能耗高。据统计，广州市目前能源消费中还是

以煤为主要燃料，占到46%，原油和燃料油的消费比例为24%，液化石油气和天然气的比例约为5%，太阳能、风能、地热等可再生能源的消费比例不到1%。可见，广州市能源构成还不尽合理，天然气等优质能源和太阳能、地热、风能等可再生能源在建筑业中利用率还很低。同时，广州市既有建筑的热工性能较差，建筑空调效率低，且大量地耗费电能，使建筑能耗占全市总能耗的比例高达30%，严重制约了广州市建筑节能的发展和绿色建筑的推广。

（2）经济的快速发展给资源和环境带来较大压力。广州市目前处于工业化和城镇化快速发展阶段，经济增长方式依然是依靠高能耗、高污染的固定资产投入来拉动经济的高速增长。这种增长方式使用地供需矛盾尖锐，建筑用水增长对城市供水形成巨大压力，建筑材料消耗量激增，建筑能耗不断增长，建筑带来固废、声、光、热的污染，与城乡建设的态势产生环境、资源性的冲突。

（3）现有建筑质量带来的压力。我国提倡发展绿色建筑时间较短，广州市和其他很多城市一样只是在新建建筑中鼓励执行绿色建筑建设标准，但与国外发达国家相比，建筑效率还比较低、寿命较短，室内环境质量与建筑安全还有待改善。很多建筑节能的技术问题还有待解决。如节能技术和保温、防水及密封材料尚不能完全满足建筑节能需要的矛盾，导致了一些工程采用的技术和材料质量不过关；其次是设计和施工工艺有缺陷，质量控制也存在不少问题。

（三）优势

（1）良好的节能城市形态。广州市北部和东北部为山地，森林茂密，中部为丘陵地带，对人口密集的建成区具有一定温度调节作用。如北部的王子山一带负离子含量高达6400个/cm³，是城区常态的10~20倍，被广东省林业勘查院测定为"最清洁空气"。中部有着广州最大的最完整的城市绿心，也有着"广州南肺"之称的万亩果园以及南部番禺的大夫山等都是天然的"冷却机"。

（2）可再生能源资源丰富。广州市属亚热带季风气候，太阳能资源丰富，年太阳辐射总量为4GL/m³，每年日照时数超过6小时的天数为107天，年平均气温在20℃以上，且太阳能日变化不大，利用效率较为稳定。最低气温也在5℃以上，湿度在50%~95%，非常适合利用空气源热泵生产生活用水。其次，广州水资源丰富。珠江水和一些较大的水库水可为附近建筑的地源热泵应用提供水源（马正友，2009）。再次，广东属于东南沿海的地热区域，地热资源属于中温和低温，具有一定的开发价值。最后，南沙、万顷沙沿海一带的风能具有一定的开发价值。

(3) 城市环境日新月异。近年来,广州以迎亚运会为契机,按照"天更蓝、水更清、路更通、房更靓、城更美"的宗旨,全面开展了城市环境"大变"工程,重点加大了对空气和水环境的综合治理。2009年,综合整治河涌121条,建设西江引水工程,在六个老城区开展了人居环境综合整治。全面实施了机动车环保标志管理,对全市20多万辆黄标车实行限行措施。对338家污染超标和扰民饮食业户实行关停或整改。城市环境日新月异。

(4) 建筑业发展迅速。近年来,广州市建筑业发展迅速。2009年,资质以上建筑业企业实现建筑业总产值744.22亿元,占全市工业总产值的7.5%;完成竣工产值485.07亿元。房屋施工面积5806.00万平方米,房屋竣工面积1497.96万平方米。按建筑业总产值计算的建筑业全员劳动生产率达到23.34万元/人。全年资质以上建筑业企业已涉足全国30个省区市,在外省完成的建筑业总产值为153.24亿元,占全市资质以上建筑业总产值的20.6%。

(5) 房地产市场繁荣。尽管有2008年全球范围的金融危机影响,广州市房地产业逆势而行,2009年,实现增加值489.22亿元,占工业增加值的18.8%,占全市GDP的6.9%。房地产开发业完成投资703.80亿元,占全市社会固定资产投资额的38.3%;商品房销售面积(含保障性住房)1473.59万平方米。商品房空置面积388.04万平方米,比上年下降14.3%。随着国家《绿色建筑评价标准》的颁布实施,越来越多的开发商将绿色建筑作为一大卖点,推动了广州市绿色建筑的发展。

(6) 节能减排成果显著。近年来广州市严格实行节能减排,2009年全市万元生产总值能耗下降4%以上,万元工业增加值能耗同比下降10%以上。有权威部门的数字显示,2009年完成清洁生产验收的38家企业,当年共节电6702万kWh、节水13313万立方米、合计节约标煤69322吨;年削减COD(化学需氧量)排放528吨、削减粉尘排放311吨,削减危险废物排放1651吨。这些成效为广州市建设绿色城市奠定了良好基础,也为绿色建筑的积极发展提供了良好条件。

(四) 不足

(1) 市场调节和政府引导相结合的关系还未形成。当前,广州市还处在推广绿色建筑的初级发展阶段,市场调节和政府引导相结合的关系还未形成。一方面,广大消费者对绿色建筑的认知不够,市场化程度较低,市场对建筑资源的配置作用不能有效发挥,市场需求的拉动力不足,推广速度较慢;另一方面,政策法规不够健全,服务职能存在缺位。

（2）相关法规政策不完善。绿色建筑前期投入经费较大，建成后相应的回报率比较低，开发商的投资缺乏保障，因此缺少政府的政策引导和调控，难以激起开发商的积极性。这就需要广州市制定相应的政策法规，以达到双赢的局面。此外，目前的绿色建筑的检查验收体系只是考察某个项目节能目标的实现与否，缺少针对建造活动本身的绿色评价标准，存在较大的监管漏洞。

（3）绿色建筑的意识和知识缺乏。绿色建筑理念的提出就是要避免现代的人们在"水泥垃圾"中迷失了自我，同时提醒人们更加注重建筑与周围环境的和谐。但由于很多政府部门、企业和个人缺乏绿色建筑的基本知识和思想意识，因而难以保证绿色建筑在建设过程中各个环节的贯彻和质量。

（4）强有力的激励政策和法律法规约束相对缺乏。广州市长期以来对能源的管理偏重工业和交通方面的节能减耗，对于建筑节能和绿色建筑的建设尚无有效的政策引导和扶植。我国现行的地方法规对能源、土地、水资源、材料的节约，也没有可操作性的奖惩方法来规范和制约各方利益主体的积极参与。广州市尽管制定了《广州市民用建筑节能管理条例》，但作为一个部门规章，力度远远不够，导致建筑节能和绿色建筑推广工作进展缓慢，成为广州全面建设资源节约型社会的一个薄弱的环节。

（5）缺乏产业链配套。由于绿色建筑推广时间较短，广州市当前的绿色建筑产业链还存在着脱节的情况，建筑材料、构配件生产种类较少，规模较小，还未能形成一个完整的供应链，常常由于局部的短板效应，造成整体建筑的效能下降。

（6）缺少行之有效的推广交流平台。在西方发达国家，节能与绿色建筑的发展已经有几十年的发展史并取得了成功的经验，积累了绿色建筑的技术、绿色建材的经验，有的国家已经取得经济发展和能耗持续下降的突出成就。及时、系统、广泛地引进他们的成功经验和技术，对引导广州刚起步的节能与绿色建筑的发展尤为重要。

五、广州发展绿色建筑的原则、思路和目标

（一）遵循的原则

1. 因地制宜的原则

绿色建筑的区域性特征意味着不同地方的绿色建筑的内涵不可能相同。局域小气候的差异性也会影响绿色建筑的节能和环保特征，如南沙绿色建筑的技术标

准和要求可能与花都不一样；由于历史的原因，老城区旧建筑的改造与新城区开发绿色建筑不一样。因此，政府在推动绿色建筑发展上要注意因地制宜，重要的是要在制定绿色建筑的技术规范、发展规划、实施方案和产业政策上反映出来。因地制宜必然会加大政府工作的复杂性和难度，但只有这样，才能发展出符合广州自然和社会条件的绿色建筑。

2. 协调满足有关各方要求的原则

与传统建筑不一样的是，开发绿色建筑不仅仅是要考虑业主、房管局、规划局、建委等有关各方的要求，还要符合相关节能和环保技术规范。把绿色建筑的技术标准与各有关方的要求统筹协调好是发展绿色建筑成功与否的关键。不同的主体对绿色建筑的看法和要求可能不相同，在设计、用材、建造的技术或者管理上存在意见的分歧。为此，广州市政府有必要出台法规性指导意见，把有关利益方的协调、技术规范和发展目标等方面结合起来，在相对公平和民主的基础上推广发展绿色建筑。

3. 要兼顾经济效益的原则

绿色建筑由于比传统建筑增加环保和健康要求而提高了开发成本，市场需求必须要消费者愿意为绿色的附加价值支付才能够变得有效。目前的问题是，对绿色建筑的开发商来说选择采用绿色建筑技术的"额外"成本是否最终能够得以补偿；另一方面就是，消费者多大程度了解绿色建筑的消费效用而愿意承担绿色建筑成本。因此，要推广发展绿色建筑，必须考虑开发商和消费者的经济效益和效用，在政策和措施上给予激励，使开发商认识到绿色建筑的商机，使消费者认识和接受绿色建筑，从而促进绿色建筑的发展。

4. 循序渐进的原则

基于需要进行绿色化改造的传统建筑多，同时新城市建设也在加快推进的现实，广州发展绿色建筑的任务非常重，而且不同区域、不同时间建造的建筑和社区的情况也不一样，面临的问题不少而且复杂。因此，循序渐进地发展绿色建筑更符合广州实际。

（二）总体思路

1. 战略思路

以科学发展观关于人与自然和谐的思想为指导，按照国家提出发展循环经济、建设资源节约型和环境友好型社会的目标要求，转变建筑设计和建造理念，创新城市开发模式，发展以人与自然和谐的绿色建筑组成的新型生态化人居环境。

2. 运作思路

要按照生态学原则，顺应自然生态和地理特征，处理好投资、资源、能源、人的流动和土地使用的关系，合理安排包括工业、商业、生活居住、生态保护、景观等各个功能区，把城市设计建造得少浪费资源和少产生污染，在最大程度上实现生态城市的目标，使城市环境的宜人度不断提高的同时经济效率也不断提高，走上高效、节约、环保和健康的城市化道路。

（1）建筑层面。要在试点示范的基础上，促进新材料、新产品和绿色建筑技术的应用，引导建筑节能和绿色建筑从单体向区域化发展。

（2）区域和城市层面。以国家绿色建筑标准为依据制订符合广州自然生态条件的绿色建筑技术指引，通过创新建筑和城市建设规划、加强绿色建筑技术研发，积极引导建设项目向绿色建筑方向发展，将广州建成我国冬暖夏热地区领先的绿色建筑示范城市。

（三）发展目标

1. 近期目标

到2015年，通过大力推进建筑节能和发展绿色建筑，全市城镇建筑达到节能60%以上的设计标准，其中中心城区和新建社区达到70%以上的标准。

开展既有居住和公共建筑的节能和绿色化改造，中心城区完成改造面积30%，番禺、南沙、花都和萝岗四个区的城市建成区完成改造面积20%，镇级建成区完成改造面积15%。

城乡新增建设用地占用耕地的增长幅度要在现有基础上力争减少30%，建筑建造和使用过程的节水率在现有基础上提高30%以上，新建建筑对不可再生资源的总消耗比现在下降20%。

2. 中长期目标

到2020年，所有新建建筑都要达到绿色设计标准；既有建筑的节能改造基本完成，全市所有建筑节能达到85%以上。城乡新增建设用地占用耕地的增长幅度要在2015年目标基础上再大幅度减少，争取建筑建造和使用过程的节水率比2015年再提高10%，新建建筑上不可再生资源的总消耗占比2010年再下降20%。广州在我国率先基本实现绿色建筑城市目标。

六、广州发展绿色建筑的对策措施

(一) 制定规划方案,科学引导发展方向

重视规划的引导和控制作用,以规划为着力点,从源头上控制资源和能源的高消耗,促进绿色建筑发展。

(1) 要把发展绿色建筑纳入各项建设和发展规划。包括城市发展总体规划、城乡建设规划、土地利用规划、经济社会发展五年规划等。特别是新城区规划、旧城改造更新规划、新农村建设规划中,应将总体布局、朝向、能源综合利用效率、可再生能源利用、容积率、自然通风效果、建筑体形系数、垃圾处理与回收、水资源综合利用、土地资源有效利用等因素进行统筹考虑。

(2) 研究制定广州市建筑节能和绿色建筑发展专项规划。把实施建筑节能、发展绿色建筑纳入规划管理范畴,从单体建筑到区域建筑群环境进行规划控制,实现从规划源头控制高能耗建筑的建设,促进节能、节水、节材、节地和环境优化等绿色建筑的发展。

(3) 在规划的基础上,出台广州市发展绿色建筑实施方案。明确发展绿色建筑的战略目标,以及实现目标在各个阶段需要完成的任务和阶段目标,加快推进建筑节能和绿色建筑发展。

(二) 加强组织领导,统筹绿色建筑管理

发展绿色建筑是建设资源节约型和环境友好型社会的内在要求。虽然广州绿色建筑发展取得一定成绩,但总体上还处于探索起步阶段,进一步发展面临着市场主体的利益冲突、规范、激励等问题。因此,需要一个抓手来统筹解决这些问题,以加快绿色建筑发展。

为规范绿色建筑市场,推动绿色建筑产业发展,必须加强监管力度:

(1) 首先要完善机构建设,解决抓手问题。建议把"市民用建筑节能领导小组"、"市墙体材料革新领导小组"合并,按照绿色建筑发展要求,调整提升管理职能,成立"市绿色建筑发展领导小组",组长由分管副市长担任。成员包括建委、发改委、规划局、经贸委、国土局、环保局、科技局等相关部门,负责全市绿色建筑发展的组织和管理工作;同时在区(县级市)一级设立相应的管理机构(或者派出机构),建立市区两级监管体制。要加强机构的能力建设,对

职责作出明确规定，并在人员和经费上进行相应配套，为加快建筑节能和绿色建筑发展提供完善的体制基础。

（2）完善建立一套行之有效的行政监管制度。要从建筑设计、土地利用、施工图审查、施工、监理、质量检测、竣工验收到使用的所有环节严格执行相关标准或条文。如建立绿色建筑土地出让标准、设计审查备案、施工过程监督、验收备案、专项检查和日常巡查相结合的稽查等制度，加强对绿色建筑的全过程控制和监管。

（3）加强社会监督。将检查结果向全社会公开，使结果透明化，接受社会监督，培育绿色建筑信用体系，促进绿色建筑的发展。

（4）建立节能绿色建筑的能效分级认证和能效标识管理制度。推行建筑能耗性能评级和绿色建筑性能评定分级，根据不同程度减少对自然环境有害影响的材料、产品和服务，界定绿色建筑级别，凡获得批准者均被授予相应的绿色建筑标志，通过给建筑贴上绿色标签来引导市场的消费决策。

（5）完善物业管理制度。建议把绿色建筑的"四节两环保"（节水、节能、节材、节地和室内外环境保护）要求纳入物业管理，制定相应的技术和管理标准，提高建筑使用的绿色化水平。

（三）建立融资体系，加大资金支持力度

建立多渠道投融资体系，加大资金投入力度，降低绿色建筑示范和推广的经营风险和发展成本。

（1）设立建筑节能和绿色建筑发展专项资金。资金来源可考虑每年从土地出让金、节支的收入等提取一定比例的做法。在使用上采取无偿资助、贷款贴息和资本金注入等多种方式，用于支持建筑节能和绿色建筑的科学技术研究和标准制定、绿色建筑设计、绿色建筑监管体系建设、示范工程，以及可再生能源、新材料、新技术在建筑项目上的应用。

（2）利用市场机制引导社会资金。积极引入合同能源管理模式，引进社会资金参与建筑节能改造。不论旧建筑改造翻新，还是新建建筑，均可鼓励采取专业外包的形式，实现建筑节能、节材、节水、节地和环境保护等方面目标。

（3）鼓励成立事业型发展基金。政府在税收减免等方面采取激励措施，鼓励社会各界，如建筑协会、大专院校、关注和支持绿色建筑的企业家等，成立建筑节能与绿色建筑发展基金会，对建筑节能与绿色建筑领域的项目予以扶持，共同推动绿色建筑事业的发展。

（四）加快研发创新，建立技术支撑体系

基于绿色建筑的区域性特征，广州需要建立与广州自然和社会条件相适应的绿色建筑评价和技术支撑体系，用以指导和规范绿色建筑发展。

（1）研究制定绿色建筑广州评价体系。由建设主管部门负责，联合科研机构、大学以及有关专家组成课题组，围绕节能、节水、节材、节地，充分利用光、热、风和景观资源，保护环境。从场地、水利用效率、能源与大气、材料与资源、室内环境质量、光和热的利用、创新设计等方面提出评价标准，制定广州地区绿色建筑评价体系。

（2）编制技术标准，指导和规范绿色建筑的规划、设计与施工。编制《绿色建筑规划设计技术指引》，指导规划编制单位按照绿色建筑的理念编制各层次的城乡发展和建设规划；编制《城市分区绿色建筑规划设计导则》，指导绿色建筑项目的报建审批工作；制定《绿色建筑环保评价技术指引及导则》，指导建设单位编制绿色建筑环境评价报告的编制。制定《绿色建筑标准广州实施细则》、《房屋民用建筑节能设计和施工图审查常见问题分析及指引》、《居住建筑太阳能集热设计规范》、《绿色建筑施工导则》、《绿色建筑验收导则》、《住房建造、改造和装修的绿色建筑技术指引》等技术指导性文件，为建筑节能与绿色建筑的实施提供技术依据。

（3）制定建筑节能与绿色建筑新技术、新产品推广目录。结合广州实际，建设主管部门会同质监、科技等部门制定广州地区的建筑节能与绿色建筑新技术、新产品推广目录，并纳入绿色建筑实施方案的计划，实行市场准入政策。

（4）启动绿色建筑设计和建造从业人员的培训和认证工作。由市人力资源和社会保障局负责，绿色建筑协会参与，联合大专院校，开办绿色建筑设计和建造的知识技能教育和培训，建立绿色设计师从业资格认证制度，大力推动绿色设计产业的成长，以绿色设计推动绿色建筑的发展。

（5）积极开展建筑节能关键技术的研究和新材料的推广。根据广州地区的自然环境实际情况，科学利用有限的自然环境资源，积极开展绿色建筑技术和绿色建材研究，构建节能和绿色建筑产业结构，维护建筑业的可持续发展。

（五）打造示范工程，积累经验有序推广

由于发展绿色建筑面临很多不确定的风险，在成本和费用支出上比传统建筑要高，因此，有必要通过示范工程总结和吸取经验，促进建筑从传统向绿色

转变。

（1）建议在3～5年内，打造一批绿色建筑示范工程。示范工程应包括单体绿色建筑、区域绿色建筑群。在建筑类型上既要有公共建筑，也要有商业建筑。示范建筑要最大程度地减少个性，增加共性，以便于总结经验和推广。

（2）示范工程要为更广泛地推动绿色建筑的发展提供能够仿效的典范。因此，示范工程的内容应该涉及建筑的设计、选址、用材、能源、结构、密度、朝向以及与当地自然环境的适应性等。此外，政府的支持、社会力量的参与也应该包括在内，这样树立起来的典范才具有可模仿性和可操作性。

（3）在建筑节能示范工程建设的基础上，进一步深化和扩大到绿色建筑示范工程建设，促进绿色建筑材料、产品以及节能和绿色技术成果的推广应用。示范工程也要坚持贯彻"从单一技术到技术集成、从节能建筑到绿色建筑、从单体建筑到社区建设"的指导思想，以点带面促进绿色建筑的发展。

（4）鼓励开发商建造各种类型的有代表性的绿色示范建筑，包括居住建筑和公共建筑、低能耗建筑和再生能源建筑、新建建筑和既有建筑改造，使示范建筑真正起到引领广州地区建筑节能和绿色化技术潮流的作用。

（六）加大宣传教育，营造良好社会氛围

要通过宣传教育，提高人们的绿色建筑意识，营造广州发展绿色建筑的良好氛围。

（1）通过活动宣传。在节能宣传周和其他相关活动上增加绿色建筑宣传，或者考虑设立绿色建筑专项宣传活动，在全社会宣传建筑节能和绿色建筑方面的知识；要通过举办绿色建筑展览活动，广泛宣传和普及建筑节能与绿色建筑知识，增加人们对绿色建筑的了解。

（2）通过新闻媒体宣传。充分利用新闻媒体扩大对绿色建筑的宣传，强化和深化对发展绿色建筑重要性、必要性的认识和普及，积极广泛利用新闻媒体、网络、讲座等多种形式宣传建筑节能和绿色建筑的政策法规（熊远勤，2009）。

（3）通过相关培训。编制和完善绿色建筑相关宣传教材与培训教材，组织设计、施工、监理、建设等单位技术人员，在绿色建筑技术、绿色设计、绿色施工质量验收、建筑节能和环保、相关政策法规等方面进行培训学习。要在工程技术人员的继续教育中增加建筑节能和绿色建筑的内容，加快提高工程技术人员的绿色建筑认识水平和技术水平。

（4）通过举办研讨会。基于我市发展绿色建筑起步较晚，理论研究不足，

工程实践较少的现实，举办各种层次、各种形式的研讨会和技术交流会，学习借鉴发达国家和地区发展绿色建筑的经验教训和做法，首先在绿色建筑的研究、设计和建造等专业人群中提高认识。以此为基础，结合广州实际，通过自主创新，形成绿色建筑的广州发展模式。

（5）通过社区渠道进行宣传。基层政府要发挥在社区和家庭中进行宣传的作用，要把绿色建筑与提高居民生活质量结合起来，通过宣传教育、举办活动和优化公共管理等途径加强对绿色建筑价值的认识；要利用公共媒介，如电视、网络、报纸杂志、标语等多渠道、经常性地向社区和家庭灌输建筑节能和绿色建筑知识，培育绿色建筑的购买和消费需求。

（七）完善产业政策，促进绿色建筑发展

由于绿色建筑具有准公共物品和外部性特征，仅仅依靠强制性政策是不够的，必须从经济、税收上给予鼓励，加以引导。综合来看，绿色建筑政策包括强制性政策、经济激励性政策和技术开发政策三类。

（1）强制性政策。包括提高"四节两环保"技术标准；完善贯彻能源标签制度；限制使用和淘汰落后产品，并形成一种制度，加速新型绿色建材的推广应用。

（2）经济激励性政策。要鼓励通过市场影响开发商做出行为决策。一是可对绿色建筑产品的生产者给予财政补贴，对使用规定的绿色建材、实施绿色施工、在建筑的开发建设过程中遵循绿色建筑标准的生产者给予合适的补贴，调动生产者的积极性，增加生产能力，扩大产业规模，推动绿色建筑的发展（叶琳昌、羡永彪，2008）。二是采取税收差别政策，对绿色建筑的生产者给予税收优惠，如对建筑节能产品减征增值税，扩大墙改产品减征税范围，对高等级绿色建筑和节能建筑减免房地产税，降低生产者的成本；而对非绿色建筑产品的生产者实行高标准、高强度的收费政策，降低非绿色建筑的不经济性。

（3）技术开发政策。由于绿色建筑技术研发是绿色建筑发展的初始阶段，一般不具备经济收益和其他效益，因此应本着积极稳妥的推进原则，通过资金支持、设立创新奖等途径加大对绿色建筑基础性和关键性领域研究开发的支持力度。

（八）建立法规体系，落实责任保障机制

为奖励和促进有利于绿色建筑发展的经济活动，防止和惩罚投机行为，规范

和有效推动绿色建筑市场的发展，必须加快相关法规体系建设。

（1）在建设部颁布的《民用建筑节能条例》基础上，根据广州地区气候的特点，以及民用建筑节能技术措施、管理措施的独特性，着力推进《广州市民用建筑节能管理条例》地方性立法工作，启动《广州市绿色建筑管理办法》立法项目。并抓紧研究绿色建筑开发、建设、运营、管理、税收、市场准入、信息管理等方面的法律法规，运用法律手段理顺建筑业的责权利关系，建立完善的绿色建筑发展的地方性法规体系（刘玉刚，2008）。

（2）加强执法和监督力度。由于绿色建筑涉及的主体较多，关系相对复杂，应重点加强权力机关和行政机关的法律监督和工作监督。要实行严格的法律责任追究制，保证绿色建筑政策的贯彻落实，有力推进绿色建筑发展。

参 考 文 献

[1] 杨文. 我国绿色建筑评估体系的探索研究［D］. 重庆大学硕士论文，2008.
[2] 王耀利. 我国推进绿色建筑进程中的政府职能研究［D］. 重庆大学硕士论文，2007.
[3] 吴志强，邓雪湲. 中国绿色建筑发展战略之二：战略的形成过程［J］. 城市住宅，2008（5）.
[4] 田华，赵文学. 浅谈绿色建筑设计［J］. 山西建筑，2010（11）.
[5] 杨晓庄. 推动我国绿色建筑发展的思考［J］. 低温建筑技术，2007（4）.
[6] 钟方等. 建筑节能技术遍布广州亚运城［N］. 中华建筑报，2009 - 04 - 18.
[7] 金俊实，王军. 浅谈实现可持续发展绿色建筑的途径［J］. 长春理工大学学报（社会科学版），2006（3）.
[8] 廖小俏. 节能，令亚运城更"新"更"绿"［N］. 广东建设报，2009 - 08 - 04.
[9] 陈果，禤文帅. 亚运场馆建设注重赛后利用场馆布局考虑城市长远发展［N］. 广东建设报，2010 - 02 - 12.
[10] 曾光. 浅谈绿色建筑与我国人居环境的可持续发展［J］. 中国新技术新产品，2009（13）.
[11] 何积铭. 浅谈对绿色建筑设计案例分析及研究［J］. 四川建材，2009（6）.
[12] 马正友. 推进绿色建筑进程中的政府职能定位及对策分析［J］. 建筑节

能，2009（9）.
［13］熊远勤. 重庆绿色建筑发展中存在的问题及对策［J］. 重庆广播电视大学学报，2009（4）.
［14］叶琳昌，羡永彪. 关于提高我国建筑节能工程质量与规范市场的几点建议［J］. 中国建筑防水，2008（1）.
［15］刘玉刚. 节能环保——由绿色建筑引发的思考［J］. 中国房地信息，2008（5）.

（课题组成员：李江涛　尹涛　杨代友　秦瑞英）

完善多元化、多层次资本市场，打造华南财富管理中心

一、广州打造华南财富管理中心的现实基础及潜在突破点

（一）经济实力较强，财富增殖能力偏低

经过30多年的高速发展，广州奠定了雄厚的经济基础，经济综合实力在国内城市中名列前茅。2010年广州实现地区生产总值10604亿元，同比增长13%，地区生产总值多年以来一直稳居国内城市第三的位置。汽车、石化、电子信息、生物医药、软件以及商贸会展、物流等产业为广州的经济增长注入源源不断的动力。在工业化的初、中级阶段，广州在国内城市中保持了领先的地位。然而，随着中国经济的增长，国内大城市纷纷大力发展服务经济，如北京、上海、深圳等金融中心城市快速发展，但广州的财富增值能力相对落后。2010年，广州金融业实现增加值616亿元，占地区生产总值比重只有5.8%，占第三产业增加值比重仅9.5%。金融业增加值不但在绝对数量上远低于北京、上海、深圳等城市（三大城市的金融业增加值分别达1838亿元、1932亿元、1279亿元），而且在金融业增加值占地区生产总值比重这一指标上也落后于三大城市（相应分别为13%、11%、13%）。

（二）金融机构众多，本地非银行类金融机构实力偏弱

广州的金融机构数量和网点密度都居全国大城市前列。截至2010年年末，广州共有各类金融机构及代表处191家，其中银行类金融机构86家、证券期货类机构34家、保险类机构71家、各类金融机构网点近3000家。然而，证券机构、基金管理公司、期货公司等非银行类金融机构的资本规模和数量都与国内先进城市（如深圳）有明显差距。截至2010年年末，深圳证券公司总资产4601.7亿元，全年实现净利润224.6亿元。而同期，广发证券、广州证券和万联证券3家注册地在广州的证券公司资产总额仅为1085.76亿元（不到深圳的1/4），全

年实现净利润只有55.84亿元（仅为深圳的1/4）。从基金业看，同样不如深圳。广州的3家基金公司管理公募基金45只，资产净值为2680.9亿元。而深圳法人基金管理公司单是新发基金就达45只，管理基金总数超过220只，规模超过8020亿份。期货公司实力虽然差距没有拉开，但也是相对薄弱。截至2010年年末，注册地在广州的期货公司共有9家。9家期货公司期末净资产总额为18.71亿元，净资本为17.69亿元，全年手续费净收入为6.12亿元，净利润为1.91亿元。9家期货公司中还有3家公司为D类公司，其内部合规管理方面仍存在较多问题。同期，深圳的期货公司年末总资产25.8亿元，实现利润总额2.4亿元，期货代理交易额达22.9万亿元。

（三）地缘优势突出，财富管理中心功能不强

作为华南的经济中心，广州处于珠三角中心，不但拥有华南纵深的经济腹地，而且毗邻港澳，地缘优势突出。再者，广州作为广东省的政治文化中心，集聚了省级的国家金融管理机构以及四大国有银行的区域总部，银行类金融机构的竞争力相对较强。从中资银行看，银行类金融机构在全国范围内提供的服务和产品同质化，其提供的存贷款以及私人理财等业务基本上没有差异。从外资银行看，其业务品种渐趋全面、资金管理方面经验较丰富，但受国家金融政策限制，其执业的业务和地域范围受到较大规制，导致其资金管理的辐射力不足。这样，与北京、上海、深圳等国内先进城市相比，广州的银行业在财富管理功能上并不具备相对优势。

（四）政策机遇良好，金融生态环境有待优化

2008年，国务院批复了《珠江三角洲地区改革发展规划纲要（2008—2020年）》。纲要中明确提出广州要建设区域金融中心，金融改革创新要先行先试，要更广泛地参与到国际金融合作当中去。2009年，广州成为全国首批跨境贸易人民币结算试点城市，为深化与香港的金融合作提供良好机遇。与香港、新加坡等国际金融中心比较而言，广州在社会信用环境、金融安全运行保障环境、金融文化环境等软环境方面相对不足。根据2010年世界金融中心排名，香港、新加坡、深圳等城市分别以729、719、695的综合高分排列世界第三、四、五位。而广州仅以558分，处于第四十三位。

二、打造华南财富管理中心的政策建议

打造财富管理中心离不开财富管理机构的集聚、财富管理产品的创新以及金融交易平台的建设。其中平台的建设更是重中之重。平台的层级高低不但决定着财富管理中心覆盖的经济腹地范围,而且影响着区内相关金融机构的能级。也就是说,构建高层级、具系统重要性的财富管理平台是打造华南财富管理中心的关键。

为此,按照"搭建平台,构筑主体,提升龙头,做大规模,加强融合"的政策思路,我们提出如下建议。

(一)构建具系统重要性的财富管理平台,楔入国家地缘战略,增强财富管理中心国际扩张力

广州财富管理平台的系统重要性体现在国家和区域两个层面,是国家层面重要性和区域层面系统性的有机结合。国家的总体战略布局是构建财富管理平台的决定性因素。财富管理平台的辐射范围和种类更是国家总体战略布局中要考虑的关键因素。无论是股票市场还是期货市场,国家已经在北京、上海、深圳以及天津等城市部署了相关的金融平台,而广州暂时还没能在国家金融大版图里获得一席之位。这固然与广州过往的金融生态有关,但更多的是与国家要平衡国内区域经济发展有关。因此,广州要构建财富管理平台,不能局限在国内区域经济层面,而要从更宽广的范围来寻找与国家战略的匹配。上海是国家赋予的国际金融中心,部署着面向全球的国际金融平台。广州在部署国内金融平台和国际级金融平台相对弱势,但广州拥有部署国际区域级财富管理平台的三大优势。从地缘优势看,广州毗邻港澳,东盟国家处于广州七小时飞行距离的经济辐射圈内;从政治优势看,广州是广东省的省会,是南方重要的政治中心;从经济实力看,与广西相比,广东的经济实力要比广西强大,其产业的竞争力大大强于广西和大部分的东盟国家,产业主导力相对较强。这样也就为相关财富管理平台的搭建提供实体产业支撑。因此,广州要与国家的地缘战略保持高度一致,依托地缘优势、政治优势和产业优势等三大优势,锁定重点国际区域,拓展国际区域经济腹地,构建具系统重要性的区域财富管理平台。这样,广州就可借助楔入国家地缘战略,来拓展财富管理中心的国际腹地。同时,为整合香港的制度和人才优势,可以考虑与香港共建一个地处华南政治中心的环南中国海的国际区域性的财富管理平

台，促进粤港澳经济融合，增强对泛珠三角及东南亚的辐射力和影响力。

建议广州市委、市政府成立专责工作小组，从地缘政治角度出发，联合广东省有关部门向国家积极争取由广州代表国家部署国际区域级财富管理平台，实现国家对重点国际区域政治影响经济化的战略目标。只要面向国际区域的财富管理平台设立，广州国际经济腹地的拓展和国际扩张力的增强也就随之实现。近期先做好两方面基础工作：一是深入研究广州在国家层面对环南中国海区域的地缘战略作用；研究粤港共建财富管理平台，整合珠三角区域内的政治和经济优势资源，进入包括东盟区域在内的重点地区所带来的影响力和控制力。二是联合国家、省有关部门以及香港对粤港共建财富管理平台所牵涉的制度安排、基础设施建设以及可能的交易品种等方面进行磋商。

（二）设立粤港合股产业基金，获取香港国际财富资源，提升财富管理中心资源配置力

2010年，香港在世界金融中心排名第三，是亚洲之最。作为世界级的金融中心，香港拥有广州要打造财富管理中心的人才、商业环境等国际级的财富资源。这些资源无法以行政命令的方式获得，最优的选择是以市场方式。因此，广州要以获取香港相关国际财富资源为目的，设立粤港合股产业基金。

设立粤港合股产业基金要注意满足三大要件。一是基金的利益取向要与广州政府战略方向匹配，二是融资能力，三是国际化的团队。也就是说成立产业基金要同时满足国资为基金的实际控制人、引入的战略投资者（一致行动人）具融资能力、构建的核心团队具国际运营能力等条件。最好是"民营为表，国资为里"的股本结构。这样有利于弱化在区域内进行资本运作的地缘政治壁垒。

建议由国际控股出资并参股与战略投资者合股在香港成立产业投资母基金。由国际控股牵头，成立筹备小组对产业投资母基金的股本结构、规模、潜在战略投资者、投资方向以及基金管理团队等事项进行磋商。基金应采用国际上PE通行的有限合伙制结构，股权结构、利益分配方式等可参考国际上私募股权基金的运作模式，并向全球招募的管理团队。在此基础上，再延伸出基于各种不同支持方向的子基金。这样，既可以在母基金层面保持政府的控制能力，以引导投资方向，又可以在子基金层面结合产业资本和其他民间资本的力量，扩大基金规模。按照国资在母基金40%份额和母基金在子基金占20%份额算，可以实现国资12.5倍的金融杠杆，换句话说，可以用100亿元资金至少撬动1250亿元的其他资本。

（三）实施非对称性鼓励政策，增强本土龙头企业竞争力，结构性提升财富管理中心金融组织竞争力

由金融办牵头，落实有关政策，优先支持在穗非银行类法人金融机构龙头企业做大做强。一是提供不高于15%所得税率的实际税负环境。从税务奖励和成本抵扣两方面着力，为认定的本土龙头企业提供具竞争力的税负，降低成本。在通过财政转移支付为非银行类法人金融机构提供一般性税收优惠政策的同时，制定差别优惠政策，对龙头企业（尤其是龙头企业进行符合政府战略的项目投资时）给予额外的税收优惠。二是优先为龙头企业募集资金提供制度支持。允许地方性保险资金、企业年金、信托等非银行金融机构、国有企业参与龙头企业投资，支持市属商业银行为龙头企业股权收购业务提供贷款支持，支持龙头企业与金融机构合作向合格的个人投资者募集资金。三是优先为龙头企业开展相关业务提供金融杠杆。运用产业引导基金，采用参股、跟进投资等金融杠杆手段优先提高龙头企业开展相关产业投资业务的金融杠杆；支持和鼓励市属商业银行积极与龙头企业进行金融合作。四是优先增强龙头企业对人才的吸引力。将龙头企业的人才优先纳入金融人才储备库，在给予入住广州、通关等便利政策的同时，获得优先得到相关的人才奖励资金资格等。

加快市属金融产业平台的战略部署。作为市政府整合市属金融产业的平台，国际控股经过六年的整合发展，其综合服务能力和综合经营能力得到极大提高。目前，在注重打造全金融产业链"银行＋信托＋证券"混业经营模式以获取金融产品交叉销售以及潜在网点共享两大优势的同时，要特别注重以香港为关键节点的国际区域网络的布局。建议设立万联证券公司香港分公司，以相对较低的成本首先将投行业务辐射境内外。与此同时，还可通过万联证券公司香港分公司这一平台获取香港的国际金融人才，为投行业务在境内外的开展提供支撑，形成"广州决策，香港运作"的创新营运模式。

（四）鼓励公司型股权投资机构发展，做大股权投资市场规模，提升财富管理中心财富增殖能力

股权投资机构以其独特的募集和投资方式搭建金融资本和产业发展之间的桥梁。不但有助于汇集民间资本，促进多元化资本市场发展，而且有助于挖掘和培育优质企业资源，促进新兴产业发展。况且，增加高回报率的股权投资机构数量无疑将提升广州财富增殖能力。税负环境是影响公司型股权投资机构发展的重要

因素。要落实相关扶持政策，提供具相对竞争力的税负结构，鼓励公司型股权投资机构发展。从区域角度看，香港没有增值税，税率低而且简单，广州无法参照香港；沪深两地对主要的公司型股权投资机构－基金公司实行15%的优惠所得税率。广州要以沪深两地为参照系，为公司型股权投资机构提供具竞争力的税负环境。从机构类型看，不具有法人资格的股权投资机构（例如契约型基金），不必缴纳各项所得税。这样公司型股权投资机构就存在税收上的相对负担过重问题，不利于其可持续发展。因此，我们建议：一是可通过征管环节对公司型股权投资机构进行支持，将企业所得税实际税负降低到15%或以下；二是实施先征后返的财政转移支付政策，对新成立的公司型股权投资机构，自开业年度起按"退二减三"标准返还营业税，自获利年度起也按"退二减三"标准返还企业所得税地方分享部分。

由金融办牵头，会同相关部门，除了优化税负环境，还要从放宽准入、丰富优质项目资源、提高金融杠杆、拓宽融资渠道、畅通退出渠道等五方面吸聚股权投资机构，尤其是公司型股权投资机构。一是放宽准入。依据"非禁则入"的原则，凡是法律未明确禁止的行业和领域，全部向股权投资机构开放；减少不必要的审批程序，减免不必要的行政性收费。尤其是对于战略投资者（例如国资参股的港资和台资），在开放基础设施、支柱产业、高新技术产业、现代服务业等领域的常规项目资源的同时，综合考虑国企改革因素，有选择地、有方向性地开放部分国企资源以及限制类产业。二是丰富优质项目资源。项目资源具有较强的正外部性，具有公共产品属性，需要政府提供合理的支持。应充分利用政府引导基金，采取"官助民办"的方式，重点针对我市科学城、天河软件园、国际生物岛等高新技术产业基地，直接出资成立混合基金，投资于区内的高新技术项目，培育优质的项目资源。三是提高金融杠杆。利用政府引导基金和产业投资基金，对重点机构和重点项目参股。引导基金可按照股权机构注册资本的10%～15%参股，或购买其特殊优先股（不参与经营管理，但有优先退出或保本等的权利）。对于重点项目，可以进行先期开发投资和结构性投资，将项目培育成股权投资机构的优质项目。四是拓宽融资渠道。允许地方性保险资金、企业年金、证券公司、信托等非银行金融机构、国有企业参与股权投资，支持市属商业银行为股权收购业务提供贷款支持，支持股权投资机构与金融机构合作向合格的个人投资者募集资金。五是畅通股权投资机构项目退出渠道。项目退出是指股权投资机构将所投入的资本从股权形态转化为资本形态，以实现资本增值或避免和降低投资损失的行为。退出的效率直接影响着机构的资本周转率。具体要从股份上市、股份转让、股份回购和公司清理等方面畅通其退出渠道。其中，股份上市和股份转让又要求广州加快建立起多层次的资本市场体系。股份回购可通过产业投资基金来进行。

（五）丰富金融工具，加速财富循环，提升实体财富与金融财富对接力

交易的速度对于财富的转化至关重要。广州必须加速实体财富与金融财富的转化速度，丰富相应的金融工具。从国家地缘战略看，夯实广州本土的金融平台，为强大的产业资源获取金融资源提供方便，为产业资本进入重点国际区域提供金融工具，具有重要的战略意义。从珠三角区域看，广州在实体财富与金融资本对接的最后一公里存在不足，缺失了本土的柜台交易市场这一重要的金融工具。柜台交易市场作为多层次资本市场体系的重要组成部分，它能增强市场的弹性，提高市场抵御风险的能力。它不但可以为中小企业和科技成果转化提供包括私募融资在内的综合金融服务，也可为创业板、中小企业板培育更多上市资源，是区域创新体系的重要组成，也能够在珠三角产业结构升级、经济转型上发挥重要作用。区域性柜台交易市场的设立，将使广州构建包括主板、创业板、股份代办转让市场（三板）、区域性柜台交易市场在内的完善的多层次资本市场体系。因此，广州要积极与国家、省相关部委沟通，争取国家支持在广州设立非上市公司股份柜台交易市场。

为此，要成立专责领导小组和设立专项资金以推动三方面基础工作的进行。一是做好申报试点的基础工作，争取国家支持将广州高新区列入国家代办股权转让系统扩大试点园区。二是依托广州私募股权交易所，加大相关的软硬件等基础设施建设，为交易市场发展提供基础支撑。尽快建立和完善股权交易系统、交易规则，形成有效的政府部门协调机制，为广州市的股权交易提供投资、并购、基金募集、项目融资、股权转让、基金份额转让、投资退出等全方位服务。三是推进企业股份制改造，鼓励和支持企业进场交易，活跃市场。对进场交易企业享受相关财税优惠政策资格认定提供便利。对于进行股份制改造并进场交易的先锋企业，实行额外的财政奖励。

（课题组成员：刘晓斌）

建设国际滨海新城，打造一个新广州
——南沙新区发展战略定位研究

经全国人大常委会审议公布的《中华人民共和国国民经济和社会发展第十二个五年（2011—2015年）规划纲要》（简称《全国十二五规划纲要》）明确提出了要加快"南沙新区"开发。南沙新区位于广州南部，毗邻港澳，地处珠三角地理几何中心，是国家级经济技术开发区、高新区、保税港区所在地。自2001年广州市委、市政府作出加快南沙开发建设战略部署和2002年广东省委、省政府召开现场会并提出推进南沙大开发以来，南沙新区经济社会持续快速发展，城市建设初具规模，成为广州市及珠三角经济发展的重要增长点。2010年南沙新区地区生产总值485.68亿元，税收总额215.2亿元，分别是2002年的8.5倍和16.9倍。进入"十二五"时期，南沙新区已经站在一个新的历史起点上，正处于加快转型升级和科学发展的关键时期。值此南沙新区发展的关键时刻，国家明确把南沙新区纳入《全国十二五规划纲要》，使南沙新区开发建设上升到国家战略层面，成为深化粤港澳合作及建设中华民族共同家园的重大项目，这对南沙新区发展来说是百年难遇、千载难逢的大好机遇，意义深远。广州市应按照国家、省、市有关的发展要求，重新谋划南沙新区的发展战略定位和蓝图，加快推进南沙新区大发展及推动广州国家中心城市大建设，成为加快转型升级、建设幸福广东，深化粤港澳合作、建设中华民族共同家园的"排头兵"。

一、新要求和新定位

（一）新要求

1. 策应经济全球化及科技发展的新趋势

从国际层面来看，后国际金融危机时代世界进入大变革大调整时期，经济全球化深入发展，全球产业结构调整加速，物联网、新能源、新材料等新一轮技术革命正在酝酿新的突破，各国各地区正进行抢占经济和科技制高点的竞赛，特别是面对百舸争流、千帆竞发的区域与城市竞争态势，客观上要求地处全国改革开放"桥头堡"地位的南沙新区,在新的起点上必须有新的定位和思路,力求新的突破,以适应经济全球化和科技发展的新趋势,适应我国国际地位不断上升的需要,为广州代表国家参与国际合作和竞争作出更大贡献。

2. 完善我国区域发展战略的重要部署

在未来的国际竞争发展格局中,我国由经济大国向经济强国转变的关键支撑,就是要培育及形成若干综合实力强大的国家级经济区和中心城市。近年来,长三角、环渤海和成渝三大经济区先后设立了上海浦东新区、天津滨海新区、重庆两江新区,这三大国家级新区的大开发和大开放,极大地增强了上海、天津、重庆三个国家中心城市的发展活力和综合竞争力,有效地促进了长三角、环渤海和成渝经济区改革开放和经济社会持续快速发展。目前,在我国布局建设四大国家级经济区中,唯独珠三角经济区没有高标准和规模化的国家级新区。因此,从国家层面加快广州南沙新区的开发开放,有利于在新形势下推进珠三角经济区发展及增强综合竞争力,进而完善我国区域发展战略。

3. 承担粤港澳合作及建设中华民族共同家园的新使命

南沙新区因临近港澳的特殊区位,其开发建设历来备受港澳各界及投资财团关注,是粤港澳合作的重要平台。《全国十二五规划纲要》明确提出要深化粤港澳合作,建设中华民族共同家园,把南沙新区建成服务内地、连接香港的商业服务中心、科技创新中心和教育培训基地,建设临港产业配套服务合作区。国务院批准实施的《粤港合作框架协议》和《粤澳合作框架协议》也把南沙新区列为深化粤港澳合作的重点区域。南沙新区具有连接粤港澳的区位优势和承托深化粤港澳合作基础,纳入《全国十二五规划纲要》,不仅把南沙新区的发展上升到国家战略高度,也要求南沙新区要以战略思维谋划发展定位和粤港澳合作发展的新思路,实现率先发展和合作共赢,在未来深化粤港澳合作及建设中华民族共同家园中发挥"新典范"的作用。

4. 引领珠三角及广东转型升级的新任务

改革开放以来珠三角经济社会发展取得巨大成就,但也面临产业层次偏低和创新能力不强等压力。在新的发展阶段,广东需要进一步转变发展方式,以更加智慧的思路引领新一轮发展,争当全国科学发展的"排头兵"。国务院颁布的《珠江三角地区改革发展规划纲要》也明确提出规划建设"南沙新区",并赋予"科学发展、先行先试"的使命。南沙新区发展优势突出、空间广阔、潜力巨大。在珠三角一体化及面临国内外激烈的区域竞争背景下,地处珠三角几何中心的南沙新区,如何放眼世界、面向未来,以战略性新思路和新举措促进加快发展、科学发展，这不仅是推动南沙新区及广州新一轮大发展的要求，也是促进珠三角一体化及广东转型升级的现实需要和战略棋子。

5. 实现加快广州国家中心城市建设的新要求

经过30多年的改革发展，广州已成为全国第三个GDP超万亿元的特大城市。"十二五"及未来一段时期，党中央、国务院要求广州加快国家中心城市建设，增强综合服务功能，在国家发展中发挥更大辐射和带动作用。未来广州发展的任务非常艰巨，面临的竞争十分激烈，前面的标兵跑得快，后面的追兵跟得紧。这要求作为实施广州"南拓"战略龙头地位的南沙新区，必须从加快广州发展的战略高度科学定位，创新行动，率先崛起，跨越发展，打造一个新广州，这样才能真正担当广州"南拓"战略的龙头，在激烈城市竞争中为广州保持全国大城市第三位再立新功，在全面建设国家中心城市中发挥更大的作用，承担更多的功能，作出更多的贡献。

（二）新定位

站在新的起点上和处在发展新阶段，南沙新区的发展已上升到了珠三角、粤港澳和国家层面，需要有新的发展定位和思路，这样才能实现"打造一个新广州"的目标，才能完成国家、广东省对南沙新区开发建设的要求和期望。未来南沙新区的定位必须从全球、亚太地区、全国、粤港澳和大珠三角的高度，基于地处珠三角几何中心、拥有深水大港、服务粤港澳合作及珠三角一体化、着眼打造新广州、承担广东转型升级重要平台等条件和期望，按照国家、广东省和广州市"十二五"规划的要求进行定位。

我们研究认为，南沙新区的总体新定位是：服务内地、连接港澳、面向世界的国际智慧生态滨海新城。即充分利用南沙新区地处珠三角几何中心、毗邻港澳、滨江靠海和通达国内外的区位优势，发挥深水大港的功能作用，依托粤港澳紧密合作及广泛国际合作，聚集国内外高端产业和高端人才，促进经济社会发展智慧化和低碳化，把南沙新区打造成为服务内地、连接港澳、面向世界的国际智慧生态滨海新城。

南沙新区定位为国际智慧生态滨海新城具体内涵为：中国新经济区域发展新引擎、中国南方国际门户枢纽、粤港澳创新合作示范区、珠三角世界级城市群核心区和智慧城市建设示范区，成为推动广州科学发展的新引擎，更好地支撑广州国际商贸中心、世界文化名城、国家创新型城市、区域金融中心和宜居城乡"首善之区"建设。

1. 中国新经济区域发展新引擎

充分利用南沙新区的区位、空间和政策优势，策应智慧经济和低碳经济发展的新趋势，按照聚集高端要素、提供高端服务的理念，率先发展以智慧产业为重点战略性新兴产业，促进现有产业智慧化、低碳化和高端化，建设中国南方智慧产业集聚区、华南临港先进制造业基地和粤港澳国际商贸服务中心，成为中国世界级新经济区域发展的新引擎、粤港澳经济发展的新增长极和广东转型升级的新平台。

2. 中国南方国际门户枢纽

发挥作为国家级开发区和国家对外开放的"桥头堡"优势，依托深水大港建设发展，加快保税港区、国际物流园区、出口加工区和国际航运服务集聚区，大力发展航运物流、国际贸易、商贸服务、离岸金融、邮轮经济等产业，打造粤港澳国际自由贸易区、华南国际航运物流中心和商贸服务中心，强化国际门户枢纽功能，进一步扩大对外开放和交流，成为辐射全国和影响亚非的中国南方对外开放门户及中国新一轮改革开放的重要窗口。

3. 粤港澳创新合作示范区

发挥作为深化粤港澳合作及建设中华民族共同家园的重点区域优势，加强粤港澳紧密合作，聚集粤港澳优势资源，搭建便捷高效的公共服务平台，开展创新发展模式改革试验，率先探索落实 CEPA 及其补充协议的政策措施细则，加快建设 CEPA 先行先试综合示范区、港澳先进发展机制的实践区和新型社会管理示范区，促进粤港澳服务业融合互动发展，成为服务内地、连接港澳的国际商贸服务中心、科技创新中心和教育培训基地，打造粤港澳创新合作示范区或粤港澳合作特区。

4. 珠三角世界级城市群核心区

发挥地处珠三角地理几何中心优势，聚合珠三角的产业、市场和人才优势，加快珠三角交通枢纽及 CBD、商业服务与科技创新中心、滨海文化中心、健康休闲旅游度假中心和鲜活农产品集散中心建设，建设宜居宜业的现代化滨海生态新城，率先促进区域经济、社会和城市升级发展，提升综合服务功能和对区域经济发展辐射影响功能，引领珠三角及广东转型升级，打造珠三角一体化枢纽和世界级城市群核心区。

5. 智慧城市建设示范区

抓住"智慧地球"建设及广州"南拓"发展机遇，发挥南沙地处珠三角几何中心及毗邻港澳的优势，聚集国内外的智慧资源，充分利用南沙区位、空间和政策优势，率先以物联网等智慧技术建设"随时随地随需"的滨海新城智慧系统，发展智慧经济，建设智能社会，倡导智慧生活，实现智慧管理，实现经济社会发展智慧化，成为全面感知、互联互通和智能化的新城区及"南方感知中心"，成为引领全国"智慧城市"及智慧广州建设的示范区。

二、新目标和新思路

（一）新目标

南沙新区的总体新目标是：坚定不移、长期坚持"广州国际滨海新城"定位，力争到2020年基本建成一个新广州，对广州地区生产总值增长的贡献超过30%，成为支撑广州国家中心城市发展的新中心；国际化、智慧化和低碳化发展取得明显成效，智慧生态滨海城市发展格局全面形成，基本成为珠三角世界级城市群核心区和中国新经济区域发展增长极；服务内地、连接港澳、通达世界的枢纽功能增强，基本成为中国南方国际门户枢纽、粤港澳创新合作示范区和建设中华民族共同家园的新载体。

南沙新区发展的具体新目标体现为：

1. 粤港澳合作新典范

国际门户枢纽功能增强，CEPA综合示范区建设成效显著，粤港澳现代服务业融合发展示范区全面建成，成为粤港澳紧密合作中心区及珠三角优质生活圈的中心，在全面推进港澳与内地经济社会合作中发挥典范作用。

2. 经济发展新支撑

产业高端化发展取得明显成效，智慧经济加快发展，创新成为经济发展的主要动力，成为引领珠三角及广东产业转型升级的新平台、粤港澳经济发展的新增长极和广州国际商贸中心的新引擎。

3. 城市发展新中心

环境友好生态，珠三角一体化和综合交通枢纽功能增强，滨海城市地位提升，国际化水平提高，对区域经济辐射影响力增强，成为智慧广州、低碳广州建设的示范区，广州国家创新型城市的新支点。

4. 社会发展新模式

港澳先进发展机制和新型社会管理实践取得成效，社会事业全面发展，城乡公共服务体系健全，城乡一体化发展格局形成，新生活方式基本建立，居民富裕幸福，成为宜居城乡"首善之区"的新亮点。

5. 文化发展新名片

海洋文化特色显现，传统文化与现代文明交相辉映，粤港澳科技创新中心、教育培训基地和文化创意产业基地建成，城市文明程度较高，成为珠三角对外文化交流合作的新平台和广州世界文化名城的新名片。

（二）新思路

1. 以通兴城，建设国际门户新城

南沙新区地处珠三角几何中心和珠江出海口，是通向海洋的唯一出海口，具有通江达海的区位条件和突出的综合交通优势。2000年广州启动城市"南拓"战略以来，南沙新区加快了以港口、航道、城际轨道、高快速路等道路为重点的基础设施建设，与珠三角及港澳地区的联系日益紧密，合作开放呈现新的局面。南沙新区新定位要建设成国际门户枢纽，需要进一步提升基础设施功能水平，由几何中心向经济中心转变，要传承海上丝绸之路的历史文化底蕴，按畅通海内外的高要求，加强区域交通网络枢纽建设。加快完善现代化海港集疏运体系，拓展国际航运服务，建设具有全球影响力、与港澳错位发展的国际航运中心，拓展港口贸易功能。加快城际轨道、高速铁路等绿色公交发展和高快速路、高铁的联系，构筑与珠三角世界级城市群之间紧密联系，打造珠三角交通网络枢纽。加快信息化基础设施建设，打造枢纽性的国际化信息港。全面提升公路、铁路、港口和信息等网络枢纽功能水平，密切对内对外开放合作，对内加强与珠三角、泛珠三角区域合作，对外以深化粤港澳合作为核心，密切与东南亚、亚非地区的国际合作，全方位推进对外开放，形成中国南方重要的门户枢纽。

2. 以智支城，建设中国智慧新城

智慧城市是世界城市发展的新趋势和新战略。南沙新区已经形成以资讯科技园、霍英东研究院、现代产业技术研究等一批科技创新平台，电子信息产业已有一定基础，产业、技术、人才、市场等优势为南沙新区建设智慧城市创造了有利条件。南沙新区要顺应"智慧地球"及产业发展趋势，充分利用粤港澳多方面的优势集聚资源，以开放前瞻的战略视野和全新的智慧方法，率先推进智慧地球所涉及的物联网等智慧技术的研发，推动物联网等智慧技术大规模产业化，打造物联网等智慧技术创新和智慧产业集聚区，并利用物联网等智慧技术促进产业智慧化，促进道路交通智慧化，促进教育医疗社保民生事业智慧化发展，打造以智慧技术、智慧产业、智慧服务、智慧管理、智慧生活为重要内容的城市发展新模式，探索"智慧广州"乃至"智慧广东"未来发展新路，建设中国南方智慧新城，最终成为引领中国智慧城市发展的先行区。

3. 以业载城，建设现代产业新城

2002年以来，南沙新区以年均增速27%发展，增速居广州市各区（县级市）之首，成为广州经济发展的重要增长极。广汽丰田、中船龙穴、东方电气等具有重大战略意义的大型生产力骨干项目集聚发展，汽车、造船、装备、航运物流等八大产业基地逐步建成，珠三角产业增长极功能增强。南沙新区产业发展要立足现有产业基础和优势，结合世界产业发展趋势，聚焦高端产业项目，以业载城，率先配置、布局发展以物联网产业为主导的智慧产业，加快推进以航运物流、离岸金融、邮轮经济、期货交易为重点的现代服务业，重点推进以汽车、造船、机械装备为重点的临港先进制造业，形成体现服务化、高端化、集约化、智慧化和低碳化为特征的现代产业体系，弥补和提升广州产业链薄弱环节，力争建设成为引领经济转型发展的产业新城，成为中国新经济区域发展的新引擎。

4. 以水塑城，建设生态宜居新城

南沙新区水网密布、湖塘众多，山、海、城、田浑然一体，自然环境优美。近年来，南沙新区以欧洲环境标准强化生态环境保护建设，顺利完成了森林公园、人工湿地、滨海绿道等生态工程，生态宜居环境进一步优化。未来南沙新区要加强实施环境领先战略，注重生态保护和低碳发展，重点突出水的特色，以水塑城，赋予这座新城更多的水魅力和生态魅力，进一步加强与港澳的生态环境保护合作，促进自然、技术、人文充分融合，物质、能量、信息高效利用，形成舒适的生活和工作环境，创造自然与人类高度和谐的社会、经济、环境的统一体，建设成为大珠三角优质生活圈核心区，不仅可以使南沙新区实现可持续发展，而且利于南沙信息国际化发展、高端要素聚集，成为国内最适于居住、旅游与创业的生态宜居的国际滨海新城。

5. 以文立城，建设海洋文化新城

南沙新区历史悠久，文化积淀深厚，近代历史文化、水乡文化、麒麟文化、妈祖文化交相辉映。南沙新区要充分发挥其丰富文化资源优势，以打造品牌城市、提升城市品质、彰显城市形象为目标，大力推进海洋文化发展，积极拓展海洋文化交流，不断提升城市软实力，充分延续后亚运国际体育文化交流效应，营造海纳百川、开放融洽、和谐有序、充满活力、富有魅力的人文环境，构建与国际滨海新城战略定位相适应的文化新格局，努力建设人文南沙，在广州塑造世界文化名城中担当新的重任，展现新的风貌，引领广州由内河文明向海洋文明拓展。

三、新工程和新举措

(一) 新工程

发达地区发展的实践表明,大项目是带动区域加快发展的龙头。要实现南沙新区的新定位和新目标,必须以重大新工程项目为抓手和支撑,当前尤其需要依托粤港澳紧密合作及广泛国际合作,聚集国内外资源,加快谋划和推进战略性基础设施、战略性发展平台和战略性主导产业等十大战略新工程项目建设,以此促进南沙新区及广州国际滨海新城建设发展。

1. CEPA综合示范区工程

建设国际影视动漫城、国际健康城、海港城、低碳城、国际社区、国际商务区等,率先打造粤港澳现代服务业融合发展示范区及共建优质生活圈示范区,加强与港澳在专业服务、教育培训、休闲旅游与健康服务、文化创意与影视制作等领域合作,展示粤港澳实施CEPA成效。

2. 国际智能港工程

推进无线射频识别、卫星导航等技术及设备在港口码头及保税港区应用,实现港口码头、口岸等互联互通和实时感知,推进港口操作、管理及服务智能化,建成立足珠三角、服务粤港澳、辐射全国和影响亚太的智慧型保税物流、采购、转口贸易、大宗商品交易中心。

3. 智慧南沙工程

智慧南沙工程包括云计算中心、超级计算机中心、电子商务中心、行业数据中心、容灾备份中心、智慧口岸、智慧交通、智能电网、智慧医疗、智慧政务、智能社区等智慧化基础设施工程建设。

4. 现代服务业工程

现代服务业工程包括粤港澳国际航运综合试验区、多功能国际物流中心、珠三角空运物流分拨中心、港澳商品交易中心、区域商业中心、服务外包集聚示范区、港航产业集群及服务中心、游艇俱乐部、邮轮码头、滨海休闲度假中心等工程建设。

5. 战略性新兴产业工程

战略性新兴产业工程包括物联网、新型电子信息产业、高亮度大功率LED芯片制造、LED产业集群、新能源等新兴产业工程建设。

6. 先进制造业工程

先进制造业工程包括汽车产业基地、整车扩建项目、汽配集聚区、修造船产业基地、海洋工程装备制造基地、钢材深加工基地、核电装备产业基地等先进制造业工程。

7. 粤港科技联合创新基地工程

以粤港合作南沙资讯科技园为载体，形成珠三角高水平科技创新服务集聚区，整合集聚粤港两地创新资源的新体制和新机制，建立穗港联合创新区，主要项目有物联网技术创新中心、广州中国科学院工业技术研究院二期、教育部现代产业研究院、香港科技大学霍英东研究院等工程。

8. 粤港澳综合性职业教育培训基地工程

推动港澳地区高校、职业教育培训机构与内地院校、企业和机构合作，为珠三角及周边区域中高级管理人员和技能人才提供职业培训。按照建设国内一流、国际先进的高水平大学的要求，吸纳香港科技大学等名牌高校到南沙合作举办国际化的高水平大学，为全国输送高端人才。

9. 珠三角交通枢纽工程

围绕南沙港区扩建，加快推动三期集装箱码头、大型粮食和散货码头、江海联运码头、南沙疏港铁路、地铁四号线延长线、疏港公路、铁路公路货运枢纽站场等项目建设。

10. 城市和园区基础设施工程

围绕国际滨海新城建设，包括推进南沙保税港区、国际物流园、智慧产业园、核电装备产业园、汽车产业基地、横沥—万顷沙热电厂、城市基础设施与市政设施、水利设施及河涌整治、万顷沙中心镇新镇区、生态保护等基础设施工程建设。

（二）新举措

实现南沙新区的新定位和新目标，当前要汇集全市资源，依托粤港澳合作力量，采取有效新举措推动南沙新区大发展。

1. 加快编制出台新的战略规划纲要

以国际视野、战略思维和世界眼光，加快编制《南沙新区"建设国际滨海新城、打造一个新广州战略规划纲要》（简称《南沙新区战略规划纲要》），做到战略领先、规划超前，发挥战略规划对整个南沙新区开发建设的引领和指导作用，形成统筹南沙新区开发建设的新思路。

2. 加快建立新的体制机制

按照《全国十二五规划纲要》、《珠江三角洲地区改革发展规划》、《粤港合作框架协议》、《粤澳合作框架协议》提出的新使命和新要求，充分利用国家、广东省、广州市给予南沙新区的"科学发展、先行先试"的政策空间，建立加快南沙新区开发建设的新体制新机制，形成加快南沙新区开发的新动力。

3. 尽快争取由国家颁布实施战略纲要

出台战略规划纲要后，建议尽快争取广东省委省政府和国家的支持，并颁布实施《南沙新区战略规划纲要》，争取国家和省在开发管理、规划和土地、投融资、财税、合作开放、口岸通关等方面的政策支持和倾斜，赋予南沙新区更大的管理权限，为南沙新区开发建设提供政策支撑。

4. 着力推进战略性重点项目建设

以十大新工程建设为着力点，加快推进以智能港口、疏港铁路、云计算中心等等战略性基础设施建设，加快推进以物联网为重点的战略性新兴产业和以航运物流、科技服务、文化创意等为重点的现代服务业集群发展，打造战略性主导产业集群引领区域经济发展新格局。加快CEPA先行先试综合示范区建设，营造新一轮对外开放合作的战略性新平台。

5. 全面深化粤港澳合作

率先探索制定落实CEPA的配套政策措施、行业规划和相关体制机制创新，制定合作新机制和新模式，探索支持港澳及海外企业、人才参与南沙新区开放建设管理的新路径，鼓励粤港澳工商企业界和专业服务人士开展多种形式交流合作，全方位推动粤港澳商贸物流、金融创新、科教文卫、社会管理、优质生活圈等领域的多方面紧密合作和融合发展。

6. 全面聚集国内外优质资源

以深化粤港澳合作、共建中华民族共同家园为契机，加强新产业园区、科研创新、对外开放合作等新平台建设，全面集聚粤港澳及国内外的高端产业、高端人才等优质资源落户南沙新区集聚发展。

（课题组成员：孙云　杨再高　陈来卿　杜家元　张强　尹涛）

广州南沙新区建设国际自由贸易园区研究

广州建设国家中心城市的主要任务之一是发展国际贸易中心，构建开放型的贸易体系，促进国内贸易与国际贸易接轨，融入经济全球化，有效地参与和配置全球生产要素实现经济发展。南沙新区作为广州国家中心城市"南拓"发展的核心载体，其建设与发展已经上升到国家战略。在《中华人民共和国国民经济和社会发展第十二个五年（2011—2015年）规划》纲要中明确提出南沙新区要建设成为深化粤港澳合作及建设中华民族共同家园。南沙新区建设被赋予新的历史使命，在国家、广东省、广州市三个层面上的经济建设中承载起先行先试的历史重任。自由贸易区建设是国际国内新区开放建设的一个重大举措。南沙应充分发挥综合保税区、加工贸易区及国家级新区等多项政策叠加的优势，谋划建设国际自由贸易区，利用自由贸易区的投资自由化和贸易自由化，搭建参与全球竞争的发展平台，吸引世界商贸和国际资本，并建立全球商贸网络，对于促进广州国家中心城市地位形成，全面提升广州国际竞争力，具有极为深远的现实意义和战略意义。

一、南沙新区建设国际自由贸易园区的战略背景

（一）自由贸易园区内涵及发展态势

1. 概念及内涵

自由贸易园区（Free Trade Zone）指在某一国家或地区境内设立的实行优惠税收和特殊监管政策的小块特定区域，类似于世界海关组织的前身——海关合作理事会所解释的"自由区"。按照该组织1973年订立的《京都公约》的解释："自由区"（Free Zone）系指缔约方境内的一部分，进入这一部分的任何货物，就进口税费而言，通常视为在关境之外，并免于实施通常的海关监管措施。有些国家把自由贸易区称为自由港、自由仓等名称。在我国的一些诸如经济特区、保税区、保税港等特殊政策的经济功能区都具有自由贸易园区的一些特点。但由于我国的一些领域，尤其是服务业领域的投资贸易并未完全开放，这些功能区域与自由贸易园区并未完全对应。按照相关研究表明，自由贸易园区的作用包括：商

品的集聚、出口贸易和转口贸易；吸引外资和引进国外先进技术和管理经验；扩大就业效应；在沿边、沿江及沿海区域设置，有利于强化港口及交通枢纽作用，刺激物流运输发展和推动特定区域经济发展。

自由贸易园区发展有以下几个方面特点：一是强调政府监督管理。自由贸易园区设置在本国境内，受所在国家政府管辖，各种特殊政策形成发展的"政策洼地"，推进国家对外贸易和经济发展而制定的特殊区域。二是强调封闭隔离管理模式。主要是采用围栏等形式将区域封闭起来，与其他区域进行隔离，面积相对比较小，一般在10多平方公里以内。三是境内关外。自由贸易区内的货物无需通过国家海关监管区域，处于海关监管之外，对货物视同进出过境不征收关税，而进出区内视同进口或出口，征收相应关税。四是制定特殊优惠政策。自由贸易园区内享受区内固定的特殊政策，具有"海关治外法权"，具体体现在贸易自由、人员进出自由、金融自由和投资自由，货物在区内享有金融市场运作、进出口管制等方面的高度开放。五是强调港区一体。国际上的自由贸易园区大多数是靠近港口、陆路口岸等交通便利地区，如在荷兰的鹿特丹港和德国汉堡港等设立的自由贸易园区，基本与港区形成一体化发展。

2. 发展新趋势

随着全球贸易格局变化、知识经济兴起，全球贸易出现新的形态和发展格局，对自由贸易园区的建设产生了重要影响。国际上自由贸易园区建设的各种类型、特点主要是立足本国的发展特点，顺应世界经济全球化发展新趋势而不断形成的各种模式。从总体来看，自由贸易园区的发展呈现以下几个方面的趋势：

（1）功能多样化和综合化发展。从自由贸易园区诞生之处，贸易是其主导功能。尤其是在20世纪之后，随着现代贸易形态变化，自由贸易园区的功能出现了多样化和综合化发展趋势。出口加工区、综合保税区等形式的出现，自由贸易园区发展呈现功能多样化的发展趋势。在20世纪70年代以后，转口贸易、进出口贸易与加工贸易制造相互融合，并由此衍生出金融、证券、物流、商品展示等现代服务业的融合发展。

（2）经济载体作用日趋明显。自由贸易园区的多样化发展趋势，自由贸易园区由依托贸易自由化逐渐向具有独立功能的经济区域转型，并成为一个国家或地区的重要经济载体。对周边的区域辐射影响力也日益增大，成为一个国家或地区实施经济政策的重要载体。

（3）管理的国际化和法治化。虽然自由贸易园区的发展条件、功能等方面存在差异，管理技术的差异化，但随着经济全球化发展，贸易和投资规则的趋同,促使各国或地区的自由贸易园区的管理逐渐趋同,走向规范化、法治化,形成国际上通行的标准或模式。如在政策方面,自由贸易园区都具有区内关税豁免、所得税和其他税收减免、放宽信贷政策、资本和利润可以自由汇出等方面的政策。在运行管理模式上,都采取封闭式管理模式。同时,自由贸易园区还赋予相关法律体系和法律条文,促使贸易园区的操作规范化和程序化,管理更加规范。

(4)强调综合服务能力。以往的自由贸易园区的发展更多地依赖于特殊政策。而新时期的自由贸易园区,在特殊政策的基础上,更加强调综合服务能力的建设,通过完善区内自然环境和基础设施建设、规范管理活动、精简管理机构等加强服务能力的手段,提高办事效率以满足区内经济活动的需求。

(二)国际经贸的挑战和国际商贸中心城市发展趋势

1. 世界经济与贸易下滑的风险加大

2008年全球金融危机以来,国际贸易发展出现了一系列新的格局,表现出一些新的特点。随着各国大规模经济刺激政策实施,超低利率和宽松货币政策释放大量流动性,国际金融市场渐趋稳定,消费和投资开始缓慢恢复,经济结束自由落体式下滑并逐步走稳,但全球金融危机和经济衰退对世界贸易的影响仍会持续存在(见表1)。加上近期的欧洲主权债务危机的深入影响,世界经济与贸易下滑的风险明显加大。

表1 2007—2010年世界经济与国际贸易增长态势 (单位:%)

区　域	2007年	2008年	2009年	2010年
世界经济	5.2	3.0	-1.1	3.1
发达国家	2.7	0.6	-3.4	1.3
美　国	2.1	0.4	-2.7	1.5
欧元区	2.7	0.7	-4.2	0.3
日　本	2.3	-0.7	-5.4	1.7
新兴市场和发展中国家	8.3	6.0	1.7	5.1
世界贸易	7.3	3.0	-11.9	2.5
进口:发达经济体	4.7	0.5	-13.7	1.2
新兴市场和发展中国家	13.8	9.4	-9.5	4.6
出口:发达经济体	6.3	1.9	-13.6	2.0
新兴市场和发展中国家	9.8	4.6	-7.2	3.6

资料来源:IMF《世界经济展望》,2011年4月12日。

从中国自身看，经过改革开放前30年的发展，我国对外贸易取得了显著成就，中国国际贸易在世界的地位不断提高。从2004年开始至今，我国外贸进出口总额首次突破1万亿美元大关后，在世界排名中稳居第三位，确立了我国世界贸易大国的发展地位。但是，如前所述，国际经济与贸易的不确定不稳定因素仍然存在，国际贸易保护主义逐步抬头，许多国家把国际贸易不平衡问题归咎于中国，中国经济与国际贸易发展受到了严峻的挑战。在此背景下，谋划建设南沙新区国际自由贸易园区，对于广州应对国际金融危机和主权债务危机的进一步影响，创新我国国际贸易发展发展方式，促进我国国际贸易的转型升级，巩固我国国际贸易的地位，无疑具有重要的现实意义。

2. 国际贸易中心城市发展趋势与功能完善

当前，全球贸易格局重塑发展的变化，对一些城市发展国际商贸中心城市产生了巨大影响。一方面，国际贸易形态逐渐向以高新技术产品服务功能、贸易功能和贸易网络转换为主导，劳动密集型产品和加工贸易方式的中间产品功能逐渐弱化，现代商贸中心建设必须以高新技术产品、现代服务贸易为基础。另一方面，信息功能的强化，现代国际商贸中心功能逐渐依托信息技术、互联网等先进技术，传统的地理区位优势等逐渐降低。现代国际贸易中心城市的功能建设要体现出更加完备和多样化特点。现代国际商贸中心城市功能特征主要体现以下几个方面：

（1）资源要素配置功能。国际上发达的现代贸易中心都具有市场体系完善的市场机制，如交易商品品种齐全，交易机制规范和灵活。国际上公认的纽约世界城市，就是全球重要的贸易信息枢纽之一。通过发展贸易金融业，纽约产生了诸如生产要素市场、期货市场等市场体系，集聚了大量贸易产生的数据资源，并依托数据和信息资源，观察和分析世界贸易发展动态，成为指导全球贸易发展的风向标，达到实现全球资源配置的能力。

（2）贸易主体中枢功能。国际贸易中心的一大特点是跨国公司密集。跨国企业的全球化生产网络、营销网络的布局影响着全球贸易。而国际贸易中心正是依托跨国公司的总部经济功能成为全球贸易神经中枢。2007年，世界500强全球总部地区分布中，东京有47家，伦敦有22家，纽约有20家，香港有4家。国际贸易中心城市通过吸引跨国企业总部集聚，大力发展外向型服务业，制定国际化和法治化的营商环境和法制环境，全面改造与提高投资环境与生活质量，吸引跨国公司投资与总部入驻，这是建设国际贸易中心的重要举措。

（3）贸易辐射功能。贸易辐射功能主要表现在进出口和内贸上。转口贸易在口岸贸易中占有较大比重。如新加坡自21世纪以来，转口贸易额逐年增加，在2000年已达47%以上。香港是全球转口贸易中心，转口贸易已经占到香港整体贸易额的96%以上。

（4）综合服务功能。传统国际贸易中心城市功能主要体现在货物的集散功能。现代国际贸易中心城市不仅是货物进出口功能，更具有现代物流、商品展示、金融保险、法律咨询等知识密集型的现代服务功能。而且制度环境优越，信息基础设施发达，教育娱乐功能完善。因此，现代国际贸易中心城市同时具备国际金融中心、国际航运中心、国际会展中心等功能，尤其是金融服务功能十分突出。如伦敦是主导全球金融最大的交易市场，占外汇交易额的33%以上，纽约占16%左右。

从国际商贸中心城市功能的共同特点看，国际商贸中心城市是具有贸易功能兼具各种综合服务功能的中心城市，而且作为国际商贸城市，灵活的贸易体制机制也是不可或缺的。广州是"千年商都"，尤其需要完善作为国际商贸中心城市的贸易和相关的综合服务功能，这离不开国际贸易体制机制的创新。因此依托国际贸易园区建设，发挥其贸易自由、人员进出自由、金融自由和投资自由的优势，进而也可以为广州完善国际商贸中心城市的功能，建立起灵活的自由贸易体制机制发挥导向性支撑性的作用。

二、国内外自由贸易园区发展比较及经验启示

（一）国外自由贸易园区发展比较

世界上不同国家和地区的自由贸易园区，根据各自的区位条件、基础设施和进出口贸易发展水平，建设不同的自由贸易园区，其中最为典型的有美国对外贸易区、巴拿马科隆自由贸易区、智利伊基克自由贸易区等，从功能定位、海关监管等方面进行比较。

1. 功能定位比较

国际上自由贸易园区数量众多，各国或地区主要立足本国国情及实际情况，自由贸易园区的功能选择也有所侧重（见表2）。从总体来看，自由贸易园区主要是以转口贸易、加工贸易作为主体功能，以保税仓储、展示批发、商业服务性为辅助功能，是贸易自由化为主的特殊经济区。发展目的是依托贸易自由化，吸引投资，并允许和鼓励外资设立加工企业、金融机构及其他各项服务，促进园区

经济快速发展,扩大出口规模、增加就业和外汇收入。

表2 主要的自由贸易园区类型

项目\类型	主要功能	区域特点	典型区域
自由港型	装卸、储存、包装、买卖、加工制造	对在规定的自由港范围内进口的外国商品无论是供当地消费或是转口输出,原则上不征关税	香港、新加坡、地中海沿岸的直布罗陀、红海出口处的吉布提
转口集散型	港口装卸、货物储运、货物商业性加工和货物转运	利用自然地理条件,进行集散转运	汉堡自由港和不来梅自由区、瑞士布克斯货物集散地、巴塞罗那自由区
贸工型	既有国际贸易,又有简单的加工和制造	集加工贸易与转口贸易于一身	菲律宾马里韦莱斯自由贸易区、土耳其伊斯坦布尔自由贸易区
出口加工型	以出口加工为主,辅之以国际贸易、储运服务功能	加工为主,贸易为辅	菲律宾15个、马来西亚10个、韩国2个、台湾3个、印度2个、印度尼西亚2个出口加工区
保税仓库型	保税仓储,允许进行再包装、分级、挑选、抽样、混合、处理	主要起保税作用,允许外国货物不办理进口手续就可以连续长时间处于保税状态	意大利的巴里免税仓库、雷格亨免税仓库、罗马免税仓库、西班牙的阿利坎特免税仓库
商业零售型	从事商品展示和零售业务	专门辟有商业区,从事商品零售	智利伊基克自由贸易区
自由边境区	加工工业	边境交接处开辟的工业自由区	墨西哥马魁拉多拉边境工业区

2. 海关监管制度比较

作为境内区外的特殊区域，海关监管制度创新建设是自由贸易园区发展的关键。自由贸易园区有效运转主要是海关监管制度予以保障。自由贸易园区作为特殊区域与其他经济功能区的主要区别之一：即是避免由于关税和复杂的海关手续所造成的贸易障碍，其核心思想可以概括为"一线放开，二线管住，区内不干预"。"一线放开"是指境外货物可以自由地、不受海关监管地自由进入自由贸易园区，区内的货物自由地、不受海关监管地自由运出境外；"二线管住"是指货物从自由贸易园区进入国内非自由贸易园区或货物从国内非自由贸易园区进入自由贸易园区时，海关必须依据本国海关法的规定，征收相应的税收。"区内不干预"是指区内的货物可以进行任何形式的储存、展览、组装、制造和加工，自由流动和买卖，这些经营活动不要经过海关批准，只需备案。

3. 税收制度比较

税收优惠是自由贸易园区的特殊政策。税收优惠主要包括关税豁免和其他税减免两个方面。在关税方面，自由贸易园区只有货物从自由贸易园区运入国家关税领土时，予以缴纳；货物进口到自由贸易园区，从园区出口，无需缴纳关税。在企业税收优惠方面，各个国家或地区的税收政策不尽相同。如美国的自由贸易园区，境外进口并在园区储存、销售、重新包装、展览、制造或加工并加在园区保存，或者在美国国内生产并以出口目的进入园区保存的商品，均可以免征州和地方从价税。在土耳其，自由贸易园区内针对从事经营活动的自然人或法人，只要营业收入和费用支出符合土耳其《外汇管理条例》规定，企业或法人的收入和支出可以免除企业所得税和公司税。在智利，除免关税外，公司在经营期内免公司所得税、增值税，货物（包括生活资料）流通免除地方税。在新加坡，税收政策实现国民待遇，对国内的第二产业、第三产业和出口贸易公司减免税收，同时重点鼓励航运服务发展，制定了注册的船舶免除所得税的政策。

（二）国内自由贸易园区与国际自由贸易园区发展比较

国内自由贸易最初设立和发展主要是参考国际自由贸易园区做法。1990年中国设立了第一个保税区，之后逐渐形成诸如临港保税区、保税港、加工贸易区等不同载体形式的自由贸易园区。这些自由贸易园区的建设，对于扩大我国出口贸易，连接国际国内两大市场和两种资源，扩大引资规模、引进先进技术和管理模式，扩大就业和辐射带动区域经济发展起到了非常重要的作用，也是我国深化改革开放的重要载体。（见表3）

表3　国内各类自由贸易园区的比较

比较类型	临港保税区	保税物流园	保税港	出口加工区
定义	指海关实施特殊监管的特定区域，除国家禁止进出口的货物外，海关对进入临港保税区的货物实施免税或保税政策，货物在临港保税区与境外之间可以自由进出，在临港保税区内自由流转，货物所有人或其代理人应向海关申报并递交有关商业单证。货物由临港保税区运入非临港保税区视同进口，由非临港保税区运入临港保税区视同出口	指临港保税区与毗邻港口合作，在港口划出特定区域，实行临港保税区的政策，以发展物流业为主，按"境内关外"定位，实行封闭管理的海关监管特殊区域。港口与保税物流园之间相关手续简便，实行"无缝对接"，多种运输方式有效组合，货物快速地流入流出	根据《中华人民共和国海关保税港区管理暂行办法》之规定，保税港区是指经国务院批准，设立在国家对外开放的口岸港口和与之相连的特定区域内，具有口岸、物流、加工等功能的海关特殊监管区域	指一个国家（地区）划出一定的区域，提供相应的基础设施，以优惠政策吸引外国投资，发展在国际市场上有竞争力的出口加工业
设区主体	地方申请、中央审批	地方申请、中央审批	地方申请、中央审批	地方申请、中央审批
设区目的	改善投资环境、利用海关免税的条件，最大限度地利用外资、技术发展外向型经济，使临港保税区成为开放型经济的新的增长点，带动区域经济的发展	改变临港保税区和港口"区港分离"的状况，有效地发挥临港保税区的政策优势和港口的区位优势，提升港口能力，大力发展仓储和物流	要将保税港建成有较强国际竞争力的国际枢纽港，以促进本地区进出口贸易和国际物流业的发展	以开拓远洋市场为目标，利用外资和外国技术搞产品加工出口，以促进本地区工业和经济的发展
出口退税	进入临港保税区的国内货物，必须等货物实际离境后，才能办理出口退税手续	国内原材料、物料等入区视同出口，税务部门给予办理出口（免）税手续	国内货物入港区视同出口，实行退税	国内原材料等进入区视同出口，税务部门给予办理出口（免）税手续
海关监管	港口与临港保税区分属两个海关监管，以转关方式进行监管衔接。"一线、二线"同时管理。（"一线"指临港保税区与国外市场的卡口，"二线"指临港保税区与国内市场的卡口）	港口与保税物流园分属两个海关监管，但无需"转关"形式的二次报关，仅需备案即可实现货物的自由流转	一个海关同时具备口岸海关和区域主管海关职能，统一负责保税港区监管	港口与出口加工区分属两个海关监管，以转关方式进行监管衔接

续上表

比较 类型	临港保税区	保税物流园	保税港	出口加工区
区域功能	出口加工、保税仓储、转口贸易为核心，辅以商品展示、简单商品性加工	国际中转、国际配送、国际采购、转口贸易	仓储物流，对外贸易，国际采购、分销和配送，国际中转，商品展示，加工、制造	出口加工
立法与管理	"先设区、后立法"，管理与协调由国家海关总署负责，各临港保税区设立管委会作为当地政府的派出机构，负责临港保税区的日常事务	"先设区、后立法"，区港一体－保税物流园设立后，相关法规才逐渐完善	先设区、后立法	先设区、后立法

1. 相同性

国内自由贸易园区形式多样，但与国际自由贸易园区相比有一定的相似性。一是在规划选址建设方面，贸易园区建设主要布局在交通条件优越的沿边、沿海区域，尤其是重点港区附近。先规划出一定的区域范围，采取封闭式管理，按国际通行的标准设置隔离设施，隔离设施内（区内）、外（区外）实行不同的经济政策。二是制定实施优惠政策。在税收减免方面，主要是关税豁免。如区内生产性自用物品进口关税豁免、较区外更优惠的税收政策等。三是推行自由贸易。国内自由贸易园区与境外之间进出的货物，不实行出口被动配额管理，不实行进出口配额、许可证管理，区内货物可以在区内企业之间转让、转移。四是加强货物监管。国内自由贸易园区与国内其他区域的货物往来都按国家进出口政策进行办理。

2. 差异性

（1）发展目的差异。发达国家设立自由贸易园区的目的是在不影响国内市场保护前提条件下，获取全球自由贸易市场。我国的自由贸易园区设立主要是为改善投资环境，尤其是利用海关保税的独特条件，最大限度地利用国外的资金和技术，与我国的低成本资源要素相结合，发展外向型经济，并发展成为我国开放型经济的增长点，以点带面，促进区域经济发展。

（2）海关监管方式的差异。国际自由自由贸易园区是"境内关外"特殊区域，实行"一线放开、二线管住"的监管模式。"境内关外"的监管性质，决定了海关对自由贸易园区的管理具有不同于海关管辖区内的管理特点。对区内货物的储存、流动、买卖等活动基本不加干预，仅货物出区进入国内非自由贸易园区时才加以管理和监督。而我国的自由贸易园区是海关监管的特定区域，不是"境内关外"，而是"境内关内"，对自由贸易园区实行封闭管理，境外货物在进出自由贸易园区时，都要接受海关的监管。

（3）管理体制的差异。国外自由贸易园区设立属于国家行为，都设有专门的管理机构，负责对自由贸易园区实行宏观经济管理与协调，管理较具权威性。我国自由贸易园区的设立由地方申请后国家批准，自由贸易园区行政管理体制较为复杂。在宏观管理方面，国内自由贸易园区的设立由原国务院特区办负责，但临港保税区成立后，国家并没有赋予特区办管理、协调区内事务的职责。由于国内自由贸易园区设立在很大程度上是地方政府行为，管理更多地体现为地方政府的管理，即各自由贸易园区设立管委会（管理局），作为当地政府的派出机构，负责管理区内的日常行政事务。

（4）政策法规的差异。国外自由贸易园区的法制建设完善，先立法、后设区，以确保政策措施的统一性和稳定性。国内自由贸易园区主要是优惠政策，由于我国实行属地原则，各自由贸易园区优惠政策不相一致。

（三）经验启示

1. 重视资源整合和创新

制度创新是自由贸易园区的核心。国际上自由贸易园区的发展历史悠久，法制完备。相比我国，自由贸易园区还是新生事物，各类自由贸易园区的区位特点、经济基础、政策制度不尽相同，迫切需要以法律形式明确自由贸易园区的性质、地位及管理体制，需要法律制度供给。南沙建设自由贸易园区，应该充分发挥国家级新区、综合保税区等叠加政策的优势，以及赋予的先行先试权力，在功能、政策、监管等方面进行整合和创新，实现从外延扩张向内涵优化转变。在功能上，完善和拓展保税加工和保税物流两大功能。在政策上，利用国家特殊监管政策，加强对税收政策优惠创新。在监管方式上，统一海关的监管模式、作业流程、操作规范和信息化管理系统，提升监管效能降低监管风险；在法制建设上，要重视保证区内政策和管理措施比区外更加优惠和便捷，强化优势落差。如建设企业信用体系，海关采用风险管理模式。重视信息技术建设，加大联网监管力度，实行委托管理、稽查制度等方面创新建设。

2. 明确自由贸易园区功能定位

功能定位决定了自由贸易园区的发展方向。国际自由贸易园区设立的初衷主要是发挥其对外贸易中的特殊功能和作用。应借鉴先进地区经验，围绕广州市的主导产业，发挥园区在贸易、物流、加工和展销的功能优势，南沙建设自由贸易园区要因地制宜，充分发挥自身的区位、水陆交通设施以及与周边地区的经济联系的优势，尤其是要发挥毗邻港澳的区位优势和珠三角几何中心地理区位，合理定位，形成具有南沙特色的运营模式及特点。如利用南沙港口的优越条件，着眼保税仓储，突出物流功能。保税仓储功能有利于对商品进行简单的商业性加工，实现商品仓储自动化。

3. 明确建设自由贸易园区功能类型

国际自由贸易园区主要有对外贸易区、自由贸易港、自由转运区、自由贸易特区、出口加工区等形态，制定的政策和开放的程度也不相同。如美国就把自由贸易园区分为综合性自由贸易区和单一性贸易园区。综合性贸易园区主要从事贸易，以方便货物进出、加快货物流转、提高国际贸易效益、增加就业等。单一性的自由贸易区，主要搞加工业，以提高产品附加值、扩大出口。新时期的国际自由贸易园区在继续经营贸易、仓储等业务的同时，非常重视发展加工制造业。在发达国家，园区传统产业逐渐被新科技、高技术密集型产业所取代。未来南沙新区建设自由贸易园区，既要立足南沙发展定位，也要根据国家赋予广州的功能定位，在广州建设国家中心城市中发挥应有作用。在园区产业发展方面，应建起以高新技术产业和现代服务业为主导的产业结构体系，依托珠江三角洲地区产业转型升级的需要，实行"服务经济出口"战略。

4. 全力打造国际商贸物流中心的标准区域

当前，南沙保税区经过近年的建设，已经具备了国际自由港、自由贸易园区的功能，具备了一些政策优势，在国际上也产生了一定影响。但与当前国外自由贸易园区相比，最大的发展差距是金融服务和物流服务功能发展不足，尤其是未允许发展离岸金融业务，同时仓储、展示、分拨、配送、运输等物流功能还不完善。南沙自由贸易园区的建设，就是要借鉴国际贸易园区发展经验，实施港区联动发展战略，加强与商务、海关、检验检疫、港口、机场等合作，营造一体化信息物流平台，实现数据交换、资源共享、综合治理、集约发展。同时还要发挥行业协会等社会中介机构的作用，构建与国际接轨的投资营商环境，形成海关监管、企业自律、政府支持和社会参与的大格局；适时拓展保税物流园区的空间，扩大区港联动范围。

三、南沙新区建设国际自由贸易园区的必要性及可行性

(一) 必要性

1. 有利于我国扩大对外开放及提升国际战略地位

南沙自由贸易园区建设有助于深化我国对外开放,提高开放型经济水平,成为我国对外开放发展的新增长极。南沙可以充分利用南沙毗邻港澳的区位优势,发挥国家赋予南沙建设成为深化粤港澳合作先行区的政策优势,加强服务业领域合作,在金融、旅游、医疗、教育等领域进行深度合作,形成我国参与国际竞争的桥梁。同时,加强港澳地区的商品贸易和资本往来,突破商品贸易壁垒,以此为切入点,拓展国际市场,扩大世界范围的市场信息,建立全球商业信息网络,提升贸易信息管理水平,加强发展商贸服务业新业态,如跨境电子商务,逐步形成国际商品集散中心,有利于巩固和提高国家和广州在国际贸易中的地位。

2. 有利于打造国际化的经济合作平台和营商环境

自由贸易园区建设的突破在于行政管理体制改革,营造与国际接轨的营商环境。一是设立南沙自由贸易园区将有利于进一步发挥毗邻香港优势,增强对港澳台胞的吸引力,有利于推动海峡两岸和香港合作交流上升到新水平,有利于创新区域合作体制机制,营造法治化、国际化的营商环境。二是设立南沙自由贸易园区,将有利于实施我国发展区域经济一体化战略。南沙地处珠三角的几何地理中心,理应在珠三角区域一体化中扮演核心角色,通过建立自由贸易园区,打造国际化的经济合作平台,既可以处理好珠三角内部的经贸关系,统一对外的口径,又能够和其他的国家和区域构建起自由贸易园区或者区域安排。

3. 有利于促进珠三角外贸转型升级

自由贸易园区的经济辐射功能在于带动地区经济发展。南沙要充分发挥多项经济特殊功能区的政策叠加优势,通过对港口和自由贸易园区政策的资源的融合,南沙自由贸易园区建设将对广州乃至珠三角地区经济发展发挥强劲的优化和调节作用。如在物流产业领域,可以依托南沙保税港区政策优化生产、采购、仓储等流程优化,带动物流企业科技进步和管理进步,实现产业升级。可以利用新型贸业业态,带动新兴产业发展,提升服务业发展质量,促进区域产业结构的优化升级。同时,在全球航运市场经营联盟化、船舶大型化和运输干线化的趋势背景下,设立南沙自由贸易园区将有力促进广州现代物流业发展,还将带动周边地

区现代物流配套服务业的发展，形成现代国际物流在口岸区域的产业集聚态势，产生规模经济和范围经济效益。

4. 有利于强化广州国家中心城市集聚和辐射影响力

广州建设国家中心城市，不仅要提升其对内服务功能，也应提升其国际服务功能，其中最核心的就是国际贸易功能。加强南沙自由贸易建设，可以充分发挥自由贸易园区的政策功能优势，着力吸引国际中转、国际配送、国际采购和临港增值服务的高附加值业务企业进驻南沙，利用完备的保税物流、仓储和保税加工功能，满足跨国公司普遍采用的零库存、即时生产等现代生产管理方式，为外向型企业发展和临港产业发展提供有力的支撑，形成与深圳、香港合作竞争的优势，从而提升广州国际竞争力。

（二）可行性

1. 上升到国家战略层面

《中华人民共和国国民经济和社会发展第十二个五年规划纲要》明确"南沙新区列为深化粤港澳合作、建设中华民族共同家园的重大项目，要求南沙新区建设成为打造服务内地、连接香港的商业服务中心、科技创新中心和教育培训基地，建设临港产业配套服务合作区"。国务院颁布实施的《珠江三角地区改革发展规划纲要》也明确提出"建设南沙新区、并赋予科学发展、先行先试的使命"。站在历史新起点上的南沙新区，已上升到国家发展战略层面及国家重大项目高度，这将为南沙新区争取建设国际自由贸易园区带来难得的历史机遇。

2. 优越的区位条件及资源

自由贸易园区的规划建设主要考虑的是区位，尤其是交通区位优势。南沙新区毗邻港澳，方圆100公里范围内将整个大珠三角城市群囊括，是联结珠江口两岸城市群的重要的枢纽节点。同时南沙拥有大型深水集装箱泊位和江海联运码头，国际集装箱班轮航线通达世界各主要港口。高速公路发达，京珠高速公路、虎门高速公路、南沙港快速路等高快速路网将南沙新区与大珠三角地区紧密衔接。广珠铁路接轨的疏港铁路已列入铁道部"十一五"规划，使南沙港区与大珠三角地区铁路货运直接送达。区域范围内有广州、深圳、珠海、香港、澳门五大国际机场，客货空运十分便捷；区位条件和四通八达的水陆空综合交通运输网络优势使南沙建立自由贸易园区具有较高的可行性。此外，南沙新区拥有丰富的土地、岸线、生态资源和良好的人居环境，绿化覆盖率达44.3%。南沙还具备了良好的生活服务配套设施，五星级酒店、三甲医院、社区服务中心、商业中心、产业员工居住区、饮食城均已建成投入使用。

3. 实力雄厚的经济腹地支撑

自由贸易园区的选址之一是考虑经济发展腹地和终端市场。南沙新区核心腹地是广州大都市，2010年广州实现地区生产总值10604.5亿元，成为全国第三个经济总量超万亿元的城市，其面积只占广东省1/24和全国1/1291，经济总量占广东省的1/4，占全国的1/34。且广州外向型经济发达，2010年对外贸易规模突破1000亿美元大关，达到1037.76亿美元。其中，商品出口总额483.8亿美元，商品进口总额553.96亿美元，吸收来自58个国家和地区的外商直接投资项目980个，全年实际利用外商直接投资金额39.79亿美元。2010年年底，世界500强大企业累计已有174家进入广州，总投资总额178亿美元。核心腹地珠江三角洲地区，是世界规模最大的制造业基地之一，国内三大经济圈之一，面积仅为5.48万平方公里，占全国国土面积0.57%；常住人口为5611.51万人，占全国总人口数的4.09%；2010年实现GDP 37388.22亿元，占全国GDP总量的9.4%。因此，南沙新区拥有珠三角地区腹地辽阔的辐射空间，接近原材料市场并拥有广阔的销售市场，具有立足珠三角、辐射华南及泛珠三角、影响东南亚、连通海内外的区位优势和战略地位，为南沙新区自由贸易园区建设提供了坚实基础。

4. 良好的监管基础和服务支撑条件

南沙港区及龙穴岛四面环水，通过新龙大桥和蒲州大桥、万龙大桥等5条对外通道与南沙其他区域连通，陆域相对独立，便于设立闸口、封关运作、海关及检验检疫监管。已建成的口岸公共查验区为自由贸易园区监管设施建设奠定了基础。区港池面积较宽，连接的陆域面积广阔，是广州及珠三角西部城市、粤北城市等通向海洋的必经之路，水陆交通四通八达，众多国际航线通达世界各地，是设立自由贸易园区的理想之地。区内按照"一线放开、二线管住、区内自由、入港退税"的建设原则，实行封闭化、信息化、集约化的监管模式，海关、检验检疫、边检、海事等单位组成口岸联合监管协调委员会，为企业提供便捷的通关、检验检疫通道。贸易区内联检商贸服务中心内设立海关、边检、检验检疫、海事、工商、国税、地税窗口，可为企业提供一站式服务，实行集中审批、限时办理、跟踪服务制度，申请人提交的申请材料齐全且符合法定形式，可当场审批。对需要核实相关情况的，也会在三个工作日内办结。联检商贸服务中心内还设有金融、物流、航运、法律等专业服务机构，可为企业提供运营上的相关服务。便利高效的区域监管环境和服务支撑条件，将为贸易自由化发展奠定了良好的基础。

5. 粤港合作的新载体

南沙新区是国家重点发展区域，拥有国家级经济技术开发区、高新技术开发区、综合保税区等国家级特殊经济功能区，具有政策叠加优势。国家、省及市对南沙新区在规划、用地、资金、项目等方面给予大力支持。此外，南沙新区作为粤港澳合作的重要平台，国务院批准实施的《粤港合作框架协议》和《粤澳合作框架协议》也把南沙新区列为深化粤港澳合作的重点区域，要求南沙率先探索深化落实 CEPA 及其补充协议的政策措施，建设实施 CEPA 先行先试综合示范区，这使得南沙新区的开放水平、营商规则、思想观念等诸多方面率先实现与港澳对接，为南沙自由贸易园区建设创建了良好的营商环境。

6. 良好的发展大环境

"十二五"及今后一段时期，我国发展仍处于可以大有作为的重要战略机遇期。当今世界，和平、发展、合作仍是时代潮流，世界多极化、经济全球化深入发展，科技创新孕育新突破，国际环境总体上有利于我国和平发展。鉴于当前世界经济结构进入调整期、世界经济治理机制进入变革期、产业转型处于孕育期、新兴市场国家力量步入上升期等特点，我国努力把握在全球经济分工中的新定位，积极创造参与国际经济合作和竞争新优势，努力增强我国参与能力，经济增长仍将在高位运行，这将使南沙国际自由贸易园区建设赢得较为有利的宏观发展环境。按照《全国主体功能区规划》，珠三角被列为国家层面的优化开发区域，意味着其未来的发展方式更注重内涵的挖掘，增长方式的先进性，有利于珠三角加快转型升级，实现高质量增长。按照商务部、人力资源和社会保障部、海关总署发布的《关于建设珠江三角洲地区全国加工贸易转型升级示范区的指导意见》设定力争用 3 年左右时间使示范区加工贸易初步实现四个转变，提出了创新加工贸易管理模式、优化加工贸易产业布局、加快加工贸易经营模式转化、加快出口基地和外贸公共服务平台建设、促进加工贸易延长产业链、加强转型升级融资保险支持、积极推进保税物流体系建设、培育转型升级示范企业等一系列措施，以加快促进珠三角加工贸易转型升级，南沙新区作为珠三角地区转型升级的重要平台，创建国际自由贸易园区大有可为。

四、南沙新区国际自由贸易园区建设的总体思路

(一) 功能定位

以南沙保税港区为基础,参照国际上自由贸易园区的成功经验,建设在国际上有一定影响力的集国际物流、国际贸易、国际金融、信息集成等多功能、综合性的国际自由贸易园区,并最终将政策范围覆盖到整个南沙新区。

(1) 全球贸易功能。南沙新区要发展成为全球多种实物商品和全国各地进出口商品物流集散的桥头堡和转运中心。建设集交易、展示于一体的国际贸易服务体系和环境,积极开展国际贸易、货物代理以及国际商品展示、展销活动。通过营建中转贸易、国际配送、国际采购等功能,促进资源优化配置,构建综合化服务功能。大力吸引内外资企业,集中采购国内外商品,对国际货物进行分配、分销等业务,集聚物流贸易和航线布局,建设广州国际航运中心。

(2) 国际物流功能。自由贸易园区货物进出口免征关税、进口配额不限制、通关简便快捷,可将商品储存、整理、分装、加标签或改换标示,再予转运,提高商品效率。同时减少货物运送时间及资金积压,吸引世界货物来区内储存,选择适当时机销售进入国内市场,或转售到其他地区,获得最高附加价值。南沙自由贸易园区要充分发挥国际性实物商品的集中展示、交易功能,吸引包括国际国内贸易大流通市场,提升国际贸易比重,形成区域外本的物流生产体系。

(3) 信息集成功能。要依托国际物流特点,集聚世界商品信息交流数据,建设各类大宗商品定价中心、各类新品信息发布中心、信息服务中心,成为国际客商获得我国、亚太地区乃至全球贸易态势的参照系。

(4) 资源整合功能。南沙自由贸易园区要通过强化国际贸易和综合服务,整合全球范围内的金融、物流、制造业等高端资源,并通过制度创新、流程创新、商务模式创新和价格发布等影响国际市场。

(5) 经济辐射功能。自由贸易区一大特点是带动区域经济发展的增长极。南沙自由贸易园区要建设成为推进广州城市经济转型、提升国际竞争力的重要平台,辐射带动广州乃至珠三角地区产业转型升级。

(6) 综合服务功能。南沙自由贸易园区重点发展中间产品贸易、转口贸易和离岸服务,利用转口贸易,构筑在世界贸易体系中枢服务功能。综合服务功能主要表现在国际商品展示、批发、交易中心,国际品牌荟萃和消费流行时尚的国

际购物天堂，也是国际化零售批发交易中心、口岸贸易中心、物流配送中心等多项功能于一体的发展载体。

（7）国际金融功能。自由贸易园区要依托物流贸易功能，汇聚国际资金流，并按照国际外汇管理标准，建设具有独立的金融体系、外汇操作系统，推动国际资金自由出入，各种货币自由买卖及汇兑，同时对区内银行业之各种限制减轻或取消，各项税赋予以免除，以吸引国内外金融机构来自由贸易园区从事大规模国际金融活动，进而促进国际金融中心的形成和发展。

（8）休闲观光功能。自由贸易园区是一个多元化功能区域，除发展加工业、贸易等经济活动外，还应发展消费、休闲、观光等功能，规划建设提供休闲观光活动场所，大型购物区、观光游乐区等，强化休闲观光功能。

（二）发展目标

到2020年，全球国际贸易要素在空间实现高度集聚。在中国—东盟自由贸易内具有较强国际贸易资源配置能力。对外基本形成以广州为中心，连接港澳台，辐射东亚、东南亚及印度洋周边地区，在全球贸易网络体系中发挥重要的要素集聚、集散中心和枢纽中心作用；对内基本形成以广州为中心，联结珠三角，辐射泛珠三角地区，与国内其他地区形成合理分工、紧密合作，具有面向全国的贸易辐射能力和贸易服务能力的现代国际贸易网络体系。

（1）国际国内贸易规模不断扩大。国际贸易及相关的各产业间的生态关系高度协调，新兴贸易内容和现代贸易方式不断发展，高能级贸易主体集聚，形成多元化的国际贸易产业形态，可提供金融、航运、信息等多方面服务，形成以现代服务业为主体、可完成多元贸易业务所要求的现代国际贸易产业体系。

（2）体制机制不断创新发展。贸易体制和政策创新程度较高，贸易体制创新不断强化，成为全国先行先试的典范；国际航运中心、金融中心和现代信息技术手段的支撑作用不断显现；贸易便利化程度和贸易环境不断优化；基本形成服务优质、功能完备、制度完善的现代国际贸易服务体系。

（三）发展重点

（1）发展多样化贸易服务新业态。现代国际贸易发展催生了多样化的贸易服务新业态。从伦敦、纽约和香港等国际贸易中心发展来看，国际服务贸易，尤其是金融和物流服务的比重将逐步增大。南沙自由贸易园区发展要把握国际贸易发展新动态，重点吸引跨国采购商、跨国渠道商、国际品牌制造商，甚至包括跨国制造商投资参与，使贸易内容、贸易方式发展具有多样化特点。同时要大力发展港口物流、离岸金融和其他诸如会展业等服务行业，带动新型贸易业态发展，增加服务贸易在国际贸易中的比重。

（2）大力发展现代服务业。国际自由贸易园区内的国际贸易和物流业发展，需要知识密集型现代服务业发展。要建设成为具有国际影响力的自由贸易园区，就必须大力发展与园区内紧密相关的现代服务业，尤其是扩展与国际贸易相关联的各类延伸服务业，国际贸易中转量、贸易金融、贸易信息发布等支持性服务功能是衡量国际贸易竞争力的核心要素。南沙要紧紧抓住新一轮国际产业战略转移的机遇，充分利用两个市场、两种资源，进一步提高对外开放水平和利用外资质量，大力发展金融、现代物流、信息服务、商贸、会展旅游、专业服务等现代服务业，以及以知识应用为特征的创新创意产业，进一步优化布局，完善功能，提升南沙的综合竞争力。

（3）强化枢纽功能区建设。现代国际贸易新业态对自由贸易园区枢纽功能提出了更高要求。传统自由贸易园区主要依赖海上运输，港口是重要的枢纽，但现代国际贸易园区是深水港、航空港、信息港的综合。南沙要充分发挥其拥有一流口岸、毗邻珠三角五大国际机场的优势，加快促进信息产业发展，加强信息功能建设，使其形成具有港口枢纽、信息枢纽等功能特征，强化与世界联系。

（4）加强跨境电子商务中心功能建设。现代国际贸易业务运行的虚拟化对企业组织形态的网络化提出了新标准。现代国际贸易以虚拟网络来支撑实体贸易网络，虚拟贸易网络决定了现代国际贸易的广度和深度。南沙要加强制定引导措施，重点鼓励中小企业利用第三方电子商务平台开展电子商务交易，扶持大宗商品B2B电子交易，做大做强煤炭、石油交易所、大宗农产品中远期交易市场，吸引大宗商品中远期电子交易市场向南沙集聚，吸引国内外电子商务运营企业特别是总部型的电子商务运营企业落户南沙，使南沙成为中外电子商务运营企业的总部集聚地和运营中心。

（四）建设思路

把握现代自由贸易园区建设新动态，强调以经济、金融、贸易、航运四位一体，推进南沙国际自由贸易园区建设。

（1）全方位推进泛珠三角地区国际商贸中心建设。加强与泛珠三角地区合作，加强江海联运商贸业硬件和相关服务功能的跨地区、标准化、信息化、系统化软件设施建设，强化江海联运功能，进一步做大做强广州口岸进出口贸易和服务，建成泛珠三角地区国际商贸中心。

（2）积极推进珠三角临港国际门户区建设。重点加快广州南沙临港经济区开发建设，同时借助改革先行先试动力，实施自由贸易港区政策边界，形成具有强势竞争力的海港国际门户外向型高端产业集聚区和高端加工贸易自由港区。

（3）做大做强国际商品交易市场。推动"现代大宗商品交易市场"、"会展市场"、"产权技术交易市场"三大交易市场建设，将其打造成为最大的商品、会展和技术交易市场。

（4）努力营造良好的服务环境。强化国际口岸建设，提升商品交易服务、资本市场服务、转口贸易营运服务条件，从系统的政策设计角度，加快推进商贸法规实施环境、商务交易信用履行环境、管理和服务技术创新支持环境、国际商务复合人才成长培养环境的建设。

五、南沙新区国际自由贸易园区建设的对策建议

（一）高度重视自由贸易园区建设

抓住南沙新区发展上升为国家战略高度的重要契机，成立南沙新区国际自由贸易园区建设专项工作领导小组，切实加强组织领导，明确将南沙新区国际自由贸易区建设作为广州"十二五"时期推进国际贸易中心建设的战略举措，组织国内外知名专家学者调研考察，对南沙设立自由贸易园区进行可行性研究，按照自由贸易园区的总体要求，积极探索推进南沙保税港区的功能定位、产业布局、基础设施标准、管理体系建设向自由贸易园区转型的路径思路，编制形成南沙新区国际自由贸易园区建设专项规划，为南沙新区国际自由贸易园区建设的顺利推进提供规划支撑与保障。相关部门要全力配合做好协调工作，明确工作分工，落实工作责任，切实抓好落实，形成上下一心共同谋划推进南沙新区国际自由贸易园区建设的良好氛围。

（二）率先争取国家支持和立项

当前，我国外贸出口形势依然严峻，设立自由贸易园区是我国外贸改革和经济转型的一个趋势。因此，在当前国家推出保税区向自由贸易园区转型改革试点时机日趋成熟的背景下，要立足《珠三角规划纲要》赋予的先行先试政策，在省的支持和指导下，积极主动与国务院及相关部委进行沟通协调，提交南沙新区

建设自由贸易园区的研究报告，积极争取国家支持批准南沙新区设立国际自由贸易园区，率先开展相关领域的改革试点，先易后难实现相关政策的逐步突破，争取一些国际上自由贸易园区的通行规则，获得一部分税收优惠和特殊监管政策，进而向完全的自由贸易园区逐步"趋近"和完全等同，推动广州国际贸易中心建设。

（三）营造国际化自由贸易环境

随着国际贸易中心城市间竞争的日趋激烈，自由贸易环境的营造、政策的透明度和灵活性、法制的健全和规范程度、政府的工作效率和管理水平，甚至城市的文化特色等这些正式和非正式的制度安排，都将成为吸引国际贸易商的关键因素。随着广州国家中心城市建设的进一步推进，国际商贸中心地位的逐渐增强，南沙作为广州下一轮发展新的核心区，应借鉴国际通行做法，学习香港、新加坡先进经验，进一步加强贸易制度和环境建设，探索海关特殊监管区域的政策和制度创新，积极申请离岸贸易和离岸金融试点，探索和完善面向港澳的便利签证制度和使用范围，积极争取旅游购物免税制度，建立免税商品购物区等，近期可先行对注册在南沙保税港区内的企业从事国际航运、仓储、装卸搬运业务取得的收入免征营业税，区内企业交易免征增值税和消费税等优惠政策，不断提高贸易便利化程度，促进贸易自由化发展。

（四）着力集聚国际贸易要素

贸易要素集聚是国际自由贸易园区发展的关键，重点要加强招商引资，着力吸引五类企业集聚发展。一是吸引国际贸易总部企业。要争取吸引贸易经营和贸易服务集团企业在南沙发展。二是新型国际贸易组织和机构。密切关注国内外贸易组织和机构的设立情况，特别注意吸引跨地区的国际贸易组织，及时把新设的国际贸易机构引过来。三是香港国际贸易机构。四是外资电子商务和网络运营公司。五是知名贸易中介配套服务机构。

（五）加强国际合作和交流

立足广州，落实国家经济发展战略布局，加强与珠三角地区及国内经济中心城市的互动合作，推动国内一批有潜力企业在南沙这一国际贸易平台参与国际竞争，走向国际舞台；以深化粤港澳紧密合作为突破口，进一步加强和促进与国内外贸易组织、机构及世界各自由贸易园区之间的合作与联系，积极探索保税区向自由贸易园区转型发展的方向和途径，加强与东盟及国际先进城市的交流与合作，加快形成国内国际双向拓展的合作格局，扩大广州国际贸易影响力，凸显广州国际贸易中心的地位。

（课题组成员：杨再高　陈来卿　陈亚鸥　巫细波　张小英　姚阳　蒋丽）

社 会 篇

广州亚运模式的成功经验、社会影响与未来启示

一、广州亚运模式的成功经验总结

（一）创新的亚运：政府主导，市场运作的经济运行模式

1. 创新亚运投资模式

广州亚运会坚持以政府投资为主导，积极引进社会资本进行市场化运作。在亚运会筹备期间，广州市政府大胆创新，改变以往由财政资金完全投资进行体育场馆建设的模式，充分借助市场力量，引进社会资本，以减少亚运投资的财政负担及风险。据初步统计，在63亿元的亚运场馆建设维护资金中，约有四分之一的资金不是来自于政府。亚运投资模式的创新，使得政府以相对更小的投入，成功举办了一届精彩的亚运会。

2. 创新亚运招商模式

大胆买断亚运招商权，实现自主招商。针对之前历届亚运会招商相对不理想的现实，广州亚组委创新亚运招商模式，大胆从亚奥理事会手中把招商权完全买断，实现自主招商。广州也成为亚运历史上第一个接受亚奥理事会经营权"让渡"的主办城市。广州亚组委凭借对中国市场的熟悉，以及强大的专业性招商队伍，经过努力，赞助金额达到了30多亿元，是2006年多哈亚运会的5倍、2002年釜山亚运会的3.5倍。更加难能可贵的是，亚运招商恰好遇到了百年难遇的国际性金融危机。为了维护赞助商权益，广州亚组委定期向高等级赞助商通报亚运会筹备以及市场开发的进展情况，举办亚运营销专题论坛，与赞助商协商赞助进程中遇到的重大问题等。除此之外，还大规模地进行定向采购，并为高等级的赞助企业提供更多的赛场广告和以体育展示平台。亚运会招商模式的创新，不但很好地完成了亚运招商任务，还为今后提供了新的借鉴。

（二）科学的亚运：科学规划，统筹协调的场馆建设模式

1. 统筹协调城市战略空间拓展与亚运场馆布局

广州在筹备亚运会过程中，充分考虑"东进、南拓、西联、北优、中调"的城市发展战略，合理布局亚运场馆。在这种理念指导下，确定了"因地制宜、分散建设"的建设原则，形成了"多中心、多功能"的场馆空间格局，即广东奥林匹克体育中心、天河体育中心、大学城、亚运城及花园酒店（总部酒店）周边场馆等五大场馆群，并辐射到广州市10个区2个县级市和佛山、东莞、汕尾3个分赛区城市。

2. 综合协调场馆比赛需要与赛后利用

广州亚组委坚持场馆"因地制宜、分散建设"的建设布局原则，在形成五大场馆集聚中心的同时，也充分考虑赛后市民体育锻炼休闲的需要，在市民密集区布局比赛以及训练场馆。一方面，充分利用现有场馆，70个亚运场馆中仅新建场馆12个，改造场馆有58个；另一方面，在海珠、南沙、萝岗、从化以及大学城等体育设施不足的区县和高校新建场馆。

在体育场馆设计、修建的同时，融入赛后场馆利用的需要，提升其综合性功能。针对当前大型比赛后体育场馆利用率不足、维护负担过重等问题，广州亚组委在场馆建造过程中充分考虑场馆的多功能设置，并采用可拆除间隔等方式，解决场馆的多样化利用问题。

（三）低碳的亚运：综合治理，强化绿色生态的环保模式

1. 提升空气质量

为了践行"绿色亚运"的承诺，广州采取大量有效措施，空气质量明显提升，还市民一个"蓝天"。制定了《广州市2008—2010年空气污染综合整治实施方案》，积极推进"退二进三"工作，将污染企业搬迁出去，并关闭小火电企业；要求重点污染监控企业安装降氮脱硝设施，并对治污设备升级的企业和个人提供补贴；在重点地区禁止燃烧高污染燃料，实行能源改造；加强汽车尾气排放的治理工作，禁止没有环保标志的车辆上路行驶，对持有黄色标志的本地车辆和未持有绿色标志的外地车辆实行限制区域行驶。为了保障亚运期间的空气质量，应对可能存在的空气污染事件，广州市政府通过了《2010年亚运会及亚残运会期间广州市空气质量保障工业企业强化减排方案》。通过努力，2010年前9个月，空气质量优良率进一步提高至97.07%，优于亚运空气质量保障设定96%的

目标。

2. 改善水环境

大力度推进治水工作,明显提升水环境质量。在前些年治水成果的基础上,2009年开始新一轮的综合整治工作,投资340.65亿元进行截污、河涌整治以及污水管网建设等,力争从根本上解决水污染问题。经过一年半的努力,新建38座污水处理厂,形成了猎德、大沙地、沥滘、西朗、大坦沙、江高－石井、龙归、竹料、九佛九大污水处理系统,48座配套泵站及1094公里污水管网。广州市城市污水处理率大幅提升。中心城区污水管网从2008年的1813公里提高到2010年2907公里,生活污水处理能力由2008年的228.6万吨/日提高到2010年465.18万吨/日,生活污水处理率由2008年的75.09%提升到85%,其中,中心城区已近90%,每天减少80万吨污水直排珠江。

3. 推进城市绿化

广州市在"国家森林城市"的基础上,进一步加大力度,提升城市绿化率。迎亚运"绿化美化"活动有效推动了广州城市绿化水平的上升,对城区约450万平方米绿化面积进行了改造,新增了75.6万平方米开放性公园绿地面积。目前广州市森林覆盖率达到38.2%,建成区绿地率达到34.65%,人均公共绿地面积达到13.7平方米。

4. 强调场馆节能环保

"绿色生态、节能环保"是广州亚运的目标之一,为了实现这一目标,在亚运场馆的设计、建设过程中,融入节能环保的理念,大量地使用节能环保技术。在亚运城中,广泛采用自然通风、采光设计,大规模采用太阳能及水源热泵新能源等新技术、新理念,运动员村、技术官员单体建筑节能率预计达到65%,亚运城综合体育馆节能率达到60%。

(四)民主的亚运:良性互动,多方参与的民主决策模式

市民与政府的良好互动,提升了城市管理水平,提升了城市的民主意识和责任意识。在亚运筹备期间,广州市政府为了做到尽可能地少扰民,尽可能地惠及民生,在与市民互动的过程中吸取市民合理的意见。地铁线的开通、BRT工程、穿衣戴帽工程、治水工程、绿化工程,都让广州变化很多,同时也是建设过程中民众提意见最多的地方。针对民众的意见、媒体的反映,广州市政府积极组织相关部门及机构进行调研、及时作出回应、改进。为了感谢市民对亚运的支持、参与,广州市政府决定给市民送"亚运大礼包",让市民在亚运期间免费乘坐公共

交通。大量的人流远超过地铁的设计极限，同时也带来了巨大的公共风险。在吸取市民意见的情况下，政府综合考虑，及时更改优惠办法，将亚运期间免费乘坐公交地铁的优惠政策调整为向市民发放现金补贴。市民的积极参与，以及政府的积极回应，使得市民与政府间形成了一种良好的互动关系，市民与政府的民主意识与责任意识都得到提高，社会更加和谐。

（五）开放的亚运：面向世界，包容开放的宣传表演模式

1. 开放的宣传

开放的宣传，提升了广州亚运的影响力，提升了广州城市的知名度。为了做好亚运宣传工作，广州亚组委从筹备阶段开始就组织了系列的亚运宣传活动，重点开展了"亚运三行"宣传，即以"激情盛会，和谐亚洲"为主题，面向亚洲人民，以提升广州亚运会吸引力为重点的"亚运亚洲行"活动；以"迎接亚运会，创造新生活"为主题，面向全国人民，以在国内形成亚运宣传强势为重点的"亚运中国行"活动；以"争做好市民，当好东道主"为主题，面向广州人民，以动员全市人民参与亚运、服务亚运、奉献亚运为重点的"亚运广州行"活动。

2. 开放的表演

广州亚运会开、闭幕式以珠江为背景，以城市为舞台，在一个完全开放的舞台上举行，展现了广州的城市魅力，体现了广州的城市创新精神；同时也真正实现了与市民的互动，让更多的市民参与亚运，享受亚运的成功与快乐，体现了广州市政府"惠及民生"的理念。在广州亚运会开幕式活动中，通过珠江巡游活动，各国代表将饱览广州沿江美景，感受南国别样风情，并受到广州市民的热烈欢迎；在文艺表演部分，则将融自然、人类、生命为一体，展现中国传统文化特色和岭南文化特色。通过开放的表演，中国传统文化，岭南传统文化，广州城市形象、城市面貌以及城市精神完全地展现在亚洲各国人民面前，体现了中国的自信、广州的自信。

（六）全民的亚运：尊重民意、以人为本的全民参与模式

1. 市民参与

为了办好亚运会，亚组委通过各种方式，充分动员社会各界力量积极支持亚运会，参与亚运会。同时，广大市民积极做好东道主，主动参与亚运会。在亚运场馆建设过程中，正是由于广大市民对于亚运建设项目的支持，从而保证了亚运

场馆的按时按质完工。为了做好东道主,在亚运举办前,积极开展各项活动,引导市民参与亚运。2010年年初开始,在全市范围内开展"迎亚运、讲文明、树新风、促和谐"、"争做好市民,当好东道主"等活动。广大市民积极参与"全民习礼仪"、"全民学英语"、"全民勤健身"、"全民守秩序"、"全民齐清洁"、"全民传爱心"等各项活动,提升了广州人的文明素质和精神风貌。

2. 志愿者参与

志愿者的参与是亚运会成功举办的重要因素。为了做好亚运服务工作,亚组委从去年就开始了亚运志愿者的招聘工作。到报名截止日,共有151万亚运志愿者报名,其中穗外、境外报名人数超过3万人;招募了约59万志愿者,其中赛会志愿者8.5万名,含亚残运会2.5万名,城市志愿者50万名。亚运志愿者参与各项赛场内外服务,甚至还参与家庭接待外国友人活动。优质的志愿者服务不但保证了赛会的成功的举办,还产生了独特的社会效益,启发了社会良知,弘扬了人文精神,具有重要的社会价值与文化价值。

3. 建设者参与

亚运建设者的积极参与是亚运会能够成功举办的重要保证。广州亚运会共使用70个场馆,其中新建12座,改建58座,还有运动员村、主媒体中心等主要配套设施,需要大量的建设者。在建设者的不懈努力下,各亚运场馆如期交付给亚组委。为了表达对建设者的感谢,感谢对亚运会的支持,亚组委组织建设工人在大学城、广州歌剧院观看文艺表演。

广州亚运会的成功举办,是广州、中国交给亚洲各国人民的一份完美答卷。广州亚组委、各级政府奉行先行先试、勇于创新的精神,实现了政府与市场的完美结合、传统与创新的完美结合;坚持科学规划、统筹谋划,实现了城市拓展与亚运场馆布局的完美结合、比赛需要与市民利益的完美结合;践行绿色亚运理念,实现了广州空气质量的提升、水环境的改善、城市绿化率的提高,相对降低了能源消耗和碳排放水平;主动、积极与市民互动,实现了城市民主意识与责任意识的提高,促进了社会和谐;并以开放的姿态,举办一届开放的亚运会,提升了亚运会的影响力和城市知名度;全民的参与,为亚运会的成功举办提供了根本保证。

二、亚运会对广州社会发展的深刻影响

（一）亚运会推动了广州经济的巨大发展

1. 亚运对经济增长的贡献：广州迈入 GDP 万亿元俱乐部

根据广州市科学院课题组的预测，广州亚运会赛事的投资和亚运消费的拉动，为广州额外增加地区生产总值614亿元；创造新就业岗位1.7万个。从2006年到2010年五年亚运城市建设投资额为广州额外增加地区生产总值1032亿元，创造新就业岗位30万个。

自2004年广州申办亚运会成功以来，广州每年的GDP跨上一个千亿台阶。2009年广州全市地区生产总值9113亿元，2010年，广州已成为上海、北京之后第三个跻身GDP"万亿俱乐部"的城市，也是副省级城市中第一个GDP超过万亿元的城市。

2. 亚运提升广州产业发展水平：促进现代服务业和新兴产业的发展

在推动广州经济总量增长的同时，亚运会的举办还促进了广州产业结构的优化升级。由于产业之间的关联性，亚运场馆的建设以及亚运会的举办不但拉动了建筑业、制造业、交通运输业等上游产业的发展，而且又带动了体育产业、广告业、房地产业、旅游服务业等下游产业的发展。不仅如此，同时也促进了服务业内部结构调整优化。传统服务业在服务技术、经营业态等方面将逐步实现与国际接轨，信息咨询业、现代会展业、现代物流业等现代服务业将加快发展。具体来看，主要有以下影响：

（1）亚运会的举办促进了广州旅游业的发展

大型运动会对举办城市甚至举办国旅游业发展的巨大促进作用已被大量的事实所证实。举办大型运动会除了大量的代表团及其团员进驻当地外，还吸引大量的观赛以及旅游人员，他们不仅欣赏赛事，还浏览当地的风光；他们不仅增加当地旅游公司的收入，还将促进当地文化、休闲、娱乐、餐饮、宾馆等行业的发展，提升举办城市的旅游形象。

举办亚运会对广州发展的最大促进作用之一就是吸引国内外游客到广州旅游观光，从而促进旅游业发展。作为我国的重要旅游城市之一，近些年来广州旅游业得到了迅速发展。1987年广州旅游业总收入只有172862万元，1998年增长到3234618万元，到了2008年增长到8377100万元，从1987年到2008年增长了差

不多 48 倍。亚运会的举办，进一步促进了广州旅游业的发展。

据广州市旅游局统计，亚运会举办期间，全市接待游客总人数达到 866 万人次，同比增长 42.10%，其中接待过夜游客 386.19 万人次，同比增长 32.22%；亚运期间全市实现旅游总收入超 70 亿元。亚运期间市内 27 家主要旅游景点景区共接待游客 213.25 万人次，同比增长 21.78%。

亚运会的举办还提升广州的旅游形象。广州为举办亚运会，投巨资进行基础设施建设，使得广州交通有效改善，形成发达的交通网络；通信水平大幅度提高，将建设成为无线网络城市。为了举办一届绿色亚运，广州还大力投资改善空气质量，对相关污染源进行整治；从 2009 年下半年开始，加大投资力度，改善水质，整治河涌。"礼仪亚运、文明广州"活动的开展，将大力提高广州市民的文明程度，为外地区游客提供一个良好的文明环境。同时，为了接待运动员以及各地游客，广州旅游行业还升级接待设施。这些行动都将为提升广州旅游形象打下良好的基础。

（2）亚运会的举办促进了广州体育产业的发展

大型运动会的举办，可以极大地促进当地体育产业的发展，其主要表现在三个方面：一是为体育产业的发展提供场地，二是形成大规模的体育产品以及体育服务需求，三是为体育产业的进一步发展培养大量的潜在需求。广州亚运会的举办，主要从以下几个方面促进体育产业的发展。

第一，为体育产业的发展提供了基础设施。为了满足比赛以及训练的需要，广州在原有体育场馆等设施的基础上，又投资兴建了大量的比赛设施。为了赛后更好地利用，大量的体育场馆等设施建在老城区以及社区。对于新建的体育场馆，从设计初就考虑了赛后的利用问题，从而有助于商业开发和方便市民利用。

第二，刺激体育器材等体育用品的生产、消费和换代。为了满足亚运会比赛及训练的需要，亚组委将投入巨资购买体育器材，从而为相关产业的发展提供契机。同时，亚运会的举办还给体育用品行业提供了充分展示自己的平台，各种体育用品的新工艺、新材料和新款式在这里得到充分展示，有助于国内特别是广州体育用品行业学习新技术、掌握新潮流、促进产品的更新换代。据统计，1989 年我国体育器材出口 2.1 亿美元，北京亚运会后的 2011 年，中国体育器材出口快速增加到 5.6 亿美元。广州亚运会的举办，也将为本地以及全国体育用品业的发展提供新一轮的机会。

第三，有助于培养体育产业专门人才。通过本次亚运会的商业化运作，将培养一大批既懂得体育发展规律又具有市场经营才能的人才。他们将为广州体育产业的发展提供最主要的智力支持。

(3) 亚运会的举办促进了广州会展业的发展

亚运会的举办，极大地提升广州的城市形象，提高了广州城市的知名度，促进了广州会展业的发展。第一，城市知名度的提高有助于提高广州对各类国际国内会议和展览的吸引力，进一步提升广州会展业的竞争力；第二，亚运体育场馆不仅可以作为体育比赛设施，在会后也可以经过改造成为经贸交流、文化交流的重要场所，改善了广州会展业的基础条件。

(4) 亚运会举办促进了高新技术产业的发展

第一，推动信息技术的发展。为了举办亚运会的需要，广州兴建了新的信息中心以及信息系统。从目前的建设情况看，广州亚运会信息系统的复杂程度丝毫不亚于北京奥运会的复杂程度，巨大的产品需求以及对技术的高要求对于广州信息产业的发展将会起到重要的推进作用。同时，为了更好地服务民众、服务亚运，广州大力建设"无线城市"，为促进广州信息网络技术的发展提供极大动力。

第二，推动环保产业的发展。为了使亚运会充分体现"绿色生态、节能环保、岭南特色"理念，实现"绿色亚运"目标，综合应用了真空垃圾收集系统、数字化智能家居、三维虚拟现实仿真系统、太阳能及水源热泵等新技术。在亚运工程中结合各场馆的实际，大量地采用一些新型能源与可再生能源如光电、光热、污水节能、风能、太阳能等；将环境保护体现在每个建筑细节中，涵盖噪声控制、园林绿化、环保设施等几个方面；积极优化空调、水泵等用能技术，采用先进空气处理技术、节能照明技术、节能建筑维护结构等新技术。这些新环保技术的示范性应用，将极大地推动它们的成熟，并启动消费市场，促进广州环保产业的大力发展。

第三，推动新材料产业的发展。广州亚运场馆建设计划采用大量的建筑节能新技术，这些建筑节能技术包含了太阳能发电、绿色照明、室内外环境、建筑电气节能等项目。同时将综合采用新建筑材料技术等，如工程塑料技术、高性能合金制造、表面处理技术和材料设计等。为了满足需求，企业投入大量资金进行技术研发，并通过在亚运场馆的应用，使得这些技术日益成熟，成本逐渐降低，为它们的大规模应用积累了经验，启动了市场，从而推动本地甚至我国相关产业的发展。

(5) 亚运会举办促进了广告业的发展

亚运会主要从两方面促进广告业的发展，一是亚组委为了大力宣传广州以及广州亚运,必须与广告研究机构以及广告公司合作制定宣传计划,制作宣传广告。根据目前相关计划,亚组委的宣传经费将超过1亿元,庞大的宣传计划将为广州广告业的发展提供积极的支持,一方面直接为广告业带来大量的业务;另一方面有助于提高广告行业的专业素质,提高专业水平。二是企业将投入大量广告宣传企业及其产品。一些企业与亚组委合作成为广州亚运会的高级合作伙伴、合作伙伴、赞助商、独家供应商、供应商,为了提高企业知名度,扩大市场份额,更好地实现它们的市场利益,这些企业将借亚运时机,加大投入,大力进行广告宣传活动;大量的企业虽不是广州亚组委的合作单位,但为了抓住时机扩大企业知名度,在亚运期间同样也会扩大宣传,为广告企业带来更大的业务量。亚组委和相关职能部门,以及企业大量的广告活动,对促进本地广告业的发展提供巨大的推动力。

(6)亚运会举办促进了现代农业的发展

广州亚运会有超过10000名的参赛运动员,包括代表团其他成员、技术官员以及亚奥理事会官员,整个参加亚运会人员达到20000人左右;同时还有上万名的媒体工作人员,以及数量众多的志愿者服务人员,如何保证他们的饮食安全是个大问题。为了确保食品的安全卫生,广州亚组委立足于广州本地,面向全省甚至全国,对众多食品、粮食以及蔬菜供应商进行了考察。对于考察合格的供应商要求他们严格按照亚组委提供的标准进行绿色、精细化生产,确保安全。亚组委的严格要求,以及供应商严格按照标准进行生产,将为今后广州绿色农业的发展积累经验。

亚运会作为大型综合性运动会,需要各方面的相互支持、配合,更需要全社会的参与,因此它与多个行业有关。除了前面阐述的几个行业外,亚运会的举办,还将正面促进金融保险业、娱乐业等行业的发展。

亚运推动广州经济发展方式的转型,广州现代服务业和先进制造业的发展速度进一步加快,产业结构优化,城市经济实力更趋雄厚,竞争力明显增强。

(二)亚运会促进了广州的社会转型

1. 对政府转型的影响

推进政府转型是贯彻落实党的十七大报告提出的"加快行政管理体制改革,建设服务型政府"的必然之举。党的十七届二中全会强调:"深化行政管理体制改革是发展社会主义市场经济和发展社会主义民主政治的必然要求,是政治体制改革的重要内容。"

亚运会对广州政府转型的影响主要体现在两方面：一方面是政府工作的透明度增强、服务意识增强、民主意识增强。在亚运会的筹办及举办过程中，广州市各级政府广泛征求民意、尊重民意、集中民智，切实保障人民群众的知情权、参与权，保障媒体的报道权，虚心接受媒体、市民的意见和建议，从善如流，闻过即改，形成了政府与媒体、民众的良性互动。另一方面是积极推动"公共服务型政府"建设。为了将2010年第十六届亚运会办成"中国特色、广东风格、广州风采"的体育盛会，广州市政府以亚运会为契机，积极落实《中共中央关于完善社会主义市场经济体制若干问题的决定》的精神，推动"生产建设型政府"、"行政审批型政府"向"公共服务型政府"转型。积极推动管理制度创新，建立以市场化为导向，在政府宏观调控下，由政府、企业、个人共同参与的投、融资新体制。结合广州市基础设施投融资体制改革，开放污水处理、垃圾处理、高速公路等市政公用事业和城市基础设施建设运营市场，打破部门、行业垄断和地区壁垒，打通民间资本进入通道，减少政府在经营性城市基础设施方面的投入。

2. 对社会转型的影响：市民素质的提高

一届成功的体育盛会，离不开举办城市广大人民群众的支持和参与。在"迎接亚运会，创造新生活"的理念指引下，广州市民正积极地参与亚运，为国际国内游客展现自身良好的精神风貌。

（1）志愿者活动

志愿者，是大型赛会的一道风景线，城市形象的代表，他们以无私的奉献将一座城市的温暖传递给来自各国的运动员与观众。广州亚运会期间，全市共有将近59万的各类志愿者为各国运动员和游客提供服务。其中，赛会志愿者达到8.5万人，亚运城市志愿者更是高达50万人，人数远远超过往届，甚至还超过了北京奥运会志愿者的数量。

（2）公众参与

即便是没有成为城市志愿者中的一员，广州市民也在以各种各样形形色色的方式来表达自己对亚运会的支持。社区老人自愿在小区组织治安巡逻队；打工者报名成为亚运环保志愿者；退休老人全家总动员报名参加亚运信使团；广大在校学生在校园唱响亚运歌曲；出租车司机则学起了英语；党员志愿者代表作出庄严承诺，为亚运奉献，为党旗增辉……广州人民对各项迎接亚运会工程施工引起的不便，更是给予了最大的包容和理解。

(三) 亚运会提升了广州城市建设和管理水平

1. 亚运提升广州基础设施的发展水平

改革开放以后,广州城市发展极为迅速,短时间内即跃身为我国大陆第三大城市。但是,长期以来,广州市内交通基础设施薄弱、欠账较多,使道路交通紧张日趋严峻,业已成为城市经济发展和人民生活水平提高的瓶颈。

近年来,广州以亚运会举办为契机,以提高城市竞争力为目标,着力打造高快速道路交通系统及快速轨道交通服务系统的"双快"交通运输体系,构建环形放射状中心城市公路网络主骨架,以此作为城市空间拓展、联系的重要支持,为城市规模的进一步扩张奠定了坚实的基础。

(1) 地铁的建设

地铁是目前广州发展最快的公共交通系统。从1997年6月广州开通第一条线路起,广州就高度重视地铁建设,尤其是2004年申办亚运成功以来,广州地铁呈现"一日千里"的高速发展态势。2010年,全市完成了3条新线以及3条延长线的地铁线路"亚运升级"任务。

地铁塑造了广州新的交通系统、塑造了广州新的城市空间结构,改变了广州人的生活方式。亚运会的举办客观上加速了地铁建设,使地铁线路覆盖了80%的比赛场馆。

(2) 市政道路交通设施建设及改造

大力推进"环线+十字"公交专用道系统建设,逐步构建城区联网、成片、连续的公交专用道网络。同时还积极发展由快速公交、支线接驳小巴、出租车等构成的分级公交服务体系。

建设"广州智能交通"系统,利用先进的卫星导航技术,实现对车辆监控调度、电子站牌、防盗防抢、电召服务等功能。

(3) 文化体育等公用设施

为了满足人民群众日常生活的需要,政府必须提供足够的健身、文化娱乐等公用设施,这也是近些年政府大力推进"民生工程"的重点内容之一。借举办亚运会的契机,广州投入巨资兴建各类文化设施。

广州亚运会设置53个比赛场馆、19个训练场馆,其中新建12个,改造场馆60个。广州在体育场馆建设以及完善的过程中,充分考虑到区域的合理分布以及更好地为社区居民服务,保证了场馆能在赛后被合理利用。

（4）电信设施

广州一直高度重视电信事业的发展，全力打造"数字广州"、"无线城市"。亚运会的举办使得广州电信事业在短时间迈进了一大步。

为了实现"信息亚运、数字亚运"，中国电信建立了覆盖54个场馆的广播电视信号专网，为电视信号传送提供总传送能力可以达到数百G带宽的独享光纤服务，并以双路由、双设备保证直播电视信号的稳定性和高可靠性。

借助高速光纤的优势，中国电信为广州建立了"平安广州"24小时远程视频监控。高达1.1万个监控点密集分布在北京路、上下九路、天河体育中心等各大商圈及主要街道，犹如"天眼"全面监控广州各区，所有公共区域的违法犯罪都将无所遁形。

2. 亚运提升广州城市环境质量

近年来广州以"绿色亚运"为目标，实施"青山绿地、蓝天碧水工程"，积极推进生态恢复，切实控制、防止和治理环境污染，推动节能减排。经过多年的努力，全市在生态系统建设、污染治理及河涌整治等方面取得了较好的成绩，有效地促进了城市生态质量的提高。

（1）空气环境

中共广州市委、市政府一直对空气污染防治工作高度重视，为保障亚运空气环境质量，并在亚运后让广大市民持续享有更加优良的环境，广州市自2004年申亚成功后，市委、市政府在"青山绿地、蓝天碧水"工程、"一年一小变、三年一中变、2010年一大变"环境综合整治取得阶段性明显成效的基础上，制定并启动了为期7年、分为8个阶段的空气质量综合整治计划，并结合创建全国文明城市、国家卫生城市等"六城联创"，特别是结合创建国家环保模范城市工作、推进空气污染治理。全市在2009年、2010年两年内总计投入24亿元治理空气污染，其中市财政专项资金投入6亿。自2008年，积极开展与珠三角城市群空气污染联防联治工作，重点加强与佛山、东莞等周边城市的协调行动。

经过艰苦的努力，广州市空气环境质量明显提升。2004年至2009年，在经济迅速增长的同时二氧化硫排放量从18.5万吨下降到9.15吨。2009年，全市空气质量优良天数高达347天；二氧化硫、二氧化氮、可吸入颗粒物平均浓度连续五年低于国家标准；灰霾天数比2008年减少了34天，是珠三角灰霾天最少的城市。

（2）水环境

为进一步改善亚运水环境，2007年，广州市委、市政府确定了"系统性治水"的路子,把污水治理和河涌综合整治作为市委市政府"一号工程"。2008年,广州又发出了"举全市之力,采取超常规的措施,全面开展污水治理和河涌综合整治,确保到2010年亚运会前实现广州水环境的根本性好转"的总动员令,并于2009年至2010年6月期间投入巨资进行污水治理和河涌综合整治。通过整治,河涌污染物全面减少,全市水环境明显改善。

(3) 绿化环境

为迎接亚运会的到来,更好地展现"花城"风采,按照广州市特别制定的《迎亚运森林城市建设行动计划》,下大力气加强了公园改造和建设,提升了门户景观水平,提高了亚运场馆和亚运通道绿化质量,并升级了城市主干道和珠江两岸的沿线绿化,打造了以郊野公园为核心、公园为节点、绿廊为纽带的多层次、开放型城乡一体的绿色生态网络体系。

3. 亚运促进城市管理模式的创新

广州亚运会的举办促进了广州城市管理模式的创新。一方面,城市管理运用到了越来越多的高新科技技术;另一方面,城市管理更注意重视"以人为本"、"程序正义",城市管理以依法为根本前提,充分尊重民意,集中民智。

(四) 亚运会促进广州城市文化的融合与发展

1. 推动了传统岭南文化的保护与发掘

广州亚运会是一个本地文化展示、交流的平台。岭南传统文化有兼容并包、海纳百川的特性,各种文化在广州得到交流、汇聚和融合。广州申亚的成功,彰显了现代广州的动感魅力和传统文化的恢弘气度,使得广州"兼容并包"、岭南特色的文化得到进一步传播与发扬。亚运会的举办,将会吸引大量的国内外朋友一起共聚羊城。为了向游客展示广州传统文化,并实现传统文化的商业价值,各政府职能部门及相关组织对传统文化进行整理,并大力支持传统文化的保护性开发。对西关大屋等传统建筑的修缮、开发;对"三雕一彩一绣"等传统手工艺的发掘、展示;对"陶陶居"等老字号的扶持;传统粤剧的重新排练、演出等,将使得广州的传统文化重新展现于大众面前,使各方游客能更加深入地了解广州的传统文化,并能够较好地实现传统文化保护与商业价值开发的并重。

借此亚运盛会,广州组织各种传统文化知识竞赛、艺术比赛、宣传活动,如乞巧文化节、"亚运知多少"知识竞赛等,动员全社会各种力量,重新发现周围的历史印记、文化特征、民间艺术,深入挖掘广州传统文化的魅力和内涵,让全市市民重新认识广州传统文化,巩固了传统文化的群众基础,增加市民的城市归属感。

2. 推动了岭南文化的传播与产业化

岭南文化是中国文化的重要组成部分，它以南越土著文化为基础，融合中原文化和海洋文化而成，有着非常鲜明的特色和博大精深的内涵。广州是岭南文化的中心地，拥有大量的岭南文化遗产，如陈家祠、南越王国公署遗址、南越王墓等历史文物古迹，西关大屋、骑楼等传统建筑，岭南画派、粤曲、粤剧、广绣、广彩、广雕等传统文化艺术、民间工艺、民风民俗，以及岭南美食、广东凉茶等。但是近年来，在快速的城市化进程中，在"现代化"的冲击之下，传统岭南文化遗产的生存空间日益受到挤压乃至退出历史舞台。

广州亚运会的举办为岭南文化的传播和产业化创造了新的契机。"五羊传说"幻化成了五只可爱的小羊组成亚运吉祥物，上下九、荔枝湾、越秀公园等岭南文化浓郁之地，成为参赛运动员、裁判和游客最热门的游览地，23条特色美食街则更是将岭南美食文化充分展现出来。亚运会推动了岭南文化的传播与产业化。

3. 推动了传统岭南文化与当代文化的融合

亚运会是一个国际文化交流的舞台。在亚运会筹办过程中，广州亚组委坚持以开放的心态，将筹办过程本身当作亚洲多元文化交流、整合的平台。一方面，通过各种方式向世界传递极富魅力的中国文化和岭南地方文化，如举办第6届国际民俗摄影"人类贡献奖"年赛（HPA2009）等；另一方面，也让广州人民能够体验异彩纷呈的亚洲文化，如举办"印度瑰宝展"、"亚洲的记忆"摄影展等活动，以及举办"亚运讲坛"等。几年来，广州已举办了一系列其他国家文化推广和宣传活动，同时也举办了系列各具特色的中国文化表演、展示活动，为亚洲多元文化的交流与合作提供一个良好的平台。在比赛期间，广州亚组委将举办一系列各具特色的亚洲和中国文化展示、表演活动，以此促进来自亚洲各地的运动员和观众交流感情，增进了解。如举办"青年营"活动，让各国青少年相互间进行交流。

（五）亚运会提升了广州的城市形象和国际影响力

1. 提升广州的知名度

据统计，广州亚运会注册媒体人员共有9585人，注册媒体887家，包括美联社、法新社等国际著名媒体。各媒体不但关心赛事进展情况，而且也将广州的自然风情、人文地理、发达的城市经济、完善的基础设施、良好的城市形象、优越的投资环境、热心的市民展现给了国内外观众。尤其是亚运期间的焦点性事件，如别具特色的开幕式，更是让世界深深记住了广州。一个多月来，广州成为亚洲主要媒体关注的焦点。亚运会因此大大提升了广州知名度。

2. 改善广州的传统城市形象

精彩的"亚运亚洲行"、"亚运中国行"、"亚运广州行"等"亚运三行"活动整体提升了广州城市的形象和市民素质。

"亚运亚洲行"以"激情盛会、和谐亚洲"为主题，通过走出国门进行宣传，增进了国外朋友对亚运精神的了解，提升了他们对亚运的关注度，促进他们参与亚运、共赴盛宴；增进了国外朋友对中国、对广东、对广州的了解。"亚运亚洲行"一共走访了37个国家和地区，取得了良好的效果。

"亚运中国行"以"迎接亚运会，创造新生活"为主题，通过走出广东进行宣传，纵横国内13个主要城市，增进了全国人民对亚运的了解，对广州的了解。宣传活动每到一地，充分借助当地的媒体资源、当地的行政影响，形成了亚运宣传的热潮，在当地市民中形成"亚运热"、"广州热"。

"亚运广州行"以"争做好市民，当好东道主"为主题，开展了500多场宣传活动，并开展了"全民勤健身"、"全民传爱心"、"全民学英语"、"全民习礼仪"等专题行动，激发了市民迎亚运、讲文明的参与热情，营造了全民办亚运的浓厚氛围，形成讲文明、重礼仪、团结友善、热情好客的良好风尚。

（六）亚运会的圆满成功是广州十年大变的标志

广州市十年来"量"的积累，通过亚运会这一标志性事件，促进广州城市基础设施建设和经济发展水平"质"的变化，继而为广州国家中心城市开创新的篇章。

1. 城市发展理念和城市发展模式的转型

借举办亚运契机，广州积极推动"绿色"、"低碳"、"环保"等发展理念，促进城市发展模式从外延扩张向内涵发展转型、从粗放型向集约型转变，城市可持续发展基础更为扎实稳固。

2. 城市功能和经济发展方式的转型

举办亚运会，对广州经济的发展是一个巨大的推动。借此机会，不但广州的经济总量快速增加，而且，还促进了广州产业结构加快调整优化。在亚运会的影响、推动之下，广州的旅游业、会展业、休闲体育业等新兴产业都得以快速发展。

3. 城市管理模式和管理水平的转型

举办亚运会，大大推动了广州城市管理模式的转型和管理水平跃上新的台阶。10年来广州的城市建设和管理理念逐步走出"重物轻人"的传统思路，转向以人为本、见物见人、注重公共服务的现代化轨道，同时也注重进行开放式的科学管理，将城市资源转化为城市资本。探索城市建设市场化、资金筹措渠道多元化、基础设施建设社会化的新机制，把城市发展的空间作为资产，并运用市场机制进行运营。

4. 城市政府和城市社会的转型

举办亚运会，推动了广州政府和广州社会的转型。从城市政府来说，通过这次亚运会的举办，透明度更高、服务意识更强、沟通意识更强、责任心更强，也积累了与国际媒体打交道的经验，推进城市管理、经济文化社会在更高层次上与国际接轨。从城市社会来说，亚运会也提高了市民的素质，增强了市民的自信心与自豪感，使广州市民的归属感和凝聚力进一步增强。同时，以政府、社会组织和志愿者共同组成的社会治理结构，正在广州逐渐形成。

三、持续发挥亚运效应，建设国家中心城市

（一）持续发挥亚运效应，建设国际商贸中心

1. 充分发挥广州举办大型赛事的经验，合理利用亚运场馆设施，积极申办精品赛事和品牌会展

亚运会后，广州大量高水平、多功能的体育场馆为精品赛事的举办以及品牌会展的举行提供了良好的场馆条件。广州应充分利用自身的场馆优势，以及通过举办亚运会所积累的举办赛事的经验，结合本地以及周边地区庞大的市场需求，积极举办各种符合市场需求的体育赛事，真正把广州的体育赛事市场培育、发展起来。同时，结合广州建设国际商贸中心的战略目标，利用体育场馆的多功能性，大力引进会展服务中介机构，在体育场馆举办各种专业性以及综合性会展。在重点打造琶洲国际会展核心区、流花会展区等会展功能区的同时，形成以大型体育场馆为补充的会展区。

2. 抓住亚运后机遇，完善配套设施，建设"亚运"商圈和经济圈

充分利用体育场馆对周边地区的带动作用，完善周边地区的配套设施，提升经济辐射力。第六届全运会的举办，促进了天河体育中心及周边地区发展成为广

州的新中心。亚运会的举办，使得广东奥林匹克体育中心、亚运城等赛事场馆集中区域的交通等基础设施得到极大改善，有助于为这些区域带来大量的人流等，促进本区域的发展。亚运会后，应进一步加大力度提升这些区域的配套水平，特别是生活服务、公共服务设施的完善，促进这些区域的发展。

3. 利用亚运后效应，完善内外基础设施，进一步提升中心城市的综合服务功能

亚运会的举办，促进了广州基础设施的建设和完善，内外联系更加便利，城市影响力极大提高。广州应借亚运后的机遇，结合广州建设国际商贸中心的战略目标，进一步提升中心城市的综合服务功能。大力推动国际采购中心建设，重点是促使批发市场向"现代展贸中心和采购配送中心"转型；加快电子商务型国际采购平台建设。努力打造国际"购物天堂"，优化提升天河路、北京路等传统商圈；规划建设珠江新城、白云新城等新兴高端商贸集聚区；积极引入国际先进业态、世界顶级品牌和奢侈品代理商；大力引入现代零售方式和零售技术，促进经营方式的创新；优化购物环境，营造人性化消费服务氛围，完善购物消费配套服务功能。

4. 借助亚运的快速机遇，打造国际知名商贸市场和广州价格指数，积极推动广州商品的国际化和品牌化

借助于亚运会后效应，积极打造国际知名商贸市场，提升广州价格影响力。加大批发市场的改造升级力度，引导大型批发市场设立国际商品集聚区和进口商品采购区；加快国际采购电子商务平台建设，推动传统"千年商都"向现代"网络商都"转型，加快电子商务、电子结算方式的普及与发展；优化提升天河路、北京路等传统商圈的购物环境，同时大力打造珠江新城、白云新城等新兴高端商贸集聚区；大力提升零售业国际化与现代化水平，规划建设国际商品专业街和国际商品城；大力鼓励发展新兴业态业种，促进经营方式的创新。积极推动建设塑料、石化、煤炭等大宗商品交易中心，促进形成"广州价格"，并依托期货交易所、大宗商品交易中心、大型专业市场等，逐步形成国际价格、区域价格、行业龙头价格、指数价格等多层次结合有序的"广州价格"体系，进一步扩大"广州价格"的覆盖面和影响力。

依托广州国际商贸中心的建设，积极推动广州商贸企业的国际化和品牌化。加大力度培育大型商贸企业集团，鼓励有条件的企业实施跨地区的收购或重组，支持企业进入资本市场融资；大力引导连锁经营的业态延伸、行业延伸以及区域延伸；全力发展商贸总部经济，重点引进跨国商业性公司、中央流通企业、外地流通龙头在广州设立地区总部或营运中心,着力引进珠三角优秀民营商企总部或区域分部,积极培育一批本土商贸类企业集团;大力扶持商业"老字号",扶持具有竞争优势的"老字号"扩大布点,建立关于"老字号"品牌的合理化转让机制。

(二)持续发挥亚运效应,培育世界文化名城

1. 进一步整理和梳理历史文化资源,促进岭南文化和外来文化的交流融合,建设世界文化名城

文化是城市的灵魂,文化的发展建设,不但有着明显的社会效益,也有着越来越重要的经济效益。广州亚运会的举办,已向世界昭示:广州不但是一个经济快速发展的城市,也是一个文化底蕴深厚、文化建设潜力巨大的城市。

后亚运时代,广州要继续重视对全市传统文化遗产,重点是历史街区、特色建筑、文物古迹、工业遗产、商业"老字号"品牌、粤剧、粤曲等物质文化遗产和非物质文化遗产的保护、挖掘、整合、开发与传播,促进岭南文化和外来文化的交流融合,促进传统文化与现代文化的交融融合,促进国际知名的城市文化品牌的打造,最终将广州建设成为一个文化底蕴深厚、文化特色鲜明、文化产业发达、在全球范围内拥有巨大文化影响力、辐射力、渗透力的世界文化名城。

2. 进一步强化广州城市营销手段,积极推介广州国际新形象

亚运会举办期间,广州成为亚洲乃至世界主要媒体关注的焦点。尤其是广州优美的自然山水风情、发达而有活力的城市经济、日臻完善的基础设施、优越的投资生活环境、开放开明的社会氛围、深厚的文化底蕴、友好热心的市民、卓越的城市管理能力通过各种媒体——充分展现在了世界面前,为广州营造出良好的国际形象。

后亚运时代,广州应继续巩固亚运会这一大"事件"的营销效果,进一步强化城市营销手段,比如通过大型节庆活动、体育赛事、演艺活动、商贸展览活动、旅游展销活动的举办,国际知名媒体上旅游广告的投放,电影电视拍摄等多种手段,积极推介广州国际新形象,进一步提高广州在全球的知名度、美誉度和影响力。

3. 持续推动岭南文化的进一步发扬以及产业化,壮大广州文化产业实力

广州亚运会的举办为岭南文化的传播和产业化创造了新的契机。后亚运时代广州要高度重视岭南文化的传播,要充分挖掘其潜在的巨大文化经济价值,积极推动岭南文化的产业化。

以加快先进制造业、现代服务业发展为契机，壮大广州文化产业实力。其中关键是要加快文化产业聚集和大文化产业集团形成，提升文化产业核心竞争力。在推进文化产业化过程中，建立起统一、公开、公平的文化要素市场，使生产要素得到有效、合理配置。同时，在文化产业化过程中要优化产业结构，实现产业升级，实施品牌战略。

当前要特别关注新兴技术对文化产业的影响，顺应发展大趋势，抢占创新、创意为内涵的战略制高点，推动信息技术与文化产业融合，争取在文化创意、传媒、动漫游戏、会展等新兴产业形成明显优势。互联网、卫星传输技术的发展给文化产业的发展带来了重大的发展机遇。应根据城市发展优势，重点发展新媒体产业，使广州不仅成为华南地区传统媒体中心，而且是中国乃至东南亚地区最重要的以数字技术和网络技术为核心的新媒体文化中心。

（三）持续发挥亚运效应，加速建设幸福广州

1. 加快民生建设，促进政府公共服务水平

为迎接亚运会的举办，广州兴建了许多大型城市建设项目，为未来几十年广州社会经济的发展奠定了坚实基础。后亚运时代，广州要将城市发展的重点转到民生建设上来，如推进基本公共服务的均等化、解决交通拥堵问题、抑制房价上涨提升市民的住房水平、改善公共安全、加强水环境污染、空气环境污染治理、促进就业、扩大社会保障覆盖面等，使经济的快速发展、城市的日益繁荣真正能惠及广大市民，尤其是中低收入阶层，提升市民的幸福指数，建设宜居城市、首善之都。

同时，此次亚运会的筹办和举办既充分展现了广州各级政府高超的城市管理水平，也暴露出了许多有待改进之处。后亚运时代，广州要进一步提高公共服务水平，加快推动服务型政府建设，将公共服务和社会管理放在更加重要的位置，创新社会管理体制，努力实现管理与服务有机结合，切实提高为经济社会发展服务、为人民服务的能力和水平。

2. 加强市民素质教育与提升，建设美好精神家园

城市是以市民为社会基础的。市民的素质决定了城市的竞争力，影响着城市的形象。亚运会的举办，已充分展现了广州市民良好的精神风貌和文明素质。后亚运时代，广州应进一步开展市民素质教育活动，提升公民素质，规范市民行为，提升市民文明程度，共同建设美好精神家园。为此，一是要继续加强教育。以社会主义核心价值体系建设为根本，深入开展社会主义荣辱观和文明礼仪教

育，大力加强市民的公共意识和法制意识，积极倡导健康、科学、文明的生活方式，推动全社会形成知荣辱、讲正气、树新风、促和谐的文明风尚。引导带动全市人民养成健康、科学、文明的行为习惯。二是要鼓励公众参与。以创建"全国文明城市"、爱国卫生月活动等为载体，动员市民群众亲自参与城市环境的洁化美化活动。结合创建文明行业（单位）、文明社区等和谐创建活动，开展各类清洁主题的教育实践活动，形成"城市清洁、人人有责"的社会共识。三是要加强执法管理。针对一些市民存在的不文明陋习，进一步深化城管执法工作，组织机关干部、执法队员和城管执法志愿者，在市区主要道路、广场、景点及商业繁华地段开展执法劝导活动，宣传法律法规。并进一步加大执法巡查力度，用法律法规约束和引导市民的行为。

（课题组成员：李江涛　孙云　尹涛　蔡进兵　王世英　柳立子）

广州农村土地流转现状调查及政策建议

2010年2月至2011年1月，广州市社会科学院"广州农村土地流转现状调查"课题组分三个小组在广州市范围内的白云、花都、番禺、从化、增城（由于萝岗区、南沙区特定的发展政策，此次未纳入调研）进行农村土地流转的深入访谈和问卷调查。调查范围覆盖5区市、16个镇，它们分别是白云区的钟落潭镇、江高镇、人和镇、太和镇，番禺区的榄核镇、石楼镇、东涌镇，花都区的花山镇、炭步镇、赤坭镇，从化市的鳌头镇、城郊镇、良口镇，增城市的派潭镇、小楼镇、中新镇。

访谈与问卷调查的基本程序是：在上述五区市中选取不同经济发展程度的3（或4）个镇，通过与区农业局、镇农业办的座谈了解辖区范围内的土地流转现状与问题，同时依据地理位置的不同类型在每个镇选取2个村进行重点调查。村级调查包括与村干部、村民就土地流转和生计状况的深入访谈，以及随机抽样的村民问卷调查。问卷调查由经过专门培训的访问员和课题组成员执行。课题组在调查期间还进行过多次的集中讨论。现将课题组对农村土地流转的认识、广州农村土地流转的现状及相关政策建议报告如下。

一、农村土地流转的意义与基本原则

（一）农村土地流转的意义

在二元结构依然存在，传统小农业形态没有得到根本改变的情况下，包括劳动力、资金、土地等在内的生产要素正源源不断地从农村流失。为了扭转农业的弱势地位，需要适度推进农村土地流转。依法、自愿、有偿地进行农村土地流转，可以促进农业规模经济，再度解放农村生产力，优化农村生产要素的组合，提高农业劳动生产率和农民的土地收益，加快农业人口的城镇化转移，并最终实现城乡一体化。

(二) 农村土地流转的基本原则

(1) 坚持尊重农民意愿的原则。了解不同区域、不同收入水平的农民对土地的不同期待与诉求。政府不能无视农民意愿，以强制的方式制定时间表并层层下达完成土地流转的指标。

(2) 坚持因地制宜分类推进的原则。根据广州市近郊、中郊和远郊的不同情况，因地制宜、分类推进土地流转，试点先行，以点带面，防止"一刀切"。

(3) 坚持以项目带动推进土地流转的原则。根据农业引进项目的规模和滚动发展的速度，可预期、有步骤地进行土地流转，避免急于求成，伤害农民利益。

(4) 坚持通过加大政府投入以统筹经济效益和社会效益的原则。在政策、资金等方面加大扶持力度，区别对待不同的农业项目和开发模式，重点扶持更能体现社会效益的农业项目和开发模式。

二、问卷调查的样本分布

课题组对进行过深入访谈的上述5区市16个镇的31个村同时进行问卷调查，随机抽取农户构成调查样本来回答问卷。课题组共发放问卷610份，回收有效问卷608份。（见表1）

表1 样本的构成

区（市）	镇	样本数	比例（%）
白云区	钟落潭	40	6.6
	江高	24	3.9
	人和	36	5.9
	太和	20	3.3
番禺区	榄核	40	6.6
	石楼	40	6.6
	东涌	40	6.6
花都区	赤坭	39	6.4
	花山	40	6.6
	炭步	40	6.6

续上表

区（市）	镇	样本数	比例（%）
从化市	鳌头	41	6.7
	城郊	48	7.9
	良口	40	6.6
增城市	派潭	20	3.3
	小楼	40	6.6
	中新	60	9.9
总计		608	100.0

（一）样本的地理分布

样本地理位置的分布情形是，近郊村、中郊村、远郊村的比例分别为 16.4%、39.5%、44.1%。（见图1）

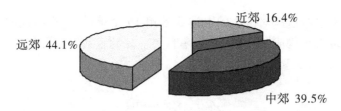

图1 样本的地理位置分布（N=608）

（二）样本的个人特征

从被访农民的个人特征来看：男性占了绝大多数，共有457个，占75.2%，原因在于抽样调查过程中要求家庭的户主或了解家庭经济状况的成员来回答问卷，他们通常更清楚家庭土地流转的状况；被访对象的年龄分布集中在41～60岁之间，这一年龄段的比例为64.6%。此外，20～30岁所占比例是3.9%，31～40岁的比例是13.4%，61～70岁的比例占14.6%，70岁以上的比例为3.5%；关于被访农民的教育程度，呈现初中水平多，两端相对少的特征，初中水平的教育程度最多，所占百分比为46.2%，而小学及没有受过教育与高中及以上的教育程度相对较少，比例分别为30.4%和23.4%，较高水平的教育程度特别是大专及以上的仅占2.3%；样本的婚姻状况以已婚有配偶占据主导，比例为96.2%，另外，样本中丧偶的有15人，占2.5%。被访农民的工作状况排在首位的是务农，占64.6%，其次为本地非农工作，占14.8%，外出打工的比例是11.0%，外出经商的仅有0.7%，选项"其他"的比例是7.6%，从问卷具体填写的情况看，"其他"包括的主要是没有工作和在家做家务等；被访者的户口有94.9%属于农业户口，非农业户口占5.1%。（见表2）

概言之，多数样本的基本状况是中年及以上，教育程度偏低，务农占主导。

表2 样本的个体特征（$N=608$）

指标	选项	样本数	百分比（%）
性别	男性	457	75.2
	女性	151	24.8
年龄	20～30岁	24	3.9
	31～40岁	81	13.4
	41～50岁	207	34.0
	51～60岁	186	30.6
	61～70岁	89	14.6
	70岁以上	21	3.5
教育程度	没有受过任何教育	9	1.5
	小学	176	28.9
	初中	281	46.2
	高中、技校、中专	128	21.1
	大专、大学及以上	14	2.3
婚姻状况	未结婚	9	1.5
	已婚有配偶	579	96.2
	分居、离婚	5	0.9
	丧偶	15	2.5

续上表

指标	选项	样本数	百分比（%）
工作状况	没有回答	7	1.2
	外出打工	67	11.0
	外出经商	4	0.7
	务农	393	64.6
	本地非农工作	90	14.8
	上学	1	0.2
	其他	46	7.6
户口	农业户口	576	94.9
	非农业户口	32	5.1

（三）样本的家庭特征

关于调查样本的家庭人口状况，家庭总人数的规模趋小，平均值为 4.44 人。家庭劳动力的均值是 3.27 人，每个劳动力的负担系数约为 1.36。（见表 3）

表3　样本的家庭特征

	户数	总人数	平均值
家庭总人数	607	2698	4.44
家庭劳动力人数	608	1991	3.27

三、广州农村土地流转现状

广州市农户承包地使用权流转必须坚持"依法、自愿、有偿"的原则，吸收其他城市的经验，从农村土地确权、建立土地流转管理服务平台、运用财政杠杆促进土地流转、规范土地承包经营权流转程序等多个方面协同促进农村土地流转。

从调查数据可以看出，在发生土地流转的农户中，时间最早的记录是 1985 年。不过在 20 世纪八九十年代，土地流转宗数相对较少。进入 21 世纪，土地流转宗数明显增多，其中 2000 年、2007 年、2008 年是土地流转的三个高峰，分别是 36 宗、45 宗、33 宗（由于本次调查的执行时间是 2010 年中，2010 年全年的土地流转宗数应高于图表所显示的）。（见图 2）

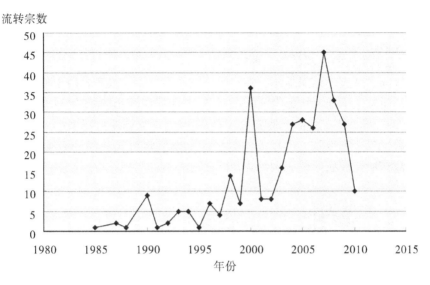

图2 第一次土地流转年份分布（$N=323$）

根据广州市农业局的统计，近些年土地流转的面积也呈现增长的趋势。2002年，广州农户家庭承包土地流转总面积是31.1万亩；2008年，流转面积增加到48.3万亩。（见图3）

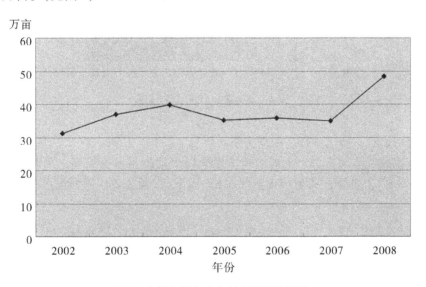

图3 广州市近年来农村土地流转面积

(一) 土地流转的特点

1. 土地流转的范围扩张、形式集中

此次问卷调查的结果显示,在608户被访农户中,没有发生土地流转的只占38.2%,而发生土地流转的有71.8%,其中全部流转出去的有24.2%,部分流转出去的有28.6%,发生土地流入的占9.0%。(见图4) 如果仅从流转出去的比例来看,52.8%也是一个较高的数字。根据广州市农业局的数据,2009年全市土地流转所涉及农户的比例约为40%。①

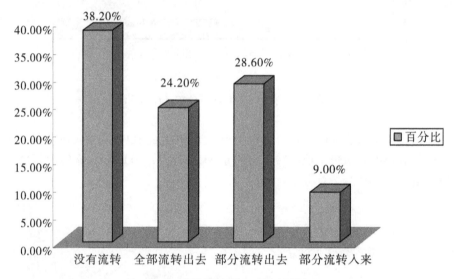

图4 土地流转状况 (N=608)

土地流转的形式多样,包括出租、转包、转让、互换、入股等不同的流转方式,本次调查结果显现,土地流转的形式以土地出租占据主导,比例为79.6% (N=324),其他形式的流转比例都在5%以下。(见图5) 而根据广州市农业局

---

① 截至2009年8月底,广州落实家庭承包经营权的耕地面积约150万亩(占耕地总面积的85.5%),实行家庭承包的农户约55万户。全市农村土地流转的面积有52万亩,占家庭承包经营耕地面积的34.7%,涉及农户的比例约为40%。从全省来看,广州市土地流转面积比例高于全省平均水平,但与上海、武汉、杭州等城市比较,广州无论在土地流转面积比例,还是在规模流转面积比例上,都相对落后。(来源:广州市农业局的调研)

对全市土地流转面积的计算看,2008 年,土地出租的面积也是占据第一位,达到 75.8%;转包的面积占第二位,比例是 13.3%。这显示出土地出租已成为广州农户在农村土地流转过程中普遍采纳的方式,而其他土地流转形式的实践相对较少。

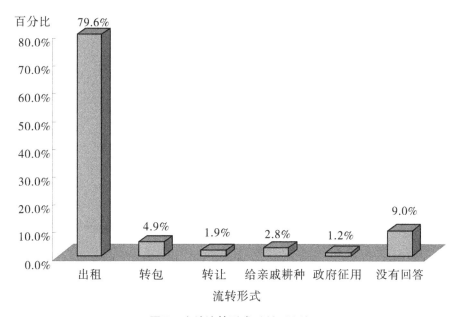

图 5　土地流转形式（$N=324$）

2. 土地流转趋于规范

在土地流转的方式上,通过村集体的组织进行统一流转的居多数,占 72.7%,其中,经由村民小组（或经济社）进行流转的占 57.2%,经由村委（或经济联社）进行流转的占 42.8%。在村集体组织的土地流转中,有 93.0% 的土地流转宗数签订了正式的书面合同,只有 7.0% 未签订正式书面合同;与之相反,以家庭为单位,自行进行土地流转的样本中仅有 18.6% 的宗数签订了书面合同,而有 81.4% 的未签订书面合同。(见表 4)由此可见,目前的土地流转形式主要以村民小组或村委为主要组织方,通过村集体进行土地流转,这种形式的流转较多有正式合同的保障。而以个体家庭为单位的土地流转不到三成,且多为非正式的流转,未签订正式的合同文本。

从全市的统计来看,2008 年广州土地流转的总面积中,有 215003 亩是委托集体统一流转，只占44.6%；而农户自发流转的面积是267126亩，占55.4%。但在我们的田野调查中，情况已经发生了变化，比如从化市2009年的土地流转，通过协议委托村社两级经济组织把土地集约后再流转的面积是27177亩，占流转总面积的82%，农户自发流转的面积5966亩，占18%；花都区2008年通过集体统一流转的土地面积占81.6%，农户自发流转面积占18.4%。

表4　土地流转的方式

是否通过集体统一流转（$N=315$）		通过哪一层集体流转（$N=208$）		通过集体流转的有无签订正式书面合同（$N=229$）		个人流转的有无签订书面合同（$N=86$）	
是	72.7%	村民小组/经济社	57.2%	有	93.0%	有	18.6%
否	27.3%	村委/经济联社	42.8%	无	7.0%	无	81.4%

3. 土地流转的收益存在差异

土地流转的收益，主要是出租的租金收益。在有租金收益的303个有效样本中，租金的平均值是1048.16元每亩每年（下同），租金的中间值是900元，租金的众值（选择最多）是1200元。从租金的分布看，租金在700元及其以下的约占25%，租金在900元及其以下的约为50%，租金在1200元及其以下的约占75%，另外，有95%的租金水平在2000元及其以下。

关于租金水平的浮动，在有效样本中，回答租金没有浮动的占77.6%，租金存在浮动的占22.4%。租金的浮动率选择较多的两项分别是每3年上调5%和每5年上调5%。在我们的田野访谈中获知，村集体通常会收取土地出租的管理费，由承租者负担，一般为每亩50元。

造成土地租金差异的因素主要有土地的地理位置、交通便利程度、土壤状况和水利设施的完善程度以及周边土地的租金水平。比如番禺近郊的村庄，石碁村每亩土地年租金平均在1500元左右，低涌村每亩土地年租金价格平均在1600～1700元；从化、增城的租金水平低一些，从化大部分土地流转每亩年租价格为500～1000元，如从化上罗村土地每亩年租金价格只有500～600元。

也有的村为避免币值波动风险，以谷物价格作为租金参照，如从化的龙潭村以每亩每年900斤谷价出租土地，增城的联安村一等田的租金每年300～400斤稻谷价格。

(二) 农户对土地流转的态度

农村土地承包经营权流转遵循的原则之一是农户自愿,其实质是赋予农户作为当事人的自治权,由当事人自主决定。本次调查从不同角度了解了农户对土地流转的态度。

1. 已发生土地流转的农户对土地流转要素的评价

被访农户对已经发生的土地流转的各项要素进行了评价,结果如下:农户满意度较高的分别是"土地流转合同的实行"、"土地流转合同的签订"和"土地流转的组织过程",这三项的满意度分别是 54.5%、51.2%、50%;接下来,"按时获得土地流转的收益"满意度为 44.4%;对"土地流转的期限"的满意度是 42.8%;"土地流转的价格"的满意度为 30.2%。(见表5)由此可见,由于农村土地流转在流转的程序、组织过程、合同文本与执行等方面有了规范性的进展,农户对这些要素的评价程度较高,满意度最低的则是与利益最直接关联的土地流转的价格。

表5 土地流转的农户评价

选 项	非常满意	比较满意	一般	不太满意	非常不满意
土地流转的价格	2.60%	27.60%	27.00%	37.50%	5.30%
土地流转的期限	4.90%	37.90%	30.20%	25.60%	1.40%
土地流转合同的签订	5.80%	45.40%	27.10%	20.40%	1.30%
按时获得土地流转的收益	6.90%	37.50%	24.70%	27.10%	3.80%
土地流转的组织过程	6.00%	44.00%	27.80%	20.20%	2.00%
土地流转合同的实行	7.40%	47.10%	26.20%	17.60%	1.60%

2. 农户对政府统一组织进行土地流转的意愿

对于尚未发生土地流转的农户,问卷中的问题"如果由政府统一组织,按照当地的租金价格租用您家的土地,您的意愿如何?"衡量了被访者对政府组织的土地流转的态度,从结果可以看出农户对由政府统一组织进行土地流转持肯定态度的共计53%,持中间态度的占28.3%,持否定态度、回答不愿意和非常不愿意的占18.7%。(见图6)

此外,比较近郊、中郊、远郊的农户意愿,远郊村农户选择"愿意"的比例最高,占61.4%(其中"非常愿意"为11.7%,"愿意"为49.7%);中郊村的愿意度是46.5%(其中"非常愿意"为16.3%,"愿意"为30.2%);近郊村的愿意度最低,为35.7%(其中"非常愿意"为0,"愿意"为35.7%)。

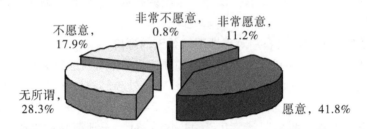

图6 农户对由政府统一组织进行土地流转的意愿（N=251）

3. 不同意由政府组织土地流转的原因

询问回答"不愿意"和"非常不愿意"由政府统一组织进行土地流转的原因,占据第一位的是"担心租金价格没有保障",有65.2%的选择比率;其次为"担心不能控制自己的土地",选择比率为23.9%;"自己耕种,维持生计"的选择比为15.2%;"担心土地出租的合同期过长"的选择比为10.9%。(见图7)

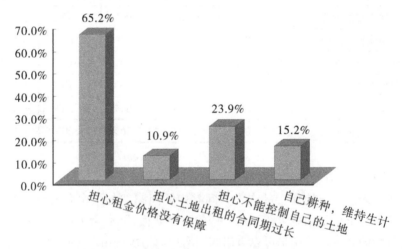

图7 不愿意由政府组织统一土地流转的原因（N=46）

(三) 土地流转面临的挑战

土地流转面临的挑战一方面体现为存在土地流转的制约因素,另一方面则体现为土地流转的经济和社会意义尚未彰显。对于推动农村土地承包经营权流转,其预期的经济意义在于改变传统一家一户分散的小农生产方式,向以规模化、市场化、信息化、工业化为特征的现代农业的转型。而其社会意义则在于消减农民对土地的依恋,实现农民身份的改变,促进农村城市化的进程。以此来衡量,广州市农村土地流转还面临着以下挑战。

1. 制约土地流转的原因

广州农村土地流转现状在不同区域存在较大差异。将此次调查范围内的村庄区分为近郊、中郊、远郊,可以看出土地有无流转与村庄地域的关系,在远郊村没有发生土地流转的农户比例最高,占54.9%;其次为近郊村,有42.0%的农户没有发生土地流转;而在中郊村只有17.9%没有发生土地流转。(见图8)在三种类型的村庄中,远郊村和近郊村的农户没有发生土地流转的比例较高,而中郊村则多数农户存在土地流转,没有土地流转的比例较低。

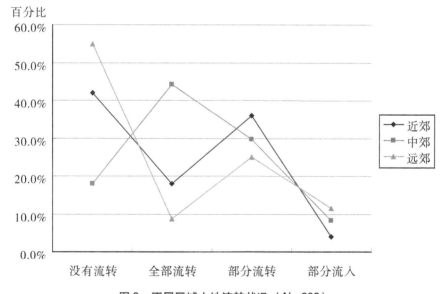

图8 不同区域土地流转状况 ($N=608$)

分析土地没有流转的具体原因，总的来看，未发生土地流转的原因依次为："要解决自家吃粮吃菜的生计"，选择的比例最多，占73.8%；其次为"找不到承租方"，选择比例为24.2%；"家里的劳动力多"，占19.2%；"自家土地的耕种和养殖收益还可以，不愿意出租"占16.5%；"出租土地的价格低，不愿意出租"，占14.2%；"担心租金没有保障"、"等待政府征地"这两项比例较低，分别为3.1%和2.3%。（见表6）如果进一步细化，单独分析近郊村与远郊村没有进行土地流转的原因，可以发现除了占据第一位的因素依然为"要解决自家吃粮吃菜的生计"之外，近郊村更重要的原因是"出租土地的价格低，不愿意出租"和"自家土地的耕种和养殖收益还可以，不愿意出租"；而远郊村更重要的原因是"找不到承租方"和"家里的劳动力多"。

换言之，制约土地流转的主导因素是对农户而言土地所蕴含的生存需要的功能。除此之外，对近郊村农户而言，土地升值的预期、土地的收入功能影响着土地流转的实现。在访谈调查中，我们也看到近郊村的现状是一方面存在较多的政府征地，另一方面对于仅存的农业用地，农户往往不愿意进行流转。在远郊村，土地交易面临着更高昂的交易成本，土地流转中介组织的欠缺、土地交易的信息不灵、基础设施条件的不完备限制了土地流转，同时土地的就业功能也是影响土地流转的一个因素。

表6 土地未流转的原因

土地没有流转的原因	百分比（%）		
	合计 $N=260$	近郊 $N=42$	远郊 $N=147$
要解决自家吃粮吃菜的生计	73.8	71.4	76.2
找不到承租方	24.2	16.7	34.0
家里的劳动力多	19.2	14.3	23.8
自家土地的耕种和养殖收益还可以，不愿意出租	16.5	40.5	8.8
出租土地的价格低，不愿意出租	14.2	40.5	8.8
担心租金没有保障	3.1	2.4	3.4
等待政府征地	2.3	2.4	3.4

2. 土地流转尚未有效促进现代农业的发展

广州市的土地流转范围虽然一直在扩张，但与发展现代农业的目标还有相当的距离，表现在目前的土地流转连片规模面积少、土地流转的合同期限短、土地流转对象多为外地个体户等方面。

根据广州市农业局 2008 年的数据，广州市土地流转规模面积达到连片 100 亩以上的仅占总面积的 26%，这与上海市达到 63%、杭州市 67.9% 的比例相距甚远。

关于土地流转的期限，在问卷调查的有效回答中（$N = 313$），除了声称自家流转的土地没有限期和期限不固定的之外（分别占 3.9% 和 1.3%），土地流转的期限较为集中的是 3 年（占 17.9%）、10 年（15.7%）。流转期限的平均值是 9.03 年。长期稳定的经营权是承租方对土地进行投入的保障，流转期限短将直接影响到对土地经营的长期投资。另一方面，从访谈中也获知，在土地流转呈现供方市场的村庄，农户倾向于签订较短的土地流转期限，以便适时调整出租价格。

从调查结果可以看到土地流转对象的排序依次为：流转给外地人的比例高居首位，占 69.7%；其次为本村人，占 18.8%；接下来，农业企业占 6.9%，政府占 2.2%，其他公司是 1.9%。（见图 9）

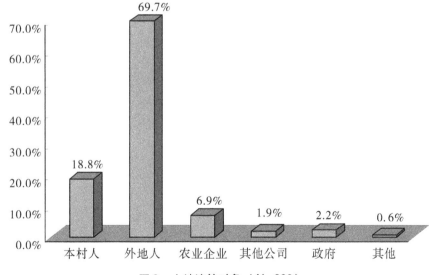

图 9 土地流转对象（$N=320$）

关于土地流转的用途，流转的土地超过一半是用于种菜，占58.0%；其次是用于种花，占14.9%；水产养殖、种果树、种粮的比例接近，在5%～8%之间；也有土地性质发生改变的，用于建厂房、农庄、旅游项目等，这一类所占比例较小。（见表7）

表7 土地流转的用途

土地流转的用途	频数	百分比（%）
种菜	195	58.0
种花	50	14.9
种果树	26	7.7
种粮	17	5.1
水产养殖	28	8.3
建厂房	6	1.8
建农庄	4	1.2
园林	5	1.5
其他（旅游项目、修路）	5	1.5
合　计	336	100.0

广州农村的土地流转在很大程度上是以村集体或个体农户为单位的自发流转。2009年从化市专门下发文件，将推进万亩土地承包经营权流转作为2009年和2010年重点工作之一，这一期间从化新增土地流转面积达21451亩。从化市将土地流转与农业产业园区的发展结合在一起，鼓励市场经营主体投资效益农业，实现土地流转的连片开发。[①] 我们认为，从化的经验对于政府推动农村土地流转有一定的参考和借鉴意义。

四、促进广州农村土地流转的思路

广州地少人多，人均耕地面积少，近郊、中郊和远郊农民对土地功能的认识及土地升值的预期不一，加上近、中、远郊的土地流转率、产业经济环境和耕地

---

① 详见附件二《从化土地流转经验》。

条件差异大，因此，在土地流转过程中不能搞一刀切，也不宜以下行政命令和指标，用限时间、限面积的方式来快速推进土地流转。我们主张广州市土地流转以农业增效、农民增收和农村稳定发展为主要目标，在稳定家庭承包制的基础上，坚持国家提出的"依法、自愿、有偿"的原则，遵循价值规律，实事求是、因地制宜、积极稳妥地依法推进土地承包经营权流转，通过试点先行，解决农民对土地流转工作的疑虑和后顾之忧，逐步在全市建立"农户自愿、市场调节、政府推动"的土地承包经营权流转机制。

（一）推进法律法规的完善，确保土地承包经营权的落实

广州农村土地承包经营权流转既要应改变"分而不统"的问题，打破目前小规模农户经营下的地块零碎、规模效益低下、缺乏市场竞争力的格局，又要警惕"统而不分"的可能性，从法律法规上加以完善，明确土地产权主体、实现承包权物权化，保证所有权和承包权不变、经营权可实行有偿有期限流转，对企业、合作社或个人承包或以其他方式合法承包、转包的土地，要明确承包人拥有土地的使用、收益、转租，经营权的转让、抵押等权益与限制，通过完善土地承包经营权权能，稳定土地承包关系，确保土地经营权有效流转。

（二）因地制宜，科学规划，探索土地流转长效机制

土地流转的目的在于优化生产要素的资源配置，提高土地的产出效益，加速农业的现代化并最终形成规模集约、功能完备的现代农业区域化布局。政府首先必须依据本地的农业资源优势、农业现代化和产业化发展趋势做好农业区域布局规划，把土地整理和流转开发与农业主导产业基地建设、现代农业园区建设、培育农业龙头企业、发展农村专业合作社、农业产业化等工作有机统一起来，因地制宜、分类规划，通过规范土地流转来保证区域发展。在农业基础设施较好，第二产业、第三产业比较发达，经济发展快，农企土地需求量大的近郊和中郊，应该以建设现代农业园区和产业基地为目标，鼓励农户以土地承包经营权入股，组建农村土地股份合作社，引进龙头企业或者大户进行规模经营，农民依据土地股份分享土地非农化的增值收益、经营收益；或者鼓励农户进行土地托管，将土地交由农村土地流转服务中心（站）统一发包，农民获得土地保底收益和租金增值部分（企业实际支付租金和保底租金差价的百分比）；在第二产业、第三产业比较不发达，农企租地意愿较小，农民对土地依赖性强的山区和远郊，应该着重招商引资，从发展订单农业着手，鼓励种养能手或者村集体组织根据生产需要互

换、转包、集中土地，种一季承包一季，以项目带动的方式稳步推进农村土地的流转和集中。

（三）规范流转程序，搭建土地承包经营权流转服务平台

由政府部门搭建的土地承包经营权流转平台，将凭借广泛的资源、信息渠道和专业人才，为流转双方提供相关法律政策咨询、流转信息、土地价格评估与预测、投融资、招投标交易、合同签订指导、利益协调、纠纷仲裁、会计等专业服务。

1. 构建网络状的土地流转公共服务体系

建设市、区（县级市）、乡镇、村土地流转公共服务机构，基层服务机构主要任务是收集和整理农户的流转意向，并进行汇总和信息登记；市土地流转服务中心则在服务分中心的汇总信息基础上，对流出、流入需求信息进行分类，建立土地流转信息库，并通过服务站、网络、媒体招商引资洽谈会等各种渠道发布土地流转信息，促进土地流转供求主体的信息顺畅对接，提高交易效率。此外，土地流转服务站必须负责监管土地流转后的合同履行情况，防止流转的农用地改变用途和性质；土地流转服务分中心必须负责流转的登记建档等工作；市级土地流转服务中心必须负责明确发布广州市土地流转的工作程序、使用权的确认、管理机构及各机构职责，对流转费管理、流转合同文书、档案、证明等做出明确要求，制止、纠正与惩处各种强迫与寻租行为，确保土地流转走上法制化、规范化轨道。

2. 组建规范化的农村土地交易专业服务机构

（1）土地流转评估机构。根据国家法律法规和区域条件、耕地肥力等与土地经营有关的多种因素，对需要流转的土地进行分等定级、科学评估，确定相应的土地基准价格、浮动价格、土地的价差体系、土地价值增长率、计价方法和租金支付形式，为土地流转交易提供合理的价格指导。

（2）其他土地流转涉及的专业公证、监管、法律服务等机构，最大可能地降低土地流转交易的成本。

（3）在市级和区县级成立两级土地承包仲裁委员会，严格落实2010年1月1日起实施的《农村土地承包经营纠纷仲裁规则》和《农村土地承包仲裁委员会示范章程》，降低农民处理土地纠纷的成本。

3. 充分尊重农民意愿

无论流转可能带来多大的收益，都不能违背农民的意愿，进行强制的土地流

转。对于确实不愿意流转的小部分村民，可以经过土地肥力等评估后，采用同等条件土地置换的方式，对土地进行连片集中。

（四）加大财政扶持，强化金融支持，制定相应的资金扶持政策

以现代农业体系建设为最终目标，围绕主导农业产业和特色优势农业发展主题，整合各项强农惠农政策和资金，改变农业支持保护水平过低的现状，引导更多的社会资本投入现代农业体系建设，形成支持土地流转的合力。

1. 设立土地流转专项资金

由市财政安排启动资金，重点用于鼓励农村土地流转、改善流转土地的基础设施、壮大规模经营主体、培育重点产业基地和发展专业合作社等。对规模经营的流转土地，优先列入土地整理、标准农田建设等设施农业建设；对符合资助标准的农业综合开发和特色农业产业基地建设项目，经过专家评审后给予资金扶持，改变撒胡椒面式的资金支持方式。

在每年财政支农资金中安排一定额度，区镇再按比例配套，设立土地流转专项引导资金，对促进农业结构调整和农民增收效果显著的土地流转工作人员进行奖励，加快推进土地流转的规范化、制度化、市场化建设。

2. 实行贷款贴息，促进规模经营

对取得农村土地流转经营权、投资现代农业并开展规模农业经营的各类经营主体，在财政、信贷、项目等方面制定扶持政策，优先安排贷款贴息资金，或由区（市）政府帮助争取中小企业担保公司优先提供融资担保，加强技术指导并优先提供产品推广服务，引导更多的信贷资金和社会资金投向农业现代化建设。

3. 加快推进农村金融服务创新

明确农村土地承包经营权的物权性质，发挥政策性金融机构在支持农村土地流转中的作用。试行土地经营权抵押贷款，并建立融资担保平台，把参与规模经营的产业化龙头企业、种植大户、农民专业合作社、农业企业纳入服务范围，使农村土地资源与金融资金之间能够建立起稳定的内在联系，有效满足农业经营者的资金需求。

（五）完善社会保障措施，为土地承包经营权流转创造良好环境

建立完善的土地流转社会保障制度和多层次的社会保障体系，让农民更多地享受社会公共产品和政府服务，充分调动农民的土地流转积极性。

1. 进一步深化土地流转与社会保障的融合

建立个人出资、财政补助的农村社会养老生活保障制度，多渠道、多层次、多方式地兴办养老、医疗、失业等商业和社会保险，逐步弱化土地的福利和社会保险等社会政治稳定功能；加大对老龄、无固定收入、土地依赖性强的农民的帮扶救助力度，彻底解决离土农民生存保障问题，切实维护农民的根本利益。

2. 探索农业劳动力内部消化机制，制定引导农民转移就业的政策措施

除了组织农业剩余劳动力进行劳务输出，还应该制定引入的园区产业或龙头企业吸纳本地剩余劳动力的规划，以镇为单位建立土地流转劳动服务中心，在村队设立劳动服务小组，鼓励多种就业形式，为农民就近就业提供良好选择。

3. 加强对进城打工的土地流出农民的社会保障

启动身份平等和社会保障方面的援助，强化可持续的就业能力的再培训机制，全力解决进城农民工就业、定居、养老、医疗、子女教育等方面的问题。

4. 发展农业灾害保险事业

依托广州农商行等地方商业银行试行政策性农业保险的混业经营，以政府主导、财政扶持、鼓励参与的形式，开拓农业保险业务。农业保险标的首选有发展前景的土地流转项目，分散和降低农地流转及其后续生产中可能遇到的各种自然风险，提高农业经营者抗御风险的能力，间接保障流转农户收益。

5. 适当放宽对土地流转重点项目配套设施建设用地的限制

严格执行落实省国土资源厅、农业厅《关于支持发展现代农业规范农业设施用地管理的若干意见》（粤国土资法规函〔2009〕1334号）文件精神，在不违背有关法律法规和政策规定、不破坏土地耕作条件的前提下，可将在承包地上必要兴建的种养及农业科学设施建设等视为农业用途，对土地流转重点项目的配套设施，优先安排农用地转用年度计划指标。

五、推进广州农村土地流转工作的试点方案

（一）总体思路

针对分散农户难以应对大市场需求的情况，试点的总体思路是：按照"依法、自愿、有偿"的原则，由政府启动初始投入，先集中后流转，以政府信用保障农民利益。

（二）试点选择

在镇层面上，建议选择增城市的小楼镇、从化市的鳌头镇开展为期 3～5 年的政府主导"先集中，后流转"试点。主要考虑条件为：第一，这两个镇已经有一定的土地流转操作经验。第二，这两个镇耕地面积和可流转面积均较大，这一方面说明可用于连片集中流转的耕地数量较多，有利于试点；另一方面说明当地已有土地连片集中流转的需要，试点具有一定的代表性，有利于将来的经验教训总结、推广。

在村的层面上，根据耕地总面积以及可用于流转的耕地面积、区位分布，先挑选一半的村开展试点，然后逐步推广到全镇，循序渐进。

（三）试点具体做法

1. 加强领导，建立指导机构

建议在市一级，由市政府成立农村土地承包经营权流转试点工作领导小组。试点领导小组由主管副市长任组长，成员由市府办、市农办、农业、财政、国土资源、劳动保障、民政、金融、工商等部门和试点镇负责人组成，并组成土地流转试点工作组由相关单位抽调工作人员。

在镇政府下设农村土地流转服务中心，由镇党委书记兼任中心负责人，抽调专人组建办公室，负责试点的调研、具体实施和深化。

在市农村土地承包经营权集中流转试点工作小组的领导下，农村土地流转服务中心通过深入调研，完善方案，制定正式的专项方案、实施细则等，为深入推进土地连片集中流转提供参考规则。在此基础上，通过村级组织充分发动，做好农村土地承包经营权流转的有关法律、法规的规定及有关政策精神的宣传和解释工作，消除转出土地农户的顾虑如按照流转协议或合同按期不能收回承包权，和不能及时获取应有的流转费等，引导农民积极、自愿参加试点，让广大农民看到土地集中流转带来的实惠。同时，对于不愿流转的农户，不能采用强迫的方式，可以通过土地置换或者不流转的方式解决。

2. 建立法人机构，创造市场主体

以政府信用保障农民土地流转利益，并非简单用行政、计划手段代替市场交易，而是要利用组织的优势弥补分散农户参与市场交易的种种不足。因此，建议成立镇农村流转土地储备中心，作为注册法人与农户进行市场交易，将土地经营权集中在此中心后再流转到需要连片承包土地的经营主体手中。镇农村流转土地

储备中心可挂靠镇国土资源所或镇政府农业办公室。

(四) 创新投资体制,实现农地集中流转资金多元化

逐步建立市和县级政府引导、镇级政府主导、市场推进、社会参与的农地集中流转投资体制。也可积极争取、利用开发性贷款,以及国际组织的贷款或赠款,努力形成多元化的资金格局。在政府层面,可考虑在现有国土资源部门的新增建设用地有偿使用费、土地复垦费、土地出让金用于农业土地开发部分等资金基础上,结合农业、林业、建设、水利、规划等相关部门的配套资金,建立农地连片集中流转专项资金的集中投入机制。要支持鼓励单位和个人优先获得连片农用地经营权,与筹集资金挂钩,即单位或个人入股资金到镇农村流转土地储备中心,镇农村流转土地储备中心在获得连片集中土地经营权之后,在同等条件下优先满足这些单位和个人转包、租赁用地的需求。

就现有的市场情况来看,在拟试点的小楼镇、鳌头镇,考虑到连片规模经营的特点,政府投入的试点农地租赁平均价格应该略高于市场价格,建议确定在为每年每亩在1000元左右,其初期投入可大致作如下估算:

(1) 小楼镇。现有家庭承包面积31487亩,其中已流转总面积11070.83亩,除去20%~30%的农户仍依赖农业生活难以转变生计或者不愿流转之外,预计可用于连片集中流转的耕地在10000亩左右。由此其总投入大致为10000亩×0.1万元/亩/年=1000万元。

(2) 鳌头镇。现有家庭承包面积115678亩,其中已流转总面积12835.11亩,除去20%~30%的农户仍依赖农业生活难以转变生计或者不愿流转之外,预计可用于连片集中流转的耕地在50000亩左右。由此其总投入大致为50000亩×0.1万元/亩/年=5000万元。

再考虑循序渐进、稳妥推进的操作办法,这样的资金规模,采取镇财政投入30%~40%、市及县政府投入50%~60%、社会投入10%~20%的办法,预计小楼镇投入300万元、鳌头镇投入1500万元可先从农户手中将农地流转至镇农村流转土地储备中心。

(五) 大力培育农业规模经营主体

镇农村流转土地储备中心集中了大量农村土地经营权之后,如果长期无法流转出去的话,则将面临资金循环和经营上的风险。所以,试点工作同时还需大量培育农业规模经营主体,鼓励它们从镇农村流转土地储备中心连片集中转包、租

赁农村土地经营权，从而实现资源的高效利用。此外，考虑到集中流转和农业规模经营之间的时间差，如果土地储备中心未能将已经集中的土地转租出去，政府需要每年照常按时交纳租金，同时可以免租或低租金让当地农户继续在土地上耕种，以免造成土地不必要的荒废。

（课题组成员：李江涛　吴重庆　杜家元　童晓频　郭艳华　刘朝华　黄玉　柳立子　江彩霞　王首燕）

深化广州农村扶贫开发的思路与建议

2011年，为更好地研究扶贫过程中出现的问题，对下一阶段扶贫开发工作提出指导性意见，广州市社会科学院分别与广州市农业局、广州市协作办，增城、从化两市扶贫办与镇、村领导及驻村干部进行座谈，深入个别贫困村实地考察和调研，并设计了针对镇和村的调查问卷，发放到增城市小楼、正果、派潭，从化市温泉、鳌头、吕田、良口7个镇和206条贫困村，力求客观、真实地反映镇和贫困村扶贫开发及集体经济收入基本情况，提交有分量、有价值、有见地的研究报告，为中共广州市委、市政府决策提供科学依据。

一、广州贫困村调查问卷分析

此次调查包括从化市的良口、鳌头、吕田、温泉和增城市的正果、小楼、派潭七个镇。为进一步分析说明广州北部7个山区镇206条贫困村状况，课题组采用了问卷分析调查方法，调查问卷主要对贫困村的土地、人口、就业、集体经济收入和支出、帮扶资金和帮扶措施等情况进行调研分析。对良口镇的石岭村、少沙村、鳌头镇的潭口村、车头村、吕田镇的联丰村、东联村、温泉镇的乌石村、龙新村、正果镇的黄屋村、水口村、小楼镇的邓山村、九益村、派潭镇的高村、高埔村等村发出调查问卷206份，收回180份，回收率87.4%。其中，有效问卷141份，有效率为68.5%。

通过对141份有效问卷进行统计处理，并按照村级收入、支出情况划分成不同区间组别进行比较分析，得出了基本结论。

（一）山林面积多，可耕地面积少

从贫困村土地总面积看141条村土地总面积为1723903亩，其中山林总面积达到1405411亩，占土地总面积比重为82%；水田总面积只有175540亩，占土地总面积比重为10%；其他可耕地（包括旱地）面积也只有142952亩，占土地总面积比重为8%。从人均占有量看，人均土地面积达到6.4亩，其中人均山林面积大，达到5.22亩，但可耕面积少，人均水田面积只有0.65亩，其他可耕地

（包括旱地）也只有 0.53 亩。

（二）人口结构基本合理，但人口素质偏低

141 条贫困村调查情况看（见表 1），共有农户 60946 户，家庭总人口 269457 人，其中男性占 51%。从劳动力结构看，有劳动能力人口（指 18～60 岁）为 150041 人，占总人口的 55.7%，其中，外出务工人数为 76210 人，占有劳动能力人口比重为 50.8%。从人口素质看，文化程度偏低，高中以上文化程度只占 16.6%。

表 1 141 条村人口构成情况

总户数	总人数	男性	高中以上文化人数	有劳动能力人数	外出务工人数	其他
60946	269457	137295	44712	150041	76210	5075
占调查总人数比重（%）		51.0	16.6	55.7	28.3	1.9

数据来源：本次调查问卷统计分析，此表为 2010 年数据，以下同。

（三）外出务工较多，工厂打工占多数

从就业构成看，141 条村外出务工者中，在工厂打工的有 29415 人，占所有行业就业比重的 47.1%，排在第一位；其次是建筑业 6829 人，占所有行业就业比重的 11%；再次是餐饮业 5555 人，占所有行业就业比重的 9%；装修业、酒店业和交通运输等行业也是就业的主要渠道，分别占就业比重的 8%、7% 和 5%。

（四）村级集体经济薄弱，村级集体经济收入差距大

村级集体经济薄弱。被调查的村均是集体收入不足 8 万元的贫困村，村级集体经济收入来源少，从调查问卷情况看（见表 2），2010 年，141 条村集体经济总收入只有 6806051 元，平均每条村收入为 48270 元。其中，出租土地、林地收入占总收入的 9.3%，市场及商铺等出租收入占总收入的 11.3%，而其他收入（主要为各种补助收入）占总收入的比例达到 79.4%，成为各村收入的主要来源。此外，从有效调查表看，不是每条村都有土地、林地、市场或商铺等出租收入，2010 年有土地、林地出租的村只有 58 条，平均收入额为 10866 元，占有效调查村比重为 41.1%，有市场或商铺等出租收入的村 71 条，平均收入额为

10815 元，占有效调查村比重为 50.4%，有其他收入（主要为补助收入）的村 101 条，平均收入额为 53544 元，占有效调查村比重为 71.6%。

表 2　141 条村村级集体经济收入来源情况

项　目	收入总额（元）	占总收入比（%）	有收入的村（个）	占有效调查村比重（%）	平均收入额（元）
出租土地、林地	630205	9.3	58	41.1	10866
市场及商铺出租	767886	11.3	71	50.4	10815
其他收入	5407960	79.4	101	71.6	53544
合计	6806051	100			

注：其他收入主要指各种补助收入。

村级集体经济收入差距大。从表 3 可以看出，141 条村中，有土地、林地出租收入的村只有 58 条，还有 83 条村没有此项收入，占 58.9%；有市场或商铺等出租收入的村 71 条，还有 70 条村没有此项收入，占 49.6%；有其他收入（主要为补助收入）的村 101 条，还有 30 条村没有此项收入，占 28.4%。

表 3　141 条村村级集体经济收入差距比较

项目	有收入的村（个）	没有收入村（个）	收入区间（元）	村数（个）	最低至最高区间（元）
出租土地林地	58	83	>30000	3	500～100000
			10000～30000	19	
			<10000	36	
市场及商铺出租	71	70	>30000	6	36～55000
			10000～30000	26	
			<10000	39	
其他收入	101	40	>100000	10	600～570000
			50000～100000	31	
			10000～50000	34	
			<10000	26	

注：其他收入主要指各种补助收入。

从收入区间看，有出租土地、林地收入的58条村中，收入最高达到100000元，最低才500元，超过30000元的村只有3条村，少于10000元的村有36条；有市场及商铺出租的71条村中，收入最高达到55000元，最低才36元，超过30000元的村只有6条村，少于10000元的村有39条；有其他收入（主要是各种补助收入）的101条村中，收入最高达到570000元，最低才600元，超过100000元的村有10条，少于10000元的村有26条。

（五）村级支出项目多，集体经济负担重

村级集体经济支出指村级集体经济组织用于村内的各种开支。根据对调查表统计，2010年，141条村集体经济总开支为18190863元（是总收入的2.7倍），平均每条村总开支为129013元。村集体经济各种支出构成详见表4。

村级支出项目多。从表4看出，村级集体经济支出主要用于村干部人员经费、村委会办公经费、接待费、路灯环境卫生清洁、计划生育、合作医疗、绿化费用、治安费用、残疾人及困难户、办学、军费统筹、五保户、消防等15项开支。其中，用于村干部人员经费、村委会办公经费、接待费、路灯环境卫生清洁费、计划生育、合作医疗、绿化费用、治安费用、残疾人及困难户和办学费用分别占总支出的27.1%、15.3%、14.2%、6.8%、6.4%、3.8%、3.4%、3.2%、2.8%和1.5%。此外，还包括"其他"方面支出，如差旅费、伙食费、付村民电费、付农用电费、税收支出、七一费、培训学习费、生态公益林管理、慰问、误工、交通信息费、公共建设费、水利维修、文化活动、外出学习等费用，共占支出总量的12.5%。

村集体经济承担了较多社会事务，负担较重（见表4）。如：在各种费用支出中，有101条村有街灯环境卫生清洁费，共支出1228050元，平均支出12158.90元，占总支出比重达到6.8%；有110条村有计划生育费用支出，平均每条村支出10602.10元，占总支出比重达到6.4%；有32条村有合作医疗费用支出，平均每条村支出21721.30元，占总支出比重达到3.8%；有78条村有治安费用支出，平均每条村支出7559元，占总支出比重达到3.2%。调查发现，如果村公共管理支出过大，会成为制约贫困村脱贫奔康的重要障碍。贫困村当中还有许多村经营纯收入不能满足治安、环卫等基本公共开支。建议由政府承担社会管理和公共服务职能的开支，并为农村提供所需的公共产品，村集体经济不需要负担社会管理成本，管理逐步走向城市社区模式，才能使村级经济组织更具活力。

村集体经济支出差距大。表现在：一是各村支出项目不尽相同。如：135 条村有村委会办公经费、130 条村有接待费、110 条村有计划生育费、有 101 条村有街灯环境卫生清洁费、32 条村有合作医疗费、41 条村有绿化费、78 条村有治安费、47 条村有办学费、8 条村有消防等费用开支。二是相同项目在各村支出费用不同。如：村委会办公经费，支出费用最高的村达到 450000 元，支出最少的村只有 250 元，接待费支出最高的村达到 100000 元，最少的村只有 375 元，计划生育费支出最高的村达到 50000 元，最少的村只有 250，治安费支出最高的村达到 920000 元，最少的村只有 100 元。为更好说明各村在不同项目的支出水平，对各村现状统计了详细的支出区间进行比较分析。

表4 141 条村村集体经济各种支出构成

项目	支出额（元）	占支出总额比（%）	有支出的村数（个）	占有效调查村比重（%）	平均支出量（元）	支出区间（元）	村数（个）	最低至最高区间（元）
村干部人员经费	4930813	27.1	125	88.7	39446.50	≥100000	7	2000～214000
						50000～100000	29	
						10000～50000	38	
						<10000	11	
村委会办公经费	2785859	15.3	135	95.7	20636.00	≥30000	27	250～450000
						10000～30000	62	
						<10000	46	
接待等费用	2581311	14.2	130	92.2	19856.20	≥30000	26	375～100000
						10000～30000	75	
						<10000	29	
计划生育	1166229	6.4	110	78.0	10602.10	≥30000	7	250～50000
						10000～30000	46	
						<10000	57	
办学经费	263253	1.5	47	33.3	5601.10	≥10000	7	500～25000
						1000～10000	39	
						<1000	1	

续上表

项目	支出额（元）	占支出总额比（%）	有支出的村数（个）	占有效调查村比重（%）	平均支出量（元）	支出区间（元）	村数（个）	最低至最高区间（元）
军费统筹	173576	1.0	53	37.6	3275.00	≥10000	2	200～15000
						1000～10000	46	
						<1000	5	
五保户	186019	1.0	60	42.6	3100.30	≥10000	4	84～20000
						1000～10000	51	
						<1000	5	
残疾人及困难户	508880	2.8	60	42.6%	8481.30	≥10000	6	80～200000
						1000～10000	51	
						<1000	3	
治安费用	589600	3.2	78	55.3	7559.00	≥10000	19	100～92000
						1000～10000	56	
						<1000	3	
合作医疗	695080	3.8	32	22.7	21721.30	≥30000	9	100～120000
						10000～30000	11	
						<10000	12	
路灯环境卫生清洁费	1228050	6.8	101	71.6	12158.90	≥30000	11	100～80000
						10000～30000	37	
						<10000	53	
绿化费用	624250	3.4	41	29.1	15225.60	≥30000	3	500～300000
						10000～30000	7	
						<10000	31	
养老保险费用	167600	0.9	16	11.3	10475.00	≥10000	8	800～51000
						1000～10000	7	
						<1000	1	
消防费	23500	0.1	8	5.7	2937.50	≥3000	4	500～5000
						1000～3000	3	
						<1000	1	

续上表

项目	支出额（元）	占支出总额比（%）	有支出的村数（个）	占有效调查村比重（%）	平均支出量（元）	支出区间（元）	村数（个）	最低至最高区间（元）
其他	2266843	12.5	73	51.8	1052.60	≥30000	21	300～28500
						10000～30000	35	
						<10000	17	
	18190863	100		注：表中"其他"是根据调查问卷表信息汇总：包括差旅费、伙食费、付村民电费、付农用电费、税收支出、七一费、培训学习费、生态公益林管理、慰问、误工、交通信息费、公共建设费、水利维修、文化活动、外出学习等费用				

（六）帮扶资金量大面广，帮扶单位筹资比重大

调查问卷设计了帮扶资金由广州市财政、本市级财政、信贷资金、帮扶单位筹资、个人筹资、社会募捐、社会引资、救济慰问金及其他等几部分构成。通过认真统计整理得到2010年各级帮扶资金到141条村的实施情况。（见表5）

表5　各级帮扶资金到位情况

项　目	帮扶额（元）	占帮扶总额（%）	村数（个）	占有效调查村数比（元）	平均帮扶额（元）
本市级财政	22838300	12.1	40	28.4	570957.50
广州市财政	45666400	24.2	79	56.0	578055.70
信贷资金	1100000	0.6	2	1.4	550000.00
帮扶单位筹资	71439798	37.9	104	73.8	686921.10
个人筹资	419200	0.2	10	7.1	41920.00
社会募捐	4537180	2.4	22	15.6	206235.50
社会引资	35756921	19.0	18	12.8	1986495.60
救济慰问金	1468950	0.8	48	34.0	30603.10
其他	5422000	2.9	8	5.7	677750.00
合计	188648749	100			

各级帮扶资金总量比较大。2010年，各级扶贫资金到141条村总计达到1.89亿元，其中帮扶单位筹资达到7144万元，占帮扶总额比重为37.9%，居首位；其次是广州市财政支持资金，达到4567万元，占帮扶总额比重为24.2%；再次是社会引资3576万元，占帮扶总额比重为19.0%；其他如本市级财政、社会募捐、救济慰问金、信贷资金和个人筹资分别占帮扶总额比重为12.1%、2.4%、0.8%、0.6%和0.2%。

（七）帮扶措施比较多，"双到"效果初显

经调查统计分析，工业开发项目、商贸旅游项目、农业产业项目、建硬底化道路、标准农田工程、解决引水安全、解决贫困户住房、建公共文化卫生设施等是帮扶的主要措施，"双到"效果逐步显现。到2011年7月底，141条村中，已有工业开发项目32个，商贸旅游项目38个，农业产业项目88个，建硬底化道路190.8公里，标准农田工程18551亩，解决引水安全8237户，解决贫困户住房1801户，建公共文化卫生设施233个，其他项目14个。但是统计发现，帮扶措施还没有在141条村中完全铺开，从已实施帮扶情况看，目前已在66条村建硬底化道路（公里），占有效调查村比重为46.8%，其次是解决贫困户住房及建公共文化卫生设施项目，已在65条村开展，占有效调查村比重均为46.1%，农业产业项目开展的村占有效调查村比重均为42.6%。（见表6）

表6 贫困村帮扶措施落实情况

项 目	项目数量	最多数量	已实施帮扶情况	
			村数	占有效调查村比重（%）
工业开发项目（个）	32	2	31	22.0
商贸旅游项目（个）	38	4	30	21.3
农业产业项目（个）	88	3	60	42.6
建硬底化道路（公里）	190.8	40	66	46.8
标准农田工程（亩）	18551	3120	27	19.1
解决引水安全（户）	8237	1829	25	17.7
解决贫困户住房（户）	1801	350	65	46.1
建公共文化卫生设施（个）	233	25	65	46.1
其他	14	3	11	7.8

注：此表为141条村截至2011年7月数据。

同时，由于各村条件不同，项目实施的数量及难易程度有很大差别。例如，目前 31 条村有工业开发项目 32 个，但还有 110 条村没有落实工业开发项目；商贸旅游项目中，30 条村有 38 个项目，还有 111 条村没有商贸旅游项目；农业产业项目相对比较多，已有 60 条村开展了此项目；公共文化卫生设施已在 65 条村建设 233 个项目。

二、广州市贫困村贫困的主要原因分析

（一）自然条件差和交通基础设施落后，难以支撑经济增长

广州市 8 个山区镇人口占全广州市人口 4.3% 左右，共有农村低保对象 8651 户、22724 人，占全市农村低保对象总数近 33%。区域位置、自然条件及交通条件等因素是北部山区镇农村贫困的主要原因。首先，山区镇农村距离中心城区比较远，难以分享城市化的好处，广州中心城市对山区镇的辐射力和影响力极其有限。其次，山区的农业生产条件不理想。从人均占有量看，人均土地面积达到 6.4 亩，其中人均山林面积达到 5.22 亩，但人均水田面积只有 0.65 亩，其他可耕地（包括旱地）也只有 0.53 亩。对于以农业为主的山区贫困村而言，在传统农业耕种方式下，人均 0.65 亩水田和 0.53 亩旱地难以解决农民生存和发展需要。相当一部分村的农田水利基础设施不完善，农业生产具有不稳定性，农业产出可控性低。最后，农村交通条件不便，影响农民出行及与外界的有效联系。一般而言，每个行政村的主村道都已修好，但是，通往自然村的村道体系不够完善。出行不便导致山区大量农民留在家乡以传统种植业为主谋生，农产品（主要是粮食和水果）的销售也基本在本区域。

（二）农民劳动职业技能水平低，家庭收入有限

劳动能力低下也是农民致贫和难以脱贫的重要原因。农民劳动能力低下主要表现在三个方面：年龄大和体能差、文化素质低、缺乏专业职业技能。年龄大、体能差是劳动能力低下的最突出特征，也是贫困农民从农民群体中分化出来的最重要原因。一般而言，用工企业倾向于使用 18～25 岁之间的农民工，截取人口红利的黄金时期。许多农民都是过了 40 岁后回家务农，如果体能差，连重农活也干不了，导致家庭逐渐贫困化。

缺乏专业职业技能是农民劳动力的重要特征。从对农民职业调查来看，山区

农民主要职业是农业或者农业为主兼打零工,进城务工农民的主要职业是建筑和工厂做工等类型。对于以农业为主的农民而言,其种植方式仍然以传统耕作方式为主。对于进城务工的农民而言,由于其就业的岗位对于专业技能和文化要求不高,这样岗位竞争必然激烈,因而岗位薪酬不高。总的来看,在当前劳动技能水平既定的条件下,农民依靠出卖劳动力来实现致富存在较大困难。

(三)农民家庭财产规模小,财产性收入缺乏

农民资产规模小,资产结构也相对简单。一般而言,农民资产主要包括房屋、农产品存货、家具和流动资产等。由于农民通常手中保持现金不多,流动资产通常是存款,而且存款以定期形式为主,存款额度较小。房屋是建在自家宅基地上的自住用房,房屋结构基本上是砖混结构,建筑面积小,房龄多数为10年以上,建设于20世纪90年代的房屋也不在少数。家具比较陈旧,多为农村旧式木匠制作。家用电器少,主要是电视机和电灯(日光灯),拥有两台电视机的贫困家庭很少,电视机基本上是20世纪的产品。

农民家庭财产结构中房屋是最主要的财产,现金和存款则不多,这样的财产结构,使得农民无法取得财产性收入。由于宅基地的集体产权性质,农民房屋难以在市场上流通或者在银行抵押进行融资,即农民最重要的财产变现性较差。电器和家具等资产都具有沉淀资产的性质,一旦购买,将很难在市场上流通,即便有机会流通,变现的成本机会较低。

(四)农村经济发展权受到限制,补偿不足以弥补发展损失

在广州市总体发展战略布局中,北部山区镇是广州市的生态涵养区、水源保护区和重要的生态屏障,因而广州市及增城、从化对山区镇的发展定位为重点生态保护区,属于限制开发和禁止开发范畴,在产业选择上明确规定禁止或限制发展工业,优先发展旅游业和生态农业等环境友好类型的产业。基于这样的发展定位,客观地讲,广州北部山区农村发展权受到限制主要表现在三个方面:一是划定生态林区域,限制林地经济效益化。二是限定产业发展,导致山区农村不能发展经济效益和税收效应见效快的工业。三是经济建设用地指标分配不均等,北部山区农村低于其他区域。这三个因素严重制约了北部山区产业多样化发展,工业发展受到限制必然影响城镇化,从而制约经济发展。为了弥补农村发展权制约,广州市和增城市、从化市、花都区等两级政府分别以各种形式给予补贴。

第一,生态补偿,主要是公益生态林补偿。广州市公益生态林补偿标准是每

亩33元，目前公益生态林补偿存在两个问题：一是公益生态林划定范围太小。事实上，许多没有划入公益生态林范畴的林地，并没有过度开发，同样起着涵养水源、净化空气和维持生态平衡的作用。二是公益林补偿标准低，不足以弥补生态林机会成本。根据保守测算，广州公益生态林改成经济林，每年每亩效益至少可达70元。

第二，经济建设用地指标补偿。目前，对经济建设用地指标分配不均衡进行经济补偿的只有增城市，增城市对口补贴的形式是实行市财政统筹，将南部镇每年财税收入超收部分按10%比例转付给北部镇，而从化市和花都区尚未有类似补偿形式。

第三，关于产业选择限制的补偿。由于没有明确的政策规定，并且缺乏明确的受益对象，各级政府均没有相关补偿资金。

（五）疾病和教育费用支出过大，严重挤压农民积累资金

农民家庭收入不高，但家庭支出规模不低，二者基本持平。根据广州市社科院2010年对北部山区镇农民收入的调研，广州市北部山区镇低收入农民2009年户均收入为3818.70元，而同期支出规模为3741.50元，该年度资金留存额度为77.20元。这样，农民节余资金少，资金积累规模和速度受到较大的影响。由于缺乏资金积累，只能从事简单再生产，无法通过扩大再生产实现良性循环的经济增长。

农民支出项目主要为刚性支出，包括生产资料支出、食品支出、教育支出、医疗支出和交通衣着支出等。在农民支出结构中，教育和医疗支出占比较大，二者占全部支出的一半左右，其中教育负担主要是供养子女读大学。在农村中"因病致贫"和"教育致贫"现象比较突出，根据广州市社会科学院的调查结果，负债家庭数约占调查家庭总数的58.3%，对负债原因进一步调查并进行排位，我们发现疾病支出排在第一位，第二位的是教育费用，其他依次是盖房、意外事故和其他事项等。

（六）家庭联产承包责任制制约土地规模化经营

家庭联产承包责任制在改革初期极大地解放了农业生产力，有力地推动了我国农业快速发展。按照改革初期的制度设计，家庭联产承包责任制实行统分结合的双层经营体制，集体经济组织是双层经营的主体，承包家庭经营是双层经营的基础。但是，一旦土地分到各户，如何"统"则缺乏制度性规定。这种制度性

缺陷在当前农村经济发展中凸显,其直接后果是影响土地资源优化配置,阻碍农业的规模化和集约化经营。

2001年,扶贫开发工作如火如荼地推进。在各级政府、村干部和扶贫驻村干部的努力下,积极策划和组织实施了一些扶贫开发项目。据村干部反映,难度最大的不是找项目、找投资,而是如何将土地从农民手中收上来,可见,将已经承包到户的土地"统"起来,成为难以克服的困难。部分农民出于各种原因,并不愿意将土地承包经营权转让给发展商使用,土地问题导致了一些好项目难以投产和实施。

目前,农村的农业经营方式仍以千家万户分散经营为主,农业综合生产能力、产业化水平和规模化水平较低,市场竞争力弱,难以与大市场、大流通实行有效对接。"农户+龙头企业"的合作经营方式虽然提高了农民收益,但在其发展过程中也暴露出不少问题,例如种养的专业化水平、统一管理等,这些问题导致了合作不稳定性。土地规模化经营是目前提高农业产出水平和增加农民收入的一种有益尝试,能够有效地解决农业生产的规模化和集约化问题,是一种推动土地制度创新的新尝试和新探索。

三、广州市农村扶贫开发存在的问题

在各级政府的正确领导下,在各帮扶单位的大力支持和配合下,广州市农村扶贫工作稳步推进,部分产业化项目、公共服务、基础设施项目等开始筹划及报批,但在扶贫过程中也发现存在一些问题,这些问题必须引起有关部门的高度重视,提出适当的解决办法和措施,以扎实、深入推进农村扶贫工作。

(一)未能建立起有效的长效扶贫开发机制

根据《中共广州市委、广州市人民政府关于加强我市农村扶贫开发工作的实施意见》(穗字〔2011〕7号文件)要求,广州市扶贫任务到2012年结束。从目前的扶贫工作来看,政策支持力度之大,覆盖面之广,动员和组织的人力及物力资源之多都创了近年来扶贫工作之最,各帮扶单位和驻村干部积极为贫困村落实产业发展项目,协助推进基础设施及公共设施建设,加上财政的大力扶持,预计到2012年村集体收入达到10万元,贫困户人均收入5000元的目标实现难度不太大。但问题是扶贫是一项长期工作,两年扶贫任务结束后,随着经济社会发展形势的变化,又会产生新的贫困村和贫困户,因而没有建立有效的长效扶贫机制，扶贫工作容易出现反复、滑坡等问题往往在所难免。

（二）建设用地指标紧缺，影响扶贫开发工作成效

由于大多数山区镇在广州市的发展定位中，基本上属于限制开发和保护开发的地区，多年来未安排建设用地指标，导致历史欠账太多，这也是造成贫困的原因之一。而此次扶贫开发工作推进力度大，各帮扶单位积极性很高，都想尽办法筹划产业发展项目，但苦于没有建设用地指标，导致很多好的项目无法落实。目前，各对口帮扶区与9家房地产企业已确定帮扶项目共约需用地152.51公顷，按市国土房管局8个贫困镇每镇安排6.7公顷（100亩）建设用地共54公顷计划，用地缺口达98.51公顷。其中，从化市4镇共约需建设用地66公顷，可用用地指标18.2公顷，用地缺口47.8公顷；增城市3镇共约需建设用53.01公顷，可用用地指标15.66公顷，用地缺口37.35公顷。

（三）未纳入帮扶的贫困村与被帮扶的贫困村差距拉大

截至2010年，广州市有贫困村379条，其中北部山区镇的贫困村有206条，对于这206条贫困村，市委、市政府文件有明确的帮扶单位、帮扶任务和脱贫考核指标，力求举全市之力帮扶206条村在2012年年底脱贫。而此次没有纳入政府文件帮扶任务的贫困村，虽然村集体经济收入超过了8万元，但缺乏产业支撑项目，发展基础还比较薄弱，基础设施及公共服务设施严重不足，贫困人口仍较多。而这些未纳入广州市帮扶的贫困村仅仅依靠本区（县级市）和镇的力量进行帮扶，要达到与贫困村、贫困户的帮扶水平，帮扶压力较大。预计两年之后，帮扶过的贫困村不仅村集体经济收入实现了大幅度增长，村容村貌也发生了根本性改变，与未帮扶的贫困村之间的差距会逐渐拉大，可能会形成新的贫富不均。

（四）扶贫开发项目加快推进难度大

为更好地完成广州市的扶贫开发任务，确实帮扶贫困村和贫困户实现脱贫任务，各帮扶单位千方百计动员和组织一切能够利用的资源帮助贫困村筹划产业发展项目，力求让贫困村有长期的村集体收入来源。但从目前的推进进度来看，部分扶贫开发建设项目加快推进难度大，不少扶贫项目的征地拆迁工作时间紧、任务重、阻力大，工作推进较缓慢。项目建设涉及的电力、通讯、水等管线单位较多，迁移手续繁杂、时间长、费用昂贵等问题也在一定程度上影响了项目的推进。虽然实施了绿色通道，但是，由于各部门之间配合不够，项目报批工作仍不

够顺畅。

（五）财政投入力度仍需进一步加大

按照文件要求，广州市财政给予北部山区镇的每条贫困村50万元的补贴，可以说，这是近年来广州市财政集中投入到贫困村力度比较大的一次，但由于贫困村经济发展基础较差，基础设施和公共服务设施欠账太多，因而投入力度仍需进一步加大。一方面，广州对外扶梅州、阳江、茂名三市贫困村的财政投入资金已达到100万元，增加了50万元，对比广州对外扶贫财政投入力度，广州对内扶贫的力度偏小；另一方面，有扶贫帮扶任务的贫困村都是北部山区镇，这些镇为了保护广州的青山绿水做出了很大牺牲，现在广州市财政增收状况良好，有能力弥补一些历史欠账，应该借扶贫开发契机加大对这些贫困村的财政投入、转移支付以及生态林补偿力度，以使这些村尽快摆脱贫困面貌。

（六）贫困村村级集体经济基础薄弱

广州市北部山区镇共有227条行政村，其中被帮扶的贫困村有206条，这些贫困村绝大部分村级集体经济基础极其薄弱。部分贫困村农村"五通"工程存在电网改造缓慢、有线电视没有覆盖以及危破房改造存在数量多、无公共设施配套等问题。由于不少村社缺乏可利用资源发展集体经济，自身"造血"功能差，经济发展举步维艰。

四、广州深化农村扶贫开发的建议

（一）适当增加建设用地指标，增强贫困村"造血"功能

（1）适当增加贫困村建设用地指标。由于受到政策方面及区位发展条件的限制，大多数贫困村基本没有工商业发展项目，导致自身"造血"功能较差。鉴于扶贫是一项长期行为，要坚持着眼长远的原则，在符合规划和不破坏生态环境的前提下，适当增加贫困村用地指标。通过适当增加用地指标，扶持贫困村发展一些轻型农产品加工业、物流、生态旅游、都市型农业、酒店等工商业发展项目，增强村集体经济实力。对于目前已"戴帽"划拨给山区镇的用地指标，各有关部门要抓紧落实，有条件的地方可以为扶贫开发项目开辟"绿色通道"，以促成扶贫项目尽快上马，早日见成效。

(2) 加快解决和落实留用地历史欠账问题。北部山区镇贫困村存在历史遗留的留用地未得到兑现的问题。要借北部山区开发的契机，从规划选址、用地指标、项目招商、资金保障上优先支持北部山区镇解决留用地历史欠账问题。建议推广从化市的做法，探索"外地投资、本地受益"的模式，鼓励把几个村的用地指标整合在一起，在已建成的产业园区内集中统筹使用用地指标，其产生的经济效益由园区和村共享。

(3) 积极稳妥做好土地流转工作。要做好北部山区镇扶贫工作，增强贫困村"造血"功能，要积极稳妥地做好土地流转工作，使分散到每家每户的土地能够有效集中起来，发挥土地的集约使用效益，发展工商业项目。但土地流转一定要在尊重农民意愿的基础上，本着自愿、有偿的原则予以推进，可采取集中流转一片开发一片的循序渐进的方法，待项目建设待取得一定的成效后，再说服和动员未进行土地流转的农户进行流转。

（二）强化财政支农惠农，建立财政投入长效机制

(1) 继续加大山区镇生态公益林的财政补偿标准。目前，广州市生态公益林的财政补偿标准是每亩33元，如果同时列入广东省生态公益林的，则再补贴10元，虽然补偿标准在不断提升，但总体水平偏低。广州市社会科学院在2011年提交给市领导的报告《加快广州农村扶贫开发的思路与建议》中，在进行具体的测算和分析后提出将生态公益林的补偿标准提高到每亩70元，建议在此基础上再增加10元，达到每亩80元的标准，而且要明文规定，在财政补偿资金中，要提留10%作为村委会的管理资金，发挥村委会的积极性，管理好生态公益林。此外，由于广州经济快速发展，环境容量也在发生变化，建议根据广州市生态建设和环境保护的新形势，适当调整和划定生态公益林面积。

(2) 建议增加对"村村通"公路的建设和维护管养经费。广州市正在推进和实施的"村村通"公路工程，广州市财政每公里补15万元，县级市每公里补贴12万元，经调研了解每公里的造价在42万~48万元之间，村每公里还要自筹15万~21万元，贫困村普遍反映自筹资金的压力较大，建议广州市财政每公里补贴提高到20万~25万元，补贴形式可以采取实物补贴和现金补贴相结合的方式，以有效解决实物补贴并不适合个别偏远贫困村的实际情况。目前，市财政补贴的"村村通"公路经费只是建设费用，不包括维护和管养费用，而公路建成后的维护和管养在一定程度上讲比道路修建更重要，还有路灯安装后的管护费用等。因此，建议市财政要逐年安排相应的财政资金用于道路的维护和管养，改

变"重建设轻养护"的弊端。

（3）增加贫困村基础设施建设投入。一是增加水利设施投入。建议进一步加大财政投入力度，采取以奖代补、发动农民群众投资投劳等的形式，对农户投资投劳开展农田水利基础设施建设给予奖励补助。二是加大对北部山区镇村道、社道、路灯、改水、污水处理等公共基础服务设施的投入。虽然此类基础设施项目每年都按计划来实施，但如果不增加投入的话，距离100人以上的自然村基本实现通水泥路、70%以上的自然村道通路灯、农户安全卫生饮用水达95%以上等标准仍有较大差距。三是建议提高贫困村基础设施项目资金补贴标准。由于这类项目所需物资、劳务价格不断上涨，因而贫困村基础设施如村道、社道、泥砖房改造等补贴标准，要按照物价水平作出相应调整，建议尽量减少甚至取消农户自筹部分资金，减轻贫困户负担。

（4）建立合理的信贷扶贫体制。扶贫开发应该着重从以下方面进行尝试：逐步放开各种类型的小额信贷市场，并制定相应的管理办法，准许小额信贷机构根据市场状况和运行成本自主决定贷款利息，政府投入部分扶贫开发资金用于扶贫创业贴息贷款，通过鼓励竞争来保证小额信贷机构不断创新、降低成本和提高服务质量。

（三）加强项目建设，提高村集体经济发展能力

（1）帮扶单位要千方百计促成项目建设。帮扶单位要通过项目建设这种载体，为贫困村找到经济发展的有效支撑，否则，没有项目支撑，扶贫任务一结束，驻村干部撤离后，已经脱贫的贫困村可能又会重新陷入贫困状态。

（2）村委会要经营和管理好扶贫项目。贫困村村委会要选用能人，经营和管理好扶贫项目，与驻村干部一起制定项目经营和管理的相关管理办法，使这些项目能够持久地增加村集体经济收入，最大程度地惠及、造福于村民。

（四）增强村委会对农村经济和社会管理的统筹和运作能力

（1）大力发展村级集体经济。为更好地促进村集体经济发展，增强村级集体经济实力，这次扶贫要求帮扶贫困村和贫困户同时推进，要求贫困村年集体经济收入要达到10万元以上，为实现这个脱贫目标，大多数帮扶单位都采取了通过项目建设促进集体经济发展的措施，实践证明这种帮扶效果较好，能使贫困村有物业、项目等持续的收入来源。建议对全市其他的贫困村也采取这种有效方式进行扶贫，引导贫困村充分利用资源禀赋和环境优势，因地制宜发展"一村一

品"特色农业和乡村旅游,发展壮大村集体经济,提高集体收入。通过扶贫切实能够增强村级集体经济实力,彻底改变部分贫困村集体经济的"空壳"状态。只有村集体有稳定的收入来源,才能使村委会正常运作,组织村发展经济、开展社会管理等事务。

(2) 适当减免镇、村社会事业和项目建设的配套资金负担。近年来,广东省和广州市在建立覆盖城乡的公共财政体系方面采取了一系列措施,尤其是在民生建设项目方面,确立了各类项目和资金扶持政策,给予一些解决生产、生活和基础设施方面的好项目。在不断加大公共财政投入的同时,广东省和广州市也要求镇、村按一定比例配套资金。由于受政策和区位等因素影响,北部山区镇财源基础薄弱,收入增长乏力,可用财力不足,这些配套资金对镇村来讲无疑是沉重的负担。因此,建议广州市有关部门能够按照公共财政的要求,在扶持镇、村社会事业和项目建设时,适当调整和完善现行的财政体制及财政政策,在配套资金的安排上,不搞"一刀切",给予山区镇和贫困村配套资金政策倾斜,降低配套标准或减免配套资金。

(五) 加强村级集体资产管理,促进集体资产保值增值

(1) 加强对此次扶贫开发工作形成资产的管理。要制定相应的管理办法,加强对扶贫资产的有效管理,促进集体资产不断保值增值,让村委会和广大村民不断受惠。

(2) 加强对农村征地补偿款的管理。要认真贯彻落实广东省农村征地补偿款管理办法,规定村集体征地补偿款,按照征地款的一定比例由村集体管理使用,一方面用于发展农村集体经济,另一方面增加村委会统筹村社会事务的财力基础。同时进一步明确征用土地补偿费主要用于农民再就业和社会保障,改善居住环境等公益事业,投资建设项目要量力而行,坚持一事一议、民主决定、使用公开的原则。此外,征用土地补偿费属集体资金,禁止用作村、组干部报酬和招待费等非生产性支出。

(六) 调动村干部积极性,建立有利于村干部成长的激励机制

(1) 提高村干部工资待遇和标准。北部山区镇村两委干部的工资大约在1000元,总体水平偏低,由于工资待遇偏低,不仅难以有效调动村干部的积极性,也使得部分村干部不能把全部精力都投入到村委会的事务中来,在一定程度上影响了村长远发展。建议市、区(县级市)政府切实关心村干部的生活,专

门研究落实提高村干部工资待遇的具体措施,对村干部工资随物价上涨逐年作相应的调整,建立补贴与绩效挂钩机制。对于村集体经济收入增长较快的镇,按照集体经济收入的一定比例奖励村干部。认真落实村级组织运转经费,妥善解决离任村干部生活保障问题,逐步探索制定离任村干部的生活补助办法,尽快解决村干部待遇过低的问题,从根本上稳定村基层干部队伍。

(2) 完善促进村干部成长的激励机制。要适当在村干部中录用干部,在村干部中给一定公务员名额,让条件符合或优秀的村干部进行考试,考录工作定期举行,根据公平、公开、择优的原则招考录用,形成长效激励机制,以鼓励更多的能人、年轻高学历的人员投身农村工作。探索建立健全以保障机制为核心的涵盖考核评价、竞争选入、合理退出等多项内容的村干部科学管理制度体系,用利益机制来吸引村干部、约束村干部、激励村干部。尽快建立完善目标责任、考核评价、奖励激励等配套机制,最大限度地发挥激励机制的能动作用,实现村干部权力与责任对等、利益与业绩挂钩相协调。加强对村干部的培训,突出实践性和灵活性,坚持专题培训、基地培训和外派培训相结合,提高村干部带头致富的本领,使干部掌握说服教育、示范引导、提供服务、依法办事的工作方法,把主要精力放在发展经济上,放在积极主动地为农民排忧解难上。

(七) 发动全社会积极参与,形成扶贫开发大合唱局面

(1) 帮扶单位要继续做好项目开发及跟踪服务工作。帮扶单位要继续做好项目开发及跟踪服务工作,着重在项目选择,尤其是如何帮扶村集体和农民稳定增收,上马一批农民切实得益的民生项目方面下功夫,特别要建设那些能够使村民实现就近就业的项目,对村民受益更大。

(2) 各职能部门在涉农工作上要尽可能将资源向贫困村倾斜。各级职能部门要将工作职能向农村地区尤其是贫困村延伸,以职能延伸推动部门转变工作方式,切实为农村扶贫开发动脑筋、出点子、办实事。

(3) 积极发动企业参与扶贫开发工作。建议广州市发动更多的企业参与扶贫开发,把扶贫工作当成是企业回报社会,树立社会责任感的重要形式和手段,对于在扶贫开发中表现突出的企业给予适当的奖励和表彰。

(八) 促进观念转变,加强扶贫软实力建设

(1) 促进教育扶贫。通过开展持续不断的宣传教育和培训,让广大贫困户树立战胜贫困的勇气和信心,积极发挥主观能动性,着力增强贫困村、贫困户脱

贫致富的内生动力，想方设法尽早脱贫。

（2）促进技术扶贫。各有关部门要采取相应措施，扶持贫困户参加相关培训，提高种养技能和就业技能，为贫困户提供就业、创业等信息和机会。一方面通过技术扶贫，让贫困户掌握一门实用技术，能够实现就近就业；另一方面由政府资助一定数量的贫困户家庭子女就读技工院校，使其掌握一定的职业技能，增强就业能力，彻底解决贫困户家庭子女的上学和就业问题，实现以培训促就业、以就业促脱贫的目标。

（3）积极倡导扶贫慈善文化。要精心策划组织慈善文化活动，通过策划举办义演、义拍、义卖、义诊等各种形式的扶贫慈善活动，扩大扶贫慈善事业的社会影响。此外，要与新闻媒体密切配合，进一步加强对扶贫慈善事业的宣传报道，并通过合作开展各种形式的活动，形成扶贫慈善公益的舆论氛围，开发和整合社会资源，扩大扶贫慈善事业的社会影响力。

（课题组成员：郭艳华　江彩霞　陈剑）

建立广州农村扶贫开发长效机制的思路与建议

由于扶贫工作是一项长期性工作，贫困人口总是相对的存在，因而，建立扶贫开发长效机制对于缩小城乡发展差距，促进城乡协调发展意义重大。课题组深入增城、从化、花都开展调研，与区（县级市）有关部门、驻村干部、村民等进行座谈，实地考察了扶贫开发项目，提出新一轮广州农村扶贫开发的重点与任务，以及建立扶贫开发长效机制的思路性建议。

一、农村扶贫开发取得的主要成效

此次扶贫工作将有劳动能力的农村低保对象和农村低收入困难家庭作为农村扶贫开发"双到"工作对象，将年集体收入不足8万元的379条贫困村作为农村扶贫开发"双到"工作对象。其中，从化市的吕田、温泉、鳌头、良口镇和增城市的派潭、正果、小楼镇和花都的梯面镇共8个北部贫困镇的379条贫困村（12830个贫困户，贫困人口3.8万人）作为广州市本级财政组织的农村扶贫开发"双到"工作对象。广州市组织对8个山区镇及所属的206条贫困村派驻了近300名干部，并实行"一区帮扶一镇、名企帮扶一镇"的方式，全面推进扶贫开发工作，得到了广大农民群众的普遍欢迎和衷心拥护，初步形成了具有广州特色的"党委、政府帮"与"社会各界帮"、"外部帮"与"内部帮"相结合的大扶贫格局。

据初步统计，2011年，全市筹措投入市内农村扶贫开发的各方面资金合计约48亿元（其中北部山区约37亿元）。全市各级财政落实和安排的专项资金达27.82亿元，包括市本级财政落实4.16亿元，同时带动知名企业及中小企业投入扶贫开发资金约20亿元。2011年，完成工农业生产总值合计达150亿元，同比增长21%；农民收入和生活水平明显提升，村级集体经济和产业发展基础不断巩固，基础设施和公共服务设施建设迅速推进，社会事业取得长足进步，城乡发展差距逐步缩小，并探索出多种行之有效的扶贫开发模式，扶贫开发工作成效显著。

（一）基础设施和镇容村貌建设不断完善

截至 2011 年年底，8 个山区镇已规划扶贫开发项目共 173 个，其中涉及市政交通等基础设施项目 69 个，文化、教育、医疗卫生等公共服务设施项目 45 个，其他项目 59 个。上述项目，已确定由各帮扶区和各大知名房地产企业对口援建的 98 个，投资总概算 25.38 亿元。目前已有 60 个项目相继开工（开工率达 61.2%），投资概算 7.83 亿元，完成投资约 4.5 亿元，竣工项目 17 个，完工率 28.3%。通过对口援建，不仅农村路网、路灯、给排水等市政基础设施不断完善，还建成了一大批医院、敬老院、幼儿园、中小学校、文化广场、村民活动中心等公共服务设施。其中，以梯面镇旅游风情街、鳌头镇中塘村、吕田镇综合服务中心及狮象村整村改造、派潭镇上九陂村、小楼镇文化旅游商业街及约场村邓鹧鸪社农民新居等为代表的一批镇村整治工程正在顺利推进。随着一批由各帮扶区和知名企业对口援建项目的竣工和交付使用，北部山区 8 个镇的面貌正焕然一新。

（二）农民收入和民生福利水平提高较快

通过扶贫"双到"政策的有力带动，各级帮扶单位已资助贫困户参加农村合作医疗 74493 人；参加农村新型社会养老保险 31832 人；完成危房改造 786 户；资助贫困户子女入学 8856 人。截至 2011 年年底，全市有 3253 户帮扶类贫困户年人均纯收入超过 5000 元以上，脱贫率达 56%；其中北部山区有 2309 户达标，脱贫率 81.3%。除了收入有了大幅提升，不少贫困村还相继建起了安居房、社道、路灯、自来水和污水处理等设施，有效改善了农民居住、饮水、出行等生活条件。

（三）村级集体经济和产业发展跃上新台阶

据统计，2011 年经各帮扶单位充分发掘和论证，已累计为北部山区 206 条村遴选出经济发展项目 802 个，其中工业开发项目 70 个，商贸旅游项目 98 个，农业开发项目 273 个，手工加工项目 43 个，招商引资项目 169 个，企业捐建项目 149 个。在资金帮扶方面，由各级财政、驻村单位、知名房地产企业和中小企业投入的"双到"资金规模达到 7.25 亿元，平均每条贫困村 351.91 万元。随着各级帮扶单位一批批扶贫"造血"项目的实施上马，许多贫困村的产业发展基础不断夯实，为脱贫致富提供了长效保障。截至2011年年底，在全市379条被帮扶的贫困村中，有199条村集体经济收入达到10万元以上，脱贫率52.5%；其中北部山区180条贫困村达标，脱贫率87.4%。

（四）社会扶贫和帮扶工作取得新突破

截至2011年年底，已先后有星河湾集团等15家知名大型企业为帮扶北部山区建设认捐17.09亿元。除了大手笔支持山区城镇基础设施和公共服务设施建设外，还对贫困村集体经济和公益事业予以大力帮扶。在2011年9月19日举行的"百企助百村"扶贫开发项目签约仪式上，243家企业携手165条村，正式签订合同或协议项目158个。截至2011年年底已开工的项目有87个，已完工的项目有62个，共计投入资金1.852亿元。

（五）部门职能延伸和服务覆盖面不断扩大

按照中共广州市委、市政府的要求，市直有关职能部门大力实施政策倾斜，把工作职能不断向北部山区延伸覆盖，为北部山区群众共享基本公共服务均等化提供支持保障。截至2011年年底，市建委已完成北部山区8个镇农村路灯建设4.7万盏，占计划任务的84%；市国土房管局已安排8个镇1229亩用地指标，平均每镇154亩；市发改委与市交委完成村道建设里程约563公里，占总任务的47%；市水务局安排资金10453.36万元，专项用于8个山区镇的农村水利、农村供水、农村污水等项目建设；市农业局拿出年度财政农业项目总投入的31.1%、1.5亿元用于北部山区镇，新增农田标准化建设项目共31个，建设面积约2.5万亩；市卫生局拨出3852万元专项经费用于支持北部山区镇医疗卫生事业发展；市教育局安排5600万元资金专项用于北部山区镇教育扶贫；市科信局投入635万元加快北部山区"智慧乡村"建设；市文广新局安排600万元支持北部山区文化室及配套设施建设。

二、农村扶贫开发的成功经验

扶贫开发工作是贯彻落实科学发展观，解决城乡和区域之间发展长期不协调突出问题的重大战略举措，为广州经济发展、政治稳定、社会和谐发挥了重要作用，对确保全体人民共享改革发展成果，实现贫困地区小康富裕，探索出一条在新形势下解决农村贫困问题的新路子。

（一）领导重视是关键

广州市扶贫开发工作能够取得显著成效，最根本的经验就是坚持政府主导，各级领导都高度重视。有多位市领导亲自动员，亲自带队到主管部门的挂扶村指导，与当地干部、贫困户研究帮扶方案，制定工作措施，推动工作开展。如建立领导挂钩联系制度，各区（县级市）专题向市委常委会汇报，明确帮扶方、被帮扶方和驻村工作组（队）的责任，等等。扶贫开发"规划到户、责任到人"开展两年来，各区（县级市）真抓实干、全力以赴，形成了领导重视程度最高，扶持政策最实，资金投入最多，社会参与最广的"大扶贫"格局。用新思路建立瞄准机制，实施"靶向疗法"，动员全社会的力量，采取"一村一策、一户一法"的措施，开展定单位、定人、定点、定责帮扶，一村一村解困，一户一户脱贫。把发展规划制定到户、脱贫项目扶持到户、互助资金辐射到户、扶贫搬迁落实到户、科技信息服务到户。把扶贫开发成效考核到人，不脱贫不脱钩，脱了贫送一程。

（二）建立制度是保障

实行领导挂钩联系制度，明确领导责任，确保工作落到实处。出台考评办法，将结果纳入各级各部门领导班子和领导干部贯彻落实科学发展观实绩考核范围，作为干部奖惩、考核任用的依据。制定了扶贫开发"规划到户、责任到人"工作问责制，明确帮与被帮双方的责任，实行"单兵教练"，抓两头促中间。创新体制机制，完善政策制度体系，推进专项扶贫、行业扶贫、社会扶贫，提高贫困地区和扶贫对象自我发展能力。用新方式建立农业产业化带动模式、基础设施建设和基本公共服务拉动模式、劳务输出促动模式。构建机制，确保稳定长久；用新思维统筹推进，构建扶贫"双到"政策保障机制；"造血"扶贫，构建扶贫"双到"产业开发机制；破解难题，构建扶贫"双到"金融服务机制；授人以渔，构建"双到"技能培训机制；整合资源，构建"双到"社会帮扶机制；落实责任，构建"双到"考核激励机制。

（三）瞄准机制最有效

扶贫"双到"明确党委、政府主导，建立扶贫工作责任制，动员全社会力量积极参与扶贫开发，构建大扶贫工作格局，明确了"谁去扶贫"的任务。按照市负总责、区（县级市）抓落实、工作到村、扶贫到户的工作格局，明确党委、政府主导作用，建立"规划到户、责任到人"目标责任制和工作管理协调机制，从建立领导挂钩联系制度开始，明确任务，责任到人。广州市8个经济发达的区直接参与挂钩扶持贫困村、贫困户，围绕379条贫困村和贫困户进行定点、定人、定责帮扶。将379条贫困村和村内贫困户分解到市直、企事业和8个区，按照定点、定人、定责帮扶的要求，直接挂钩扶持贫困村贫困户，制定帮扶与被帮扶双方工作责任制，切实解决"谁去扶贫"问题。通过帮扶单位派出的驻村工作组和村干部一起对全村农户进行摸查，核实并公示确认谁是贫困户。这种瞄准机制能更直接、精确地将各级政府、部门和社会的资源整合配置到村到户，提高扶贫资源利用率和对贫困村扶贫成效，解决"扶谁的贫"问题。

（四）规划科学是前提

扶贫"双到"把工作重心下移，统一农村贫困标准，通过科学民主的程序，找准扶贫对象。帮扶单位通过进村入户调查摸底，在掌握贫困村贫困户致贫原因和脱贫愿望的基础上，围绕两大目标任务要求，按照"一村一策"、"一户一法"，科学制定切实可行的帮扶规划和年度实施计划，分类指导帮扶，既扶村更扶户，让不同条件的贫困户都能得到扶持，解决"怎样去扶贫"问题。通过工作重心下移，建立机制，把需要扶持的人口全部纳入扶贫范围，真正实现扶贫措施对农村贫困人口全覆盖。明确规定在2009年农户家庭年人均纯收入没达到5000元的，全部确定为扶贫工作对象。按照"户有卡、村有册、镇有簿"的工作要求，建立动态管理和帮扶台账，使每一个贫困村、贫困户扶与被扶的详细情况都能定点、定人。

三、新一轮农村扶贫开发的总体思路

到2013年3月，为期两年的扶贫攻坚战暂告一阶段，下一轮扶贫开发如何推进，扶贫的标准、对象、方式和措施等都需要在充分吸取上一轮扶贫成功经验的基础上予以认真研究。

（一）指导思想

不断加强体制机制创新，解决制约农村发展的突出问题，加快推进农村各项改革不断向纵深发展；以提高农民收入为抓手，着力推进农民转移就业和就近就业，提高贫困户自我发展能力；以增强贫困村内生发展能力为目标，努力构筑专项扶贫、产业扶贫、社会扶贫三位一体发展格局,着力发展发挥本地资源特色,带动农民致富的特色产业;以加强基础设施建设和推进基本公共服务为动力,着力改善贫困地区生活生产条件,提升社会发展水平,促进社会全面进步,建设和谐社会。

（二）发展目标

2013—2015 年:被帮扶的贫困村和贫困人口实现稳定脱贫,全面改变贫困地区落后面貌,建成和完善一批基础设施和教育、卫生、文化、就业、社会保障等重要民生工程,加快推进农村低收入住房困难户危房任务。

到 2020 年:帮扶贫困户农民人均纯收入增幅高于全市平均水平,实现脱贫奔康;帮扶贫困村集体经济不断壮大,村容村貌显著改善,建立健全扶贫开发长效机制,城乡区域发展差距明显缩小,较好实现基本公共服务均等化,形成经济社会与人口资源协调发展格局。

（三）扶贫对象

在扶贫标准线以下,具备劳动能力、有条件通过开展生产经营或者劳动就业摆脱贫困的农村人口为扶贫对象;有劳动能力和劳动意愿的农村低保对象同时享受农村扶贫开发政策和农村低保政策。农村扶贫对象和低保对象识别确定按照个人申请、民主评议、审核审批和民主公示等程序,统一组织,同步进行,防止争戴"贫困帽子"。

（四）扶贫方式

采取专项扶贫、行业扶贫和社会扶贫相结合的方式,每一条贫困村继续安排驻村干部,驻村干部不要求天天驻村,但每周至少要有一天时间下贫困村,了解和掌握扶贫项目实施情况,以及农民在生产和生活上的基本诉求。

（五）扶贫层次

上一轮扶贫开发分为镇、贫困村、贫困户三个层次,考虑到镇一级公共基础设施建设按照"缺什么、补什么"的原则,广州市各区援建项目基本完工,为使财政资金集中使用,建议镇一级扶贫可以不作考虑,重点考虑贫困村和贫困户两个层次。

四、新一轮农村扶贫标准的确定

贫困是一个随着经济社会发展不断变化的相对概念,在经济发展过程中总有一部分群体处于社会的底层。广州市目前执行的是绝对贫困标准,虽然对解决贫困农户温饱问题有积极的推动作用,但容易形成一种错觉——贫困人口年年减,减完了扶贫任务也就完成了,忽视了经济社会发展的相对性和贫困开发的长期性。城乡之间、区域之间悬殊的贫富差距,已经成为广州市能否持续稳定增长,社会能否长治久安的最大制约因素,建立与广州市经济发展水平相适应的相对贫困标准已迫在眉睫。

(一)国家和广东省的扶贫标准

在2011年召开的中央扶贫开发工作会议上,中央决定将农民人均纯收入2300元(2010年不变价)作为新的国家扶贫标准,与2009年制定的1196元的标准提高了92%。我国对扶贫标准先后进行多次调整,根据经济社会发展水平适时调整扶贫标准是国际惯例。目前,世界上有88个发展中国家有扶贫标准,过去20年中,有35个国家调整过自己的扶贫标准。根据测算,以农民人均纯收入2300元为标准,按2011年底数,对应的扶贫对象规模约为1.28亿人,占农村户籍人口比例为13.4%。

国务院扶贫办下发的《关于制定〈中国农村扶贫开发纲要(2011—2020年)〉实施办法若干问题的通知》(国开办发〔2011〕59号),明确提出地方扶贫标准"可以在本省2010年农民人均纯收入30%~50%以内,不低于本省低保标准为原则"。在《广东省农村扶贫开发实施意见》中规定,2013—2015年,以2012年全省农民人均纯收入的33%为扶贫标准。目前,国内各省初步确定的扶贫标准一般在本省上年农民人均纯收入25%~50%之间,平均值约为2200元。

(二)广州市扶贫标准的确定及依据

广州市作为全国经济发达城市,扶贫标准应高于省的扶贫标准,建议广州市以2012年全市农民人均纯收入的50%为扶贫标准,不低于广州市低保标准。新的扶贫标准主要考虑以下两方面的因素:第一,这个标准与国家扶贫办提出的"低保维持生存、扶贫促进发展"的工作定位相一致,以低保为基础,考虑发展生产、增加收入的需要。第二,着眼于统筹城乡发展,缩小城乡发展差距的现实需要。"十二五"时期，广州市要加大城乡统筹力度，着力解决好农村民生问题，加快实现城乡经济社会发展一体化新格局。因此，提高扶贫标准，是广州扶贫工作取得显著成就，扶贫工作进入新阶段，向更高目标迈进的必然要求，更是社会的发展和进步。

随着广州市经济社会的稳步发展，贫困人口的收入也会相应提高，因而，相应提高扶贫标准并不会造成扶贫规模的大幅增长，一成不变的扶贫标准反而会使广州市的扶贫工作与实际滞后。随着生活水平的进一步提高，相对贫困标准也理应动态调高。

（三）提高扶贫标准是全国扶贫发展的必然趋势

2010年广州市委、市政府制定"扶贫双到"工作实施意见时，规定把广州市重点扶持的379条贫困村的贫困人口扶贫标准提高到年人均收入5000元。近年来，国内各界要求改绝对贫困标准为相对贫困标准，建立长效、稳定的扶贫机制的呼声不断高涨，许多城市正在争取以各种方式率先执行。2010年，重庆市在全国率先实施相对贫困标准，即以全市农民人均纯收入的30%确定贫困标准，国务院扶贫办对此给予充分肯定，明确提出地方扶贫标准参照年人均纯收入的30%～50%确定。因此，按照全市农村人均纯收入的50%确定广州市相对贫困标准，并不低于全市低保标准是符合国家和广东省规定以及全国扶贫工作发展趋势。而相对较低的扶贫标准，不利于广州市扶贫开发完全瞄准扶贫对象，绝对贫困标准亟待改为相对扶贫标准，即按照全市农民人均纯收入比例确定广州市贫困标准。

五、新一轮农村扶贫开发的对策措施

（一）营造良好的扶贫开发社会氛围

一是政府各级部门深化认识，将扶贫工作提升至政治高度。各级党委和政府必须从政治的高度充分认识到实施扶贫"双到"工作的重要性，认真总结扶贫"双到"工作经验，分析存在问题，认真谋划好工作计划，扎实搞好扶贫"双到"工作。二是强化企业社会责任感，营造全社会共同扶贫的良好氛围。要认真总结和宣传企业的扶贫成效，引导好企业扶贫的积极性，提升企业的社会责任感，推动更多的企业积极主动自觉参与和支持扶贫开发"双到"工作。三是培养贫困户勤劳致富观念，摒弃"等、靠、要"的思想。在对口扶贫中要大力提倡"懒惰贫困可耻，勤劳致富光荣"的观念和意识，教育贫困户摒弃"等、靠、要"思想，树立艰苦创业、奋发脱贫的精神和勇气，营造全民创业致富的良好社会氛围。

（二）建立财政保障长效机制

一是广州市财政要研究确定将每年财政增量部分的 0.5%～1% 安排为扶贫专项资金，并以制度形式予以确定。同时，广州市财政要继续加大对增城和从化两个县级市及其所属镇各项社会事业发展的专项转移支付补助，增加对交通、水利等基础设施、教育和医疗的投入，提高市一级各重点项目的资金补助比例，减少县级市财政配套资金比例。各区（县级市）要继续加大扶贫资金投入力度，想方设法筹集资金，把扶贫开发整村推进和新农村建设结合起来，加强基础设施和公共服务项目建设。二是大力推动农村金融创新，为贫困农户发展生产提供可靠融资支持。金融扶贫是广州市推进扶贫开发的重要创新举措，能为贫困山区产业发展提供可持续的资金支撑，大大提高经济活性，建立金融扶贫服务机制，破解贫困村、贫困户缺乏起步资金的难题。各地要充分发挥小额信贷和互助金的作用，积极为贫困户提供资金，借鉴清远市"扶贫互助资金"的做法，推动和开展互助资金试点工作。

（三）建立产业开发长效机制

一是大力鼓励和扶持农业龙头企业，着力在提升品质和打响品牌上下功夫，推动农业产业化发展壮大。通过扶持农业龙头企业，带动致富一方贫困农户，为贫困户实现稳定增收创造条件，不断增强贫困农户自我发展的能力。二是建立贫困村产业示范园。产业化扶贫是当前实现贫困户稳定增收脱贫的重要途径，建设贫困村产业示范园是推动贫困村产业化发展的重要形式，建议在具备工业开发条件的地方联合建设产业示范园，为贫困村稳定脱贫搭建长效化发展平台。

（四）建立行业扶贫长效机制

一是强化行业扶贫。行业扶贫是各部门根据国家、广东省、广州市扶贫战略部署，结合各自职能，在制定政策、编制规划、分配资金和安排项目时向贫困山区倾斜，形成扶贫开发合力的一项重要扶贫措施。为进一步加大行业扶贫的力度，要创新扶贫方式方法，让行业扶贫成为全市扶贫开发的一项长期、稳定、有效的战略措施，持续不断发挥作用。二是明确部门职责。根据各部门职能，依据贫困村实际，紧紧瞄准贫困村，科学制定年度扶贫开发实施方案，确定需要加强建设的贫困村及建设项目、实际进度等，并将任务分解到各职能部门，由各部门分头抓落实。

（五）建立社会帮扶长效机制

一是加强对贫困农户的思想教育，推广教育扶贫。通过宣传教育，根本转变贫困地区干部群众的"等、靠、要"思想，增强自立自强意识，走自立自强的致富之路。要加大技能培训力度，充分利用已构建起的立体扶贫培训体系，有针对性地开展贫困户技能培训，鼓励农业、林牧、水产等科技人员进村入户进行科技培训，提高贫困户的生产技能和致富本领，使其学以致用、学能致富，达到"培训一人、致富一户"的目的。二是发动和引导社会力量参与扶贫开发。为政府和民间公益组织实施的各种扶贫项目搭建沟通平台，对其开展的扶贫项目提供服务与帮助，最终达到让全社会关注贫困、共同参与扶贫济困的目的，形成政府、民间公益组织、企业、贫困山区的多重爱心接力。

（课题组成员：郭艳华　江彩霞　陈翠兰）

城市物流配送车辆对广州城市交通的影响及对策建议

随着城市化进程的加快、社会经济的迅猛发展，交通需求和机动车保有量的快速增长与大中城市道路资源有限的矛盾日益突出，导致我国大中城市交通拥堵情况日趋严重。广州作为国家中心城市之一，城市交通拥堵情况也不例外。广州市一直致力于解决交通拥堵问题，积极采取多项措施加以解决，如城市多中心分散建设，抽疏中心城区人口密度，大力发展公共交通，调整优化公交线网布局，加强疏导管理等。我们认为，广州一直以来都忽视了治理广州交通拥堵中——由城市物流配送车辆导致的压力。在涉及物流配送车流方面，一直以来仅仅停留在简单的"货车限行"措施层面，这对于广州作为商贸流通中心城市和迅猛发展的商贸流通业来说显得十分"苍白乏力"，尤其是与广州将建设国际商贸中心作为加快国家中心城市建设战略重点的要求不相适应。课题组试图在深入了解城市物流配送车辆对广州城市交通造成压力的程度、结构及特点，分析造成压力的原因和内在机理，判明合理与不合理的因素之所在，提出科学缓解城市物流配送车辆对城市交通压力的基本思路和主要措施。

一、配送车辆与交通拥堵的基本现状

（一）"治堵盲点"：城市配送车辆引发的交通压力

城市交通压力由客流交通压力和物流交通压力两方面共同构成[1]。尤其是作为国际商贸流通中心城市的广州，其面临的城市物流配送交通压力是不可小觑的。

广州解决城市拥堵的现行重点和思路与国内各大城市大体相同，主要侧重放

---

[1] 欧开培、罗谷松、赖长强：《物流配送车辆对广州城市交通的影响及对策研究》，《现代城市研究》，2012年第4期。

在减轻客流交通压力方面，并采取一揽子的措施加以解决，主要思路是：城市功能疏解，完善交通基础设施，公共交通优先，优化交通管理等。在面对如何为城市配送交通压力"减负"方面，主要是采取简单的一般性限行措施，包括：上下班时段全面禁止一切货车进入中心城区通行；每天7：00～20：00，禁止广州籍号牌5吨以上、外市籍号牌1.5吨以上的货车进入中心城区通行等。

亚运会后，广州研究制定《亚运后广州中心城区缓解交通拥堵方案》（讨论稿），进一步完善了治理交通拥堵的思路，进一步丰富了相关措施，提出了功能疏解、公交优先、优化管理、智能服务、完善设施、智慧城市的"治堵"思路，拟定了多达30条的"治堵"措施。然而，在30条"治堵"措施中，只有两条涉及城市物流配送车流的措施，一是"对中心城区货运市场、批发市场实施规划调整和清理、整治或搬迁"，二是"进一步优化和扩大货车交通管制"。虽然，治理措施中增加了中心城区批发市场的治理措施，但从两条治理措施的具体内容看，其本质主要还是限制过境货车和大型货车进入中心城区，并进一步扩大中心城区车辆管制的范围和逐步收紧交通管制力度。在该《方案》中未能制定一揽子解决城市配送车流引发的交通压力的有关治理措施。

城市物流配送业是商贸流通业的重要组成部分，是商贸业得以正常运转必不可少的重要支撑。广州是我国第三大商贸城市，商业网点和批发市场体系发达，即使完全实现中心城区批发市场的调整清理或整治外迁，但庞大的零售商业的商品供给、机关单位和居民日常消费品的送达也都离不开发达的城市物流配送的支持。中心城区集聚了大量商业中心、商业街、购物中心、大型卖场和超市聚集等。仅越秀、天河、荔湾、海珠四大中心城区2010年社会商品零售总额就多达2563亿元，占全市57.3%。大规模的商贸业购销活动产生大量的城市物流配送需求，近年迅猛发展的网购和送货上门服务更进一步激发了城市物流配送需求的增长[1]。基于上述状况，现行和将要采取的简单治堵措施——"货车限行"，不仅难于有效缓解城市配送车流引发的交通压力，而且还在一定程度上逼迫了"违规货运"与"隐形货运"现象的滋生，进一步加重了城市配送车流带来的交通压力。

---

[1] 欧开培、罗谷松、赖长强：《物流配送车辆对广州城市交通的影响及对策研究》，《现代城市研究》，2012年第4期。

（二）不容忽视的"四个重要事实"

通过调研发现，广州城市物流配送与道路交通中有四个很重要的事实。一是"隐形货车"①承担着大量的城市物流配送任务，二是城市道路车流结构中物流配送车流所占比重较大，三是城市物流配送车辆运行主要集中于白天繁忙时段，四是广州物流配送车辆载货率普遍偏低②。

1. "隐形货车"承担着大量的城市物流配送任务

为摸清广州商业网点供货物流配送车辆的结构，课题组选取了三个样本：正佳广场（大型购物中心）、好又多超市淘金店（中心区超市）、百佳超市洛溪店（中心城区外围超市），采取实地蹲点观察方式，对样本商场的收货点或收货区进行全天候（24小时）的观察统计，分析配送车辆的结构情况。从调研的总体情况看，广州大量的城市物流配送任务均"交给""隐形货车"承担。

（1）高达六成的面包车在送货。从三个样本的总体情况看，三个样本一天总的配送车辆为273辆，其中面包车达166辆，占61%；货车88辆，占32%；冷链车28辆，占10%；其他（邮政车、轿车、快客等）11辆，占4%。从单个样本配送车辆结构情况看，正佳广场的面包车比重极高，达72%；而超市的配送车辆中，面包车比重相对较低，仅占30%左右，货车的比重相对高些，占40%左右；中心城区超市配送的面包车比例高于中心城区外围超市的比例约为15%。我们可以看到，对零售商业网点来说，其供货配送以面包车为主，交由面包车负责配送的比例极高，尤其是聚集大量单店经营主体的购物中心。其原因是单店经营主体大都是规模小，每次配货数量少、批次多，面包车成为这些商家供货配送的最佳选择。类似的情况还有商业街以及一般临街的大量单店商家，也大都选择面包车作为供货的配送车辆。

此外，我们还进一步调研了服务于中心城区批发市场的配送车辆结构，它们的物流配送也大都以面包车为主（特别是服务在本市范围内的物流配送车辆）。根据现场资料，一般为200~400辆的面包车服务于中大型批发市场；服务于小型批发市场的面包车为100~200辆。而且此类配送车辆多违章占道停放，致使

---

① "隐形货车"是指不在广州登记在册、交通管理部门无法确切掌握的，但现实中承担着大量的物流配送功能的车辆，主要包括客运面包车和外地货车，其中面包车是"隐形"配送车辆的主体部分。

② 赖长强：《城市商场收货区的车辆配送情况及对策研究——基于广州三个样本的分析》，《现代商业》，2013年第15期。

道路拥堵现象非常严重，人、货、车进出困难[①]。

（2）面包车尤其是微型面包车成为城市物流配送的主力车辆，意味着：一是每次配送货物数量较少（相对于大货车），需要更多的车次出行，导致更大的交通压力；二是现行的货车限行措施，包括上下班高峰时段的限行措施对这类物流配送车辆没有任何意义。

存在外地牌号车辆在广州从事物流配送业务，但比例不高。在三个样本的全部配送车辆中，有外地车34辆，占比约为12%；外地来穗配送车辆同样以面包车为主，占41%。中心城区外围商业网点比例相对较高一些，为20%左右，而中心城区商业网点外地牌号车配送车辆比例相对较低，仅10%左右。虽然来穗进行配送的外地车辆的占比不高，但主要集中于白天及繁忙时段（08∶00～20∶00），该时段外地配送车辆占全天来穗外地车的比重约为62%，这同样会对广州中心城区道路交通构成压力。

2. 城市道路车流结构中物流配送车流比重较大

为摸清城市物流配送车流对广州城区道路造成的压力，课题组选取了三个能代表广州城区交通主干道的样本：内环路（黄沙路段）、广州大桥、广园中路。调研对样本路段车流结构进行全天候（24小时）的观察统计，主要采取实地蹲点观察方式，分析其道路车流结构情况。从调研的情况看，城区车流结构中配送车流所占比重平均达到30%左右，个别路段达到40%左右。

三个样本路段观察点一天总车流量为142242辆，其中客车97125辆，占比为68%，物流配送车流总占比达32%；面包车34923辆（已剔除商务车），占比为25%（其中小面包车24353辆，占比为17%；大面包车10570辆，占比为8%）；货车10194辆，占比为7%。

在三个样本路段中，物流配送车流最大的是内环路（黄沙段），物流配送车辆占比达41%，其中面包车占比为31%，货车占比为10%；其次是广园中路段，物流配送车辆占比达32%，其中面包车占比为23%，货车占比为9%；广州大桥路段相对较小，物流配送车辆占比为23%，其中面包车占比为20%，货车占比为3%。

尽管上述抽样调查样本较少，不一定准确反映广州中心城区道路车流全貌，但有两点是明确的。一是广州中心城区道路物流配送车流较高，对中心城区交通

---

① 赖长强：《城市商场收货区的车辆配送情况及对策研究——基于广州三个样本的分析》，《现代商业》，2013年第15期。

造成压力不小；二是"隐形货车"为主，即面包车占物流配送车流中的主体，而现行的治堵措施对面包车不产生任何效果。

3. 主要集中于白天繁忙时段运行

从调研资料分析表明，城市物流配送车辆运行主要集中在白天城市交通繁忙时段，是构成白天繁忙交通车流的重要组成部分。

（1）从商场收货区的配送车辆时间分布看。城市交通繁忙时段（8：00～20：00）商场收货区的配送车辆占比高达76%，而这恰恰也是商场送货车辆较为集中的时段。送货高峰时段集中在上午8点至12点之间，最高峰时段为上午11点左右。不同车型送货高峰时段有所不同，大面包车有两个送货高峰时段，分别为上午11点和下午3点左右；小面包车和小货车的送货高峰时段都是上午11点左右；中型货车送货高峰时段为下午3点左右，次高峰时段是上午11点左右；大型货车主要在晚上配送；冷链车高峰时段为上午6点左右。

（2）从道路物流配送车流时间分布看。道路物流配送车流集中时段与商场收货车辆集中时段基本一致。

物流配送车流较集中的时段与客运车流较集中的时段大致相同，客运车流集中时段在8：00～18：00之间，物流配送车流集中时段时间较长，集中时段为8：00～21：00。可见客运车流与物流配送车流繁忙时段基本重叠，略为不同的是，客运车流18时后大幅减少，而物流配送车流一直延续到21时以后才有所下降。

从物流配送车辆的时间集中度看，面包车车流集中度分布较平稳，从上午9时后一直维持较高的水平直至晚上9时；而货车要避开上下班时间的限行，白天主要集中在9：00～17：00之间，晚上集中在20：00～23：00之间。

可见，物流配送车流繁忙时段与客流车流繁忙时段基本重叠，由于城市物流配送车辆结构以面包车为主，即使是上下班高峰时段，"货车限行"措施也难于产生效果，尤其是下午下班高峰时段。

4. 城市物流配送车辆的载货率普遍较低

三个样本店收货点的调研资料表明，广州物流配送车辆货物载货率[①]普遍较低。在三个收货点的273辆车中，低载货率的车辆占比31%，为84辆；满载的

---

① 说明：配送车辆载货率主要是通过调查员对收货区配送车辆载货空间比例观测，或向司机询问估算所得。载货所占空间在80%以上为满载，载货所占空间在50%左右的为中等载货率，载货所占空间在30%以下的为低载货率。

车辆占比32%，仅86辆；中等载货率车辆为103辆，占比37%。

从单个样本配送车辆载货率看，三个样本的满载配送车辆比例均为30%左右；中等载货率和低载货率三个样本有所不同，好又多和正佳广场的情况基本相同，中等载货率的车辆均占比为40%左右，低载货率的车辆占比为30%左右；百佳洛溪店由于货车送货的比例较高，低载货率比例较高，达到38%，中等载货率仅30%。

三个样本所反映配送车辆载货率的情况基本一致，可见"广州城市物流配送车辆载货率普遍偏低"的调研结果是可信的。而城市物流配送车辆载货率普遍偏低，意味着需要更多的配送车次出行，会造成更大的道路交通压力，再考虑到面包车本身的载货空间有限这个因素，由此造成的交通压力将更大。

（三）调研结果分析

结合调研结果，可以预想到，随着广州建设国际商贸中心战略的全面推进，商贸流通业将获得更加迅猛的发展，城市物流配送需求必随之快速增长，城市物流配送车流对城市交通的压力将进一步加大。

面包车尤其微型面包车成为城市物流配送的主力车辆以及载货率普遍偏低的事实，意味着物流配送规模低下，导致配送车次的成数倍增加[1]，从而徒增了城市交通的压力。此外，大量的面包车和小型货车从事城市物流配送，普遍存在大量的交叉、迂回、返空等无序交通运输情况，这主要是由于大量的小规模经营主体单体作业所致。

现行的"货车限行"措施对缓解目前以面包车为主的城市物流配送车流对城市交通压力的效果有限[2]，这也是城市物流配送车流集中时段与客运车流集中时段基本重叠的原因所在。但是，我们又不可能采取简单的限行措施对面包车从事城市物流配送进行严格的控制。因此，缓解城市物流配送车流对城市交通的压力，必须从改变现行的城市物流配送模式着眼，与缓解客流交通压力一样，也要采取一揽子的措施，进行综合治理。

---

[1] 理论上，一部5吨货车载货量约相当于10部微型面包车的载货量。

[2] 赖长强：《城市商场收货区的车辆配送情况及对策研究——基于广州三个样本的分析》，《现代商业》，2013年第15期。

二、深层原因——以厂商"自我配送"为主的城市物流配送模式

目前,广州的仍然基本是一种以厂商"自我配送"为主的传统物流配送运作模式。近年来,虽然第三方物流配送企业也获得一定发展,但总体上看,广州城市物流配送体系以厂商"自我配送"为主的格局远没有改变,城市物流配送社会化、专业化和现代化水平不高。这种传统的物流配送模式不仅直接或间接地增加了城市交通压力,也与迅猛发展的现代商贸业需求不相适应。

(一)广州城市物流配送模式仍是以厂商"自我配送"为主的传统物流配送运作模式

为了摸清广州城市物流配送中厂商"自我配送"的情况,课题组采取访谈、抽样调查方式,对广州百货、宏城超市、胜家超市的供应商物流配送进行了调查,调查的厂商共88家①(包括生产厂家、分销商、供应商等)。同时,对批发市场商户的购销物流配送方式进行调查,调查商户共189家。

从调查的结果看,绝大多数厂商自设有物流功能,如仓库、配送车辆以及物流配送部门或人员,自设有物流功能的厂商高达96%;绝大多数厂商供货配送业务由"自我配送"为主方式完成,由第三方配送企业承担配送业务的厂商比例很低②。在广州百货、宏城超市、胜家超市供货的88家厂商,完全由自我完成配送业务的厂商22家,占25%;以自我配送为主,委托第三方为辅(主要是辅助配送广州市以外的配送业务)的46家,占53%;以委托第三方配送企业为主,以自我配送为辅(主要辅助配送时效要求和安全要求较高的配送业务)的17家,占19%;完全委托第三方配送企业的3家,占3%。可见,广州百货类和超市类网点供货厂商的物流配送业务绝大多数由厂商自我为主配送完成,占调查样本厂商的78%;由第三方配送企业为主承担配送业务的厂商仅占22%。

---

① 此次调研对象为百货、超市的供应商,在规模上需涵盖大中小供应商,在类型上涵盖经销商、代理商及生产商,在商品类型上需涵盖主要的商品大类;此次调研主要通过召集供应商开座谈会,同时辅以问卷调查的形式进行。自我配送占比≥60%的供应商为"以自我配送为主的供应商",第三方配送占比≥60%的供应商为"以第三方配送为主的供应商"。

② 赖长强:《城市商场收货区的车辆配送情况及对策研究——基于广州三个样本的分析》,《现代商业》,2013年第15期。

批发市场商户购销活动的物流配送业务"自我配送"服务的比重更高。通过对批发类市场商户随机访谈和问卷调查发现,批发市场商户进货由厂商自我配送的比例高达80%以上。在调查的189家商户中,由厂商自我配送供货的商户156家,占83%;主要以第三方配送企业承担完成的23家,占12%;其他方式10家,占5%。

而批发市场商户的销售物流配送以自我配送、第三方物流、自提三种方式相结合,由于商户批发商品有相当部分是为外地采购商品,因此,委托第三方承担配送业务的比重相对较高。在189家商户中,以自我配送为主承担其销售物流配送的商户102家,占54%;委托第三方物流配送企业承担完成的83家,占44%;以自提为主的商户4家,占2%。

分析表明,广州厂商供货大多数以自我配送为主(不论是对商场,还是给批发市场),高达80%左右的厂商是自我配送。因而,城市配送体系在广州仍然是典型的传统物流配送体系,广州目前最主要的城市物流配送模式仍然是"自我配送"运作模式。

(二) 城市交通压力加剧的重要因素——传统城市物流配送模式

显然,随着配送需求不断增长,城市物流交通压力逐渐增加,而以"自我配送"为主的传统物流配送模式却进一步加剧了城市交通压力。以"自我配送"为主的传统物流配送模式的基本特征是:物流配送的现代化、社会化、专业化程度都较低,物流配送的成本高、效率低、资源消耗大,该模式下的管理不是建立在业务集成、供应链管理、共同配送的基础上。自我配送模式中的配送承担者不是现代化、社会化、专业化程度较高的第三方物流配送企业,而是供应商、生产厂家、分销商它们自己,而物流配送并非是这些主体的主业,物流配送功能只是这些厂商的辅助功能。因此,往往物流配送功能较为弱小,如物流配送设施装备简陋,仓储管理简单,业务来源单一,物流配送作业集约化、专业化和优化程度较低等,导致一系列不合理的交通运输现象出现,从而加大了对城市交通的压力。

(1) 小批量、多批次配送,返空现象严重。由于配送业务是厂商自我的销售订单,业务量小,无法进行业务集成,特别是大量的中小型厂商,为了保证销售业务的完成,往往一单一送,造成小批量、多批次的配送格局,从而大大增加了出车车次,徒增了交通压力。由于大量的中小型厂商的一单一送与交叉迂回配送,必然造成返空现象严重,从而大大增加了道路上空载的车流压力。

（2）低载率、交叉迂回配送。小批量、多批次配送的结果是每次载货率很低。如上述调研结果表明，目前广州物流配送车辆的中低载货率高达68%，考虑到这种载货率还主要是面包车和小型货车的载货率，可见每次的配送货量极低，同样的货量需要更多的车次配送，从而大大增加了道路的车流量。同时，由于无法进行科学合理的统一调度、业务集成、统一配送，导致交叉迂回配送现象严重，而且配送路线极为混乱、配送路线长，虚增了城市配送距离、车流总量。

（3）分散混乱布局。在"自我配送"模式下，大量的城市物流配送网点的分散混乱、随机无序布局，这也是导致城市物流配送交通压力增大的一个重要因素。在自我配送模式下，物流配送功能依附厂商，并随厂商需要或根据厂商自有条件随机布局，尤其海量中小微型供应商、生产厂家、分销商见缝插针，各自为政，导致仓储、物流配送网点的空间分布零散混乱的格局。这种分散混乱的配送网点空间布局，造成了不合理的配送车辆流向与结构，最终反映在交通上就是城市物流交通混乱无序，从而加大城市道路的交通压力。

（三）"自我配送"实属厂商的"无奈之举"

城市物流配送的特点是小批量、多批次，安全快捷要求高，有些还需要承担回收物流和货款结算等多元化服务需要。自设物流功能，自我为主完成物流配送业务，对于供应商、生产厂家、分销商而言，不但要增加投资、增加管理难度和总的运营成本，而这并非其主营业务，还导致物流配送效率低下、成本增加，同时承担城市交通的违规违章风险，实属无奈之举。但是，由于第三方物流配送企业发展滞后，能够完全满足广大厂商对城市物流配送业务需求的，且现代化、社会化、专业化较高的第三方物流配送企业不多，这也就出现了我们在调研中厂商反映要找到承担外包城市物流配送业务的第三方物流配送企业十分困难，不是外包的费用太高，就是无法满足厂商对城市配送业务的小批量、多批次、安全快捷要求，或是服务功能单一，无法提供高水平的多元化服务需要。最终只好选择"自营物流，自我配送"之路。

三、解决之道——转变城市物流配送模式是根本出路

显然，仅采取简单的"货车限行"措施是对于缓解广州城市物流交通压力不够的，更不能断然堵塞、限制面包车从事城市物流配送业务。一方面是效果有限，还将导致大量的违规违章交通现象出现；另一方面是将严重制约广州商贸业

的发展,与广州建设国际商贸中心战略目标要求不相适应。基于广州现代商贸业发展的必然要求,我们认为必须从转变城市物流配送模式着眼,要从根本上解决广州城市物流交通压力问题,通过以现代城市物流配送模式替换以"自我配送"为主的传统城市物流配送模式。现代城市物流配送模式是现代商贸流通业发展的必然要求,它以供应链管理为基础、以共同配送制为支撑、以第三方物流配送企业为主体、以现代物流配送平台为主要载体的一种物流配送发展模式,它是现代城市物流配送发展的基本趋势和方向,也是一种现代化、社会化、专业化程度高,成本低、效率高、最优化的物流配送运作模式。

转变以"自我配送"为主的传统城市物流配送模式,建立基于供应链管理、共同配送制、第三方物流配送主体和现代物流配送平台为支撑的现代物流配送模式,不仅将大大提高流通效率,降低流通成本,为加快现代商贸流通业的大发展提供支持;同时也能从根本上缓解城市物流交通压力。首先,以"共同配送"替代"自我配送",提高城市物流配送的规模化、集约化水平,将大大减少配送车次总数;其次,以最优化的配送替代交叉迂回配送,最大限度地减少交叉迂回配送、低载返空运输现象,从而大大减少不合理的配送车流总量;最后,通过物流配送企业及功能的集中布局替代分散无序布局,改变配送车流混乱无序状况,优化道路配送车流结构,从而减轻配送车流的道路压力,这与抽疏中心城区功能与人口的作用机理相类似。

(一) 以供应链管理为基础

供应链管理是为实现根据客户的要求将货物按时、按质、按量准确安全送达指定的地点,对整个供应链的各个环节进行综合管理,以同时实现整个过程最优化、效率最高、成本最低的现代管理方式。从理论上讲,供应链管理是一种集成的管理思想和方法,它将整个供应链中的有关用户连成一个有机整体的管理模式。以供应链管理为基础的城市物流配送模式,就是采用供应链的集成管理思想和方法,将城市物流配送过程中的各个环节连成一个有机整体进行综合管理,在不增加物流成本的前提下实现大批量、少批次送货,以整车发运和高载货率来降低运输费率,提高企业物流服务水平。该管理模式可以有效提高物流配送的整体效率和服务质量,显著提高物流配送的集约化、规模化和最优化水平,从而降低整个物流配送过程的资源消耗和成本。同时,可以明显提高车辆使用效率,减少出车车次,从而缓解城市交通压力。

（二）第三方物流配送企业为主体

在现代城市物流配送模式下，城市物流配送主体不再是大量厂商，而是社会化、专业化和现代化水平较高的第三方物流配送企业，厂商将剥离自我配送物流功能，通过业务联盟、服务外包等方式，将物流配送业务交由第三方物流配送企业承担。而第三方物流配送企业，通过采用供应链集成管理思想和方法，在全社会范围内最大限度地集成配送业务，并依托共同配送制，实施大批量配送、优化配送和专业配送，从而降低城市物流配送的资源占有和成本，提高城市物流配送的效率和服务质量[1]。

（三）以共同配送制为支撑

共同配送，它打破了一个公司物流内部合理化的局限，其目的是：通过业务集成，组合配送，集中配送，优化配送路线和方案、降低配送的单位成本，提高配送效率，是配送合理化最先进的方式之一。现代城市物流配送模式"以共同配送制为支撑"，可以突破单个企业的界限，在更大的范围内寻求物流配送合理化。通过第三方物流配送企业的垂直、水平、同业、异业的整合，以产业联合、策略联盟、协同作业等合作方式共享有限的资源，广泛集成业务，并依据配送时间、配送商品、配送路线和对象组别进行优化组合，制定最优化的物流配送方案，实施共同配送，以实现配送作业的规模化、集约化和计划化，从而降低配送的单位成本，提高配送效率。同时，也为大批量配送替代小批量配送、以大车替代小车配送、以高载货率替代低载货率配送成为可能。

（四）以现代物流配送共享平台为载体

现代物流配送平台是一个开放式、共享式平台，它聚集了各类专业物流配送企业以及相关配套服务企业，平台内功能齐全、设施先进、配套服务完备。不仅具有强大仓储管理、拆装组配、物流配送、流通加工等基本物流配送功能；还具有齐全的配套服务功能，如信息服务、金融结算、仓单质押、商务服务、物流配送方案策划、物流配送培训等。现代物流配送平台一般有公共型综合性的现代物流配送基地、公共型专业物流配送中心等，有些发展成为更为先进的现代采购分

---

[1] 欧开培、罗谷松、赖长强：《物流配送车辆对广州城市交通的影响及对策研究》，《现代城市研究》，2012年第4期。

销配送中心，形成"四流合一"（商流、物流、资金流、信息流）综合服务平台。由于聚集有大量的供应商、分销商和专业物流配送企业以及相关配套服务企业，有利于形成分工协助、业务集成；有利于实施供应链管理和共同配送，从而有利于实现集约化、规模化和专业化物流配送，提高物流配送的效率和服务质量，降低物流配送成本；同时，也有利于第三方物流配送企业的发展壮大。另外，由于共享平台促进物流配送企业以及相关配套服务企业的聚集发展，也将有利于改变物流配送企业或功能的分散、混乱、无序的空间布局格局，形成集中布局、聚集发展、优化运输的良性有序发展格局。

四、主要措施——三大抓手

毫无疑问，彻底转变广州城市物流配送模式需要通过重构现代城市物流配送体系来实现，这是一个庞大系统工程，涉及面广，内容繁多，包括观念转变、机制建立、规划政策制定、第三方物流配送主体培育、平台载体建设、自我配送物流功能剥离、优化发展环境、规范市场秩序，等等。但是，我们认为近期重点抓好三大对策措施，对加快转变广州城市物流配送模式，缓解城市物流交通压力具有纲举目张之效果[①]。

（一）规划建设若干大型现代城市物流配送基地

大型现代城市物流配送基地是城市物流配送商品的集散枢纽，是各类专业物流配送及相关服务企业聚集发展的共享平台，是转变城市物流配送模式的重要平台支撑载体。不仅有利于城市物流配送企业、相关配套服务企业的集中布局和聚集发展，有利于城市配送业务的集成和协同作业，有利于供应链管理和共同配送的形成；还有利于物流设施、物流功能和物流配套服务资源的共享，从而有利于降低物流配送运营成本和提供效率，有利于第三方物流配送企业的发展壮大。因此，规划建设大型现代城市物流配送基地是从根本上缓解城市物流交通压力的战略举措。具体建议如下：

一是规划建设5～8个大型现代城市物流配送基地（可选择在广州外环高速路沿线立交周边），形成广州乃至珠江三角洲城市物流配送共享平台的载体体

[①] 欧开培、罗谷松、赖长强：《物流配送车辆对广州城市交通的影响及对策研究》，《现代城市研究》，2012年第4期。

系，这些基地还可据商品的属性适当分类，突出各个基地的特色和专业性。规划建设的物流配送基地以服务广州为主，也服务周边城市，既作为广州城市物流配送业发展的主要支撑载体体系，也作为区域城市物流配送一体化发展的重要支撑载体体系。二是基地要求设施先进、功能齐全、相关配套服务齐备，建设规模应在20万平方米以上，要有明确的功能区划和商品区划。同时，有条件的基地还引进供应商、分销商的进驻，即应规划建设采购分销功能，发展形成现代采购分销配送中心。三是考虑到基地或中心前期开发投资大，回收期长，具有很强的社会功能和较大的社会效益。所以，应制定强有力的发展扶持措施，应等同于大型客运站或客运枢纽来把这些城市物流配送基地或中心进行规划，即作为城市重要基础设施项目来开发建设。

（二）实施专业配送货车畅行，普通货车限行的政策措施

转变城市物流配送模式的一项极为重要举措是以大货车高载货率替代小货车低载货率。目前，采取对大货车进入中心城区一概限行的措施，并不利于城市物流配送模式的转变，反而在一定程度上助长了面包车、小货车、低载货率现象的泛滥，从而加剧了城市物流交通的压力。因此，建议取消对货车进入中心城区一概限行的措施，实施专业配送货车畅行，普通货车限行的政策措施。具体建议如下：

一是准许持有专业配送车辆通行证的货车任何时段进入中心城区通行，禁止过境货车和非配送货车繁忙时段进入中心城区。在对核定发放获得竞标企业通行证的车辆类型和数量中，体现鼓励大车配送，适当限制小车配送的原则。激励专业配送企业优化配送组合和路线方案，提升业务集成能力和共同配送规模。二是根据广州商贸业发展的需要，对核准发放配送通行证企业进行总量控制，激励专业配送企业努力提高城市配送的现代化、社会化、专业化水平。通行证的发放对象企业应采取基本条件核查、资格认定，不对车型或品类进行发放，而是对专业城市物流配送企业进行核准发放，并采取竞投标方式进行核准发放。同时，基本资格和条件的认定应以在广州中心城区配送总量规模和服务网点数量作为基本判定条件。三是建立配送通行证获得企业的淘汰机制和定期重新核准认定机制。并根据广州商贸业发展需要适当扩大获准企业的总量控制规模。在条件成熟情况下，相机逐渐控制小型货车、面包车在中心城区从事物流配送的规模。

（三）大力培育第三方专业物流配送企业

在调研结果表明，"自我配送"缘于第三方专业物流配送企业较少。因此，为提高城市物流配送现代化、社会化、专业化水平，转变传统厂商物流配送模式，减少面包车、小型货车车流，应大力培育基于供应链管理、业务集成和共同配送为支撑的第三方专业物流配送企业。具体建议如下：

一是探索对专业物流配送企业的城市配送通行证的核准发放机制，并依托大型城市物流配送基地的业务集成和共同配送的有利条件，以培育龙头示范和带动第三方专业物流配送企业的发展。同时，鼓励大型自办的现代物流配送中心向第三方物流配送企业转型。引导和支持厂商自办物流配送功能的剥离，以扩大社会物流配送的有效需求。二是对认定的专业物流配送龙头企业制定更具针对性、更强有力的政策措施加以大力扶持，同时坚决贯彻落实国家、省市有关扶持政策措施。三是制定科学的第三方专业物流配送龙头企业认定标准、淘汰机制；在龙头企业认定中，应考虑到广州商品结构齐全，应注意依据商品属性，从大类别商品领域物色选择专业物流配送龙头企业，注意扩大业务集成的广度和龙头企业的培育。

（课题组成员：欧开培　赖长强　罗谷松　李雪琪　魏颖）

文化篇

广州历史人文资源保护与开发的思路及对策建议

广州市加强文化建设虽然涉及许多方面工作，但如何充分利用和发挥广州市历史人文资源的特有优势，进一步做好历史人文资源的保护与开发，藉以弘扬岭南文化"敢为人先、务实进取、开放兼容、敬业奉献"的传统，以及拓宽视野、启迪才智、彰显先贤、建树品位等方面的特殊作用，促进市民文明向更高层次发展，保障社会经济发展的稳定性和持续性，这些显然是文化建设中十分重要的内容。基于上述原因，我们对广州现存的历史人文资源按类别进行了归纳和整理；对广州历史人文资源保护与开发的现状及存在的问题、经验与教训，进行了广泛深入的调查研究，并在此基础上，对"十二五"时期，如何进一步做好广州市历史人文资源的保护与开发，充分发挥其固有的社会效益和经济效益提出一些对策与建议，为中共广州市委、市政府以及有关部门决策提供科学依据。

一、历史人文资源的内涵与价值

（一）历史人文资源的内涵

历史人文资源，是指历史上人类活动所创造的有形或无形的物质成果和精神成果，是人类文明的结晶，并以物质形态和精神形态表现出来的一种特殊的、不可再生的、其他任何资源都无法替代的宝贵资源。

就物质形态的历史人文资源来说，联合国教科文组织《保护世界文化和自然遗产公约》，就对这类人文资源的内涵作出了明确的规定，其中之"文物"类是指"从历史、艺术或科学角度看，具有突出的普遍价值的建筑物、碑雕和碑画，具有考古性质成分或结构的铭文、窟洞以及联合体"。"建筑群"类是指"从历史、艺术或科学角度看，在建筑式样、分布均匀或与环境景色结合方面，具有突出的普遍价值的单位或连接的建筑群"。"遗址"类是指"从历史、审美、人种学或人类学角度看，具有突出普遍价值的人类工程或自然与人工联合工程以及考古地址等地方"。很明显,历史人文资源的内涵,无不与它本身具有"突出的普遍价值"紧密地联系在一起的。

就精神形态的历史人文资源(亦即非物质文化遗产)来说,联合国教科文组织《保护非物质文化遗产公约》,指明这类人文资源涵括以下五个方面:"①口头传统和表现形式,包括作为非物质文化遗产媒介的语言;②表演艺术;③社会实践、礼仪、节庆活动;④有关自然界和宇宙的知识和实践;⑤传统手工艺。"并且强调非物质文化遗产的重要性,"它是文化多样性的熔炉,又是可持续发展的保证","它的作用是不可估量的"。由此可见,非物质文化遗产,同样具有"突出的普遍价值"。

(二)历史人文资源的功能与价值

历史人文资源无论是物质形态还是精神形态,都蕴含着极其丰富的历史与文化交融,其文化底蕴均具有永恒性和穿越时空的渗透力,人们从中不仅可以了解先贤们活动的信息与规律,藉以开阔视野、启迪才智、振奋民族精神;还可以从先贤的实践活动中汲取经验教训,以资借鉴,获取教益,成为全面提高人们的文化素养、升华城市品位、促进现代社会持续发展的重要动力。

正由于历史人文资源具有十分珍贵的文化价值和经济价值,因而受到国家应有的重视,从1961年开始至2006年,先后颁布了六批全国重点文物保护单位名录。2002年,全国人大常委会还通过并颁布了《中华人民共和国文物保护法》,从而使历史人文资源的保护正式纳入了法制轨道,受到法律的有效保护。在非物质文化遗产方面,我国人大常委会于2004年批准正式加入由联合国教科文组织颁布的《保护非物质文化遗产公约》。与此相适应,国务院办公厅于2005年发出了《关于加强我国非物质文化遗产保护工作的意见》,以及附件《国家级非物质文化遗产代表作申报评定暂行办法》。以上这些文件,应是广州市加强对历史人文资源保护与开发工作的重要依据。

二、广州历史人文资源保护开发取得的基本成效与存在问题

(一)广州历史人文资源的基本概况

广州历史人文资源,可说是根基本土,脉承中原,居滨海之利,汇中西文化

精华，得风气之先，创开放之路，自古至今经历了2000多年，积淀了十分丰厚的地域文化底蕴，彰显出特色鲜明、绚丽多彩的岭南文化特质。广州在区域环境和经济环境方面，明显地具有其他城市难以比拟的独特优势。

1. 物质形态的历史人文资源

（1）广州市国家级重点文物保护单位

从1961年开始到2006年，国务院先后公布了六批全国重点文物单位名录，广州共有25处单位入列，约占广东全省入列单位68处的38%，体现了广州历史人文资源的丰富及其在省内的龙头地位。兹按单位的入列批次、时间顺序表列如下：

顺序	名称	类别	年代	地点	批次 公布时间
1	三元里平英团旧址	近现代重要史迹及代表性建筑	1841	广州三元里	第一批 1961年3月
2	黄花岗七十二烈士墓	同上	1911	广州先烈中路	同上
3	广州农民运动讲习所旧址	同上	1926	广州中山四路42号	同上
4	广州公社旧址	同上	1927	广州起义路1号	同上
5	光孝寺	古建筑	五代、明	广州光孝路109号	同上
6	虎门炮台（番禺部分）	近现代重要史迹及代表性建筑	1841	番禺上横档岛、下横档岛	第二批 1982年2月
7	陈家祠	古建筑	清光绪	广州中山七路恩龙里34号	第三批 1988年1月
8	洪秀全故居	近现代重要史迹及代表性建筑	1814	花都官禄布村	同上
9	国民党"一大"旧址（包括革命广场）	同上	1924	广州文明路215号	同上

续上表

顺序	名称	类别	年代	地点	批次 公布时间
10	黄埔军校旧址（包括东征烈士墓）	同上	1924	广州黄埔长洲岛	同上
11	中华全国总工会旧址	同上	1925	广州越秀南路93号	同上
12	怀圣寺光塔	古建筑	唐	广州光塔路56号	第四批 1996年11月
13	广州圣心大教堂	近现代重要史迹及代表性建筑	1888	广州一德路旧部前56号	同上
14	广州大元帅府旧址	同上	民国	广州纺织路东沙街18号	同上
15	广州沙面建筑群	同上	清	广州沙面	同上
16	秦代造船遗址、南越国宫署遗址、南越文王墓	古遗址	秦、西汉	广州中山四路316号、解放北路867号	同上
17	中山纪念堂	近现代重要史迹及代表性建筑	1931	广州东风中路293号	第五批 2001年6月
18	余荫山房	同上	1931	番禺南村镇北大街	同上
19	莲花山古采石场	古遗址	西汉至清	番禺莲花山旅游区山顶北	同上
20	南汉二陵	古墓葬	五代	广州大学城	第六批 2006年
21	大榕寺塔	古建筑	宋	广州六榕路	同上
22	粤海关旧址	近现代重要史迹及代表性建筑	清	广州沿江西路29号	同上
23	广东谘议局旧址	同上	清至民国	广州陵园西2号大院之二	同上

续上表

顺序	名称	类别	年代	地点	批次 公布时间
24	广裕祠	古建筑	明至清	从化太平镇钱岗村	同上
25	南越国木构水闸遗址	古遗址	汉	归入第四批秦代造船遗址、南越国宫署遗址项内	同上

（2）广州市省级文物保护单位

从1978年开始到2002年，广东省先后公布了四批省级文物保护单位名录，广州共有41处单位入列，兹按单位的入列批次、时间顺序表列如下：

顺序	名称	类别	年代	地点	批次 公布时间
1	昇平学社旧址（包括义勇祠）	近现代重要史迹及代表性建筑	1841	广州白云区石井镇	第一批 1978年7月
2	"三·二九"起义指挥部旧址	同上	1911	广州越华路小东营15号	同上
3	中共广东区委员会旧址	同上	1924	广州文明路194—200号	同上
4	广州起义烈士陵园	同上	1927，建成于1957	广州中山三路红花岗	同上
5	广东贡院明远楼与中山大学天文台旧址	同上	清、民国	广州文明路215号	同上
6	冯云山故居	同上	1841—1847	花都新华镇大布村	同上
7	省港罢工委员会旧址	同上	1925	广州东园路3号	同上
8	中山纪念碑	同上	1931	广州越秀公园	同上

续上表

顺序	名　称	类　别	年　代	地　点	批次 公布时间
9	南海神庙（包括浴日亭）	古建筑	明、清	广州黄埔庙头村	同上
10	清真先贤古墓	古墓葬	唐	广州解放北路901号	同上
11	白云楼鲁迅故居	近现代重要史迹及代表性建筑	1927	广州白云路2号	第二批 1979年12月
12	广东省农民协会旧址	同上	1925—1927	广州东皋大道礼兴街6号	同上
13	中共第三次全国代表大会会址	同上	1923	广州恤孤院路3号	同上
14	中共广东区委军委旧址	同上	1926—1927	广州万福路190号	同上
15	六榕寺花塔	古建筑	宋	广州六榕路87号	第三批 1989年6月
16	五仙观及岭南第一楼	同上	明	广州惠福西路西斋巷	同上
17	镇海楼	同上	明至民国	广州越秀公园	同上
18	琶洲塔	同上	明、清	广州新港东路琶洲村	同上
19	莲花塔	同上	明、清	番禺莲花山	同上
20	莲花城	同上	明、清	番禺莲花山旅游区	同上
21	万寿寺大殿	同上	明	增城荔城镇前进路21号市工人文化宫内	同上
22	广州古城墙	同上	明	广州越秀公园内	同上
23	留耕堂	同上	清	番禺沙湾镇北村	同上

续上表

顺序	名称	类别	年代	地点	批次 公布时间
24	药洲遗址	同上	南汉	广州教育路80号	同上
25	屈大均墓（包括屈氏宗祠）	古墓葬	清	番禺新造镇思贤村	同上
26	廖仲恺、何香凝纪念馆 仲恺农校旧址	近现代重要史迹及代表性建筑	近代	广州纺织路东沙街24号	1982年10月单独公布
27	五岳殿	古建筑	明至清	从化神岗镇	第四批 2002年7月
28	广裕祠	同上	明至清	从化太平镇钱岗村	同上
29	纮生白公祠（含"乐善好施"牌坊）	同上	清	广州新滘镇龙潭村	同上
30	石井桥	同上	清	广州石井镇	同上
31	资政大夫祠建筑群	同上	清	花都新华镇三华村	同上
32	湛若水墓	古墓葬	明	增城永和镇陂头村天蚕山麓	同上
33	广雅书院旧址	近现代重要史迹及代表性建筑	1889	广州西湾路1号广雅中学内	同上
34	广东谘议局旧址	同上	1909	广州陵园西路2号大院	同上
35	广东邮务管理局旧址	同上	1913	广州沿江西路43号	同上
36	粤海关旧址	同上	1914	广州沿江西路29号	同上
37	广东财政厅旧址	同上	1915	广州北京路376号	同上
38	中央银行旧址	同上	1924	广州沿江中路193号	同上

续上表

顺序	名　称	类　别	年　代	地　点	批次公布时间
39	康乐园早期建筑群（含岭南大学校舍建筑群马丁堂、格兰堂，岭南大学附中建筑群，岭南大学附小建筑群，马岗顶洋教授住宅，模范村中国教授住宅群，孙中山铜像，七进士牌坊。）	同上	1924	广州新港西路中山大学内	同上
40	外国人公墓	同上	近代	广州长洲镇深井村竹岗	同上
41	十九路军淞沪抗日将士坟园	同上	1933	广州水荫路113号	同上

（3）广州市级文物保护单位

广州市从1963年开始到2002年，先后公布了六批市级文物保护单位名录，共有160处单位入选。此外，在2002年9月1日，还公布了一份《广州市登记保护的文物单位名录》，共有104处单位入列，其中古遗址4处、古墓葬5处、古建筑40处、石刻12处、近现代重要史迹及代表性建筑39处、其他4处。

从以上几项数据来看，广州市的国家级、省级、市级以及市登记保护文物单位相加，总数达330处，充分说明广州拥有极其丰富的物质形态人文资源；这与广州建城2000多年及其全省龙头地位是完全相符的。

2. 精神形态的历史人文资源

（1）广州市国家级非物质文化遗产名录

精神形态的历史人文资源，亦称非物质文化遗产。国务院于2006年公布了"第一批国家非物质文化遗产名录"，分为"民间文学"、"音乐"、"舞蹈"、"传统戏剧"、"曲艺"、"杂技与竞技"、"民间美术"、"传统手工艺"、"传统医药"、"民俗"等十类。广州有"广东音乐"、"狮舞"、"粤剧"、"粤绣"、"象牙雕刻"、"凉茶"等六项入选。其后在第二批和第三批"名录"中,广州有"广东汉剧"、"广州玉雕"、"榄雕"、"灰塑"、"广彩瓷烧制技艺"、"潘高寿传统中药文化"、"陈李济传统中药文化"和"粤曲"等八项入选。此外,在"国家非物质文化遗产扩展项目名录"中,广州还有"古琴艺术(岭南派)"、"广式硬木家具制作技艺"及"七夕节"等三项入项。

(2) 广州市省级非物质文化遗产名录

广东省人民政府于2006年公布了《广东省第一批省级非物质文化遗产代表作名录》,广州市有"广东音乐"、"沙坑醒狮"、"黄阁麒麟舞"、"粤剧"、"广绣"、"广彩"、"广州牙雕"、"沙湾飘色"、"凉茶"等九项入选。在2007年公布的《广东省第二批省级非物质文化遗产名录》中,广州市又有"五羊传说"、"岭南古琴艺术"、"咸水歌"、"舞貔貅"、"鳌鱼舞"、"灰塑"、"广州玉雕"、"砖雕"、"榄雕"、"广式家具制作技艺"、"潘高寿中药文化"、"陈李济中药文化"、"乞巧节"、"迎春花市"、"波罗诞"、"赛龙舟"等16项入选。以上数据表明,广州市至2011年止已拥有国家级、省级非物质文化遗产共42项。随着这项工作的深入开展,相信我市将会有更多的非物质文化遗产被发掘出来,这当是一笔十分珍贵的社会财富。

(二)成效与经验

广州对历史人文资源的保护与开发起步较早,早在1963年3月就在省内率先公布了第一份"文物保护单位名录"。文物普查也开展得比较深入扎实。特别是藉举办第16届亚运会的有利时机,加大了对历史人文资源保护与开发的力度,不仅使一些长期陷于濒危困境的人文资源得以复活;也使一些原有基础较好的人文资源,发挥出更大的影响力。其成效与经验值得肯定。

1. 措施果断,成效立见

南越国宫署遗址,可说是广州城的"根"。该遗址自1995年被发现后,广州市政府对此高度重视,立即采取一系列果断措施,包括停建遗址范围内的多项工程;不惜斥巨资迁移儿童公园;迅速成立专责保护机构;划定保护范围;组织专家对遗址进行缜密发掘与考订研究,终使这座深藏于地下2000多年的瑰丽宫苑,得以再现于世人面前,成为一个文物保护开发成效十分显著的范例。

2. 大力改善文化景区外围景观，充分发挥人文资源优势

陈家祠是一座荟萃岭南民间艺术各种流派风格与特色的古建筑，原深处小巷，又被杂乱民居包围，外围景观甚差，其资源优势难以发挥。在"三年一中变"中，先是拆迁了周围的杂乱民居，投入巨资兴建陈家祠绿化广场，收到很好效果，到陈家祠参观的中外游客人数急剧上升，每年接近百万人。为了进一步提升品位，又下决心搬迁了挡在该祠正面的第32中学，使该祠直临中山路，外围景观变得更为宽敞亮丽，成为广州最具特色、最受欢迎的文化景点。

3. 借助节庆文化活动，增强人文资源影响力

南海神庙是见证我国古代海上交通商贸的重要遗址，庙内的历年积存碑刻甚多，有"岭南碑林"之誉。该文化遗址除拓宽外围景观外，还密切结合传统的节庆文化，每年农历二月举行盛大的"波罗诞"活动暨"民俗文化艺术节"，借助"庙会"大大增强其影响力，参与庆典人数达数十万。位于西关的仁威庙于2005年恢复了每年农历三月初三"北帝神诞"节庆活动，其资源优势便获得充分发挥。

4. 正视失误，抢救濒危人文资源

位于中山四路忠佑大街的广州府城隍庙是岭南最大的城隍庙，供奉着城池守护神，历代盛极一时，守令常至此祭祀，但其后渐趋冷落，在20世纪50年代后，甚至变为工厂车间及民居，濒临湮没。广州市政府为了抢救这一历史文化遗产，于1993年将此庙定为市级文物保护单位，进行了较大规模修缮，拓宽其外围景观，使之直临中山四路，加上与传统民俗结合，首次举办了盛大的"城隍巡城"活动，终使这一濒危古庙复活。

（三）薄弱环节与存在问题

广州对历史人文资源保护与开发，虽然取得较好成效，积累了一定经验，但从总体上看还有薄弱环节，对历史人文资源的保护与开发主要存在缺乏总体性的战略规划，缺乏一个负责监管和协调的权威机构，宣传推介力度不足，非物质文化资源仍未获得足够重视和有效保护等问题。

三、广州历史人文资源保护与开发的对策与建议

丰富多彩的历史人文资源，是广州经济社会文化持续发展和现代化建设的一份宝贵财富。一个城市不能没有过去，广州作为国家第一批历史文化名城，更应

高度重视文脉的传承与播扬，这既是历史责任，也是时代需要，在保护与开发的进程中，要有宏观视野，高瞻远瞩，面向未来，使之与经济社会的持续发展和人们不断增长的多元化的文化需求结合起来。因此，切实做好历史人文资源的有效保护、合理利用和有序开发，就成为一项关乎广州提升"国家中心城市"竞争力、建设"国际商贸中心"和"世界文化名城"的基础性工作。现根据我市人文资源固有的优势、现状、不足及存在问题，对如何进一步做好历史人文资源的保护与开发，提出以下六项对策与建议。

（一）制定广州市历史人文资源保护与开发的总体规划——实施抓重点、树品牌的精品战略

在"十二五"时期，及时制定广州市历史人文资源保护与开发的总体规划，使全市的社会经济与文化协调持续发展，无疑具有重大的战略意义。

广州在人文资源保护和开发方面，当前比较突出的问题是资源的独特优势未获得充分发挥；"小、散、弱"的局面长期未能摆脱。因此制定总体规划，就必须强调实施"精品战略"，集中财力、人力和物力抓重点，树品牌，优化组合，精心设计和全力办好一批特色鲜明、在国内外能产生重大影响的项目，兹择举以下8项，供有关部门决策参考。

1．南越国宫署与两千年古都

以南越国宫署遗址为核心，与"秦代船台遗址"、现北京路所展示的广州"千年古道"、"南越国木构水闸遗址"、"南汉药洲与九曜石"、"南越文王墓"以及"广州府城隍庙"等，进行优化组合、连点成片，用以体现广州作为南国古都的风采。当前最重要的是加大对宫署遗址诸殿苑及叠层历代遗迹、遗物的清理与鉴定，同时还要大力改善遗址的外围景观及相应的配套设施；加快"南越王宫博物馆"的建设，积极申报、争取"南越国宫署遗址"能早日正式评定为"世界文化遗产"，使之成为广州历史人文资源的第一品牌。

2．南海神庙与海上丝绸之路

南海神庙是我国四大海神庙中唯一完整地保存下来的大型海神庙，也是我国古代海上丝绸之路重要的实迹见证。当前是如何进一步将这一品牌做大做强，从凸显广州在海上丝路重要地位的角度，可将南海神庙与怀圣寺、"清真先贤古墓"、"西来初地"、明清时期珠江航道上的标志性建筑——莲花塔、琶洲塔和赤岗塔，以及黄埔村古港口、"广州十三行"等人文资源进行优化组合，连点成线，用以完整地体现海上丝路从古代到近代在广州的发展变化。在这基础上，加

大力度建好"海上丝绸之路博物馆",加快"海上丝绸之路文化遗址"申报"世界文化遗产"工作,一旦"申遗"成功,将有助于广州进入世界文化名城的行列。

3. 陈家祠与岭南文化

陈家祠是广东省保存最完整、最具代表性的民间艺术建筑。它集岭南建筑艺术各种流派风格与特色之大成,有我国"南方艺术建筑明珠"之誉。目前已成为全省中外游客最多的著名文化旅游景点。该处已收藏各类珍贵文物与现代工艺精品共2万多件,其中国家级珍贵文物近3000多件(套)。应加快兴建大型陈列馆,必将进一步提升其文化品位。与此同时还可藉"广佛同城"的有利时机,与佛山"祖庙"进行强强组合,"祖庙"的建筑艺术,亦具有浓郁的岭南风采,庙内大殿等装饰工艺,大多出自石湾窑名家之手。这一组合更能完整地体现广州作为岭南文化中心地的特色。

4. 重亮宗教文化品牌

广州是我国最早传播外来宗教的城市之一,世界上著名的佛教、道教、伊斯兰教、天主教、基督教五大教系,在广州市均有历史实迹见证,如佛教的光孝寺、六榕寺、大佛寺、华林寺,道教的三元宫、仁威庙、三元古庙、纯阳观、五仙观、黄大仙祠,伊斯兰教的怀圣光塔寺、清真先贤古墓,天主教的圣心大教堂、沙面露德圣母天主教堂,基督教的东山堂、救世堂等。这些宗教文化涵括哲学、道德、艺术、文学、语言、民俗等广泛领域。上述的寺庙宫堂每年都吸引大量中外信众、游客乃至外国政要贵宾到访,充分反映出广州市宗教资源在对外开放中发挥着重要窗口作用。因此,对这些宗教资源进行优化整合、大力推介,当前首先要着力改善上述寺堂的外围景观,如整治圣心大教堂外围一德路人货混杂、车流堵塞状况,清拆障碍三元宫正门外观的建筑,清除光孝寺附近一带的盲流游丐,等等。从就近原则考虑,不妨首先将光孝寺正门至六榕寺后门的一段杂乱小路实施升级改造,筹建仿古一条街,将两寺连在一起。我们相信这些丰富宗教人文资源,必将在广州建设国际大都市进程中发挥重要的作用。

5. 沙面建筑群的升华

沙面建筑群,具有浓郁的欧陆风情,加上"租界"这一特殊的历史背景和优美的小岛环境,因而在国内外向来拥有较高的知名度,每年到访的中外游客数量不少,但品牌要实现升华,还必须加大力度对沙面地区进行全方位整治:一是继续清理目前仍作民居或商业写字楼使用的建筑物,该搬迁的坚决限期搬迁。二是严禁违建、"建设性破坏"及"保护性破坏",所有必要的修缮,均需严格遵循国家所规定"文物保护"法规，并由文管部门负责监督进行。三是严禁汽车进入岛内通行，保持岛内幽美环境与宁静。四是精选一些有典型意义的建筑物，组建"沙面近代历史博物馆"，扩大这一品牌的影响力。五是与拟建的"白鹅潭景区"作周密的、完美的协调配置，但要注意不再作"建设性破坏"，让两者相得益彰，让"鹅潭夜月"增添这一品牌的光彩。

6. 全方位抢救"十三行"这一濒危资源

"十三行"是广州海上丝路发展鼎盛的产物，从清代乾隆至道光（1757—1842年），独揽全国海外贸易长达85年，体现了广州"千年商都"的独特地位，其兴旺的商贸给粤海关带来了数额巨大的财政税收，致使广州有"天子南库"、"富甲天下"之誉。从横向看，它还直接带动了长堤的繁荣以及整个西关地区的兴盛。"十三行"这段历史，在世界上也产生了十分深远和广泛的影响。但遗憾的是我们对这一珍贵的历史人文资源并未给予应有的重视，甚至没有将它列入"市级文物保护单位"，以至目前这一宝贵资源已处于濒危状态。当务之急必须进行积极抢救，让"十三行"这一珍贵资源尽快复活，发挥其不可代替的文化、旅游和经济价值。抢救之方：首先应该迅速划定"十三行"历史文化区域的保护紫线，实施强有力的有效保护。二是整顿十三行路口极端混乱状况（包括交通与治安）。三是在"十三行路"东西两端路口，各建特色鲜明的"十三行路"仿古牌坊，并兴建反映"十三行"历史文化的雕塑广场。四是对该路段的建筑物，按"整旧如故"的原则进行整饰，使之成为有特色的商业步行街。五是将十三行路与文化公园连通，把目前文化品位薄弱的文化公园，改为全开放式的"十三行历史文化主题公园"，除在园内兴建"十三行历史文物博物馆"外，还应按原貌仿建一批当年的"夷馆"建筑，用以拓展这一文化资源的影响力及社会效益。六是以"十三行"人文资源的复活，带动目前已趋式微的长堤复苏，将长堤（特别是西堤）的水景文章做好。让"十三行"这一驰名中外的历史文化品牌，成为广州建设国际商贸中心重要的推动力。

7. 加大力度建设近代革命策源地主题区域

广州在这方面具有独特的资源优势，典型的历史文化遗存数量不少，当中主要有"辛亥年三·二九起义指挥部旧址"、"黄花岗七十二烈士墓"、"黄埔军校旧址"、"广州农民运动讲习所旧址"、"广州大元帅府旧址"、"国民党'一大'旧址"、"中山纪念堂"、"中山纪念碑"、"孙逸仙博士开始学医及革命运动策源地纪念碑"、"同盟会广东分会旧址"、"广东谘议局旧址"、"兴中会坟场"、"朱执信墓"、"廖仲恺先生牺牲处纪念碑"等。如何将上述文化遗存进行优化组合，连点成线、成片，便成为提升品牌效应的关键。可以"黄花岗七十二烈士墓"作为中轴，就近联结"朱执信墓"、"兴中会坟场"等，组成近代革命烈士墓陵群体，并在"黄花岗"陵园内组建"广州近代革命史迹博物馆"，结合举办相关的纪念活动，扩大其影响。至于"黄埔军校旧址"，一方面要继续完善陆路交通及外围景观，同时要增添水路交通，内部则要进一步提高对有关"黄埔军校"资源的研究水平，并通过"黄埔军校同学会"等渠道，举办相关的纪念活动，增强其影响力。"广州大元帅府"，目前主要是要加强宣传推介，并实行全开放式管理。中山纪念堂，历来是中外游客众多的历史人文景点，目前主要是要加强保护，控制大型演出的场次。总之，做好广州近代革命历史资源的保护与开发，当是抓重点、树品牌一个重要的项目。

8. 以黄埔古村为重点，做好广州古村落的保护与开发

广州的古村落，大多具有岭南水乡特色与浓郁的乡村风情，并保留了不少历史文化遗存及民俗文化，是广州作为历史文化名城不可缺少的重要组成部分。但由于我们对保护古村落人文资源意识薄弱，随着城市现代化、工业化的发展，目前已有不少古村落或被铲平，改建高楼大厦；或因工业污染严重，失去昔日乡村风采，这些都是非常深刻的教训，因而对目前尚存、为数不多并具有人文资源价值的古村落，如海珠区的黄埔古村、荔湾区的泮塘村、白云区的三元里村、从化的钱岗村、增城的朱村等，更应倍加珍惜，进行有效保护和合理开发，其中尤以黄埔古村最具历史文化价值。我们认为古村落的开发，必须以保护为前提，保护的对象主要包括历史文物遗迹、乡土建筑、街巷空间、村落形态、田园环境、乡村文化与风俗等，划定保护范围，坚决拆除一切违建、禁止肆意拆建和改建。二是对现存的古码头、古神庙、古宗祠、古街巷、古商肆、古仓库以及传统民居，按原貌进行必要的整饰，将位于村中心地带的旧贸易街黄埔直街（古称西市）建为"古港一条街"，再现昔日古港的风貌。三是开发范围，最好不要局限于黄埔村一地，应扩宽视野，以凸显广州古海港为主题，以"大黄埔"观念布局，将范围适当扩大，大致是以黄埔古村为中心，联结长洲岛上的"洋关旧址"（亦即现黄埔军校旧址）与黄埔旧港，向东延至庙头村"南海神庙"，向西延至琶洲塔，这样可使黄埔古港与周边地区多种资源，如长洲岛上的"巴斯楼"、"柯拜船厂"、"古炮台"、"番人冢"、"南海神庙"、"琶洲塔"等进行优化整合，形成广州东南部重量级的历史文化景区，既可陆上游览，亦可水上观光。四是应在景区内组建一座规模宏大、实物与中外文献资料齐全、图片影像完备的"广州古海港博物馆"及"黄埔村名人纪念馆"，藉以扩大影响。五是充分利用现在的有

利条件与机遇，如地铁的开通、广州国际会展中心的建成以及附近的万亩生态果园、官州国际生物岛、广州大学城等都拥有众多中外客源，可以利用地缘优势将这庞大客源吸引过来，通过"珠江游"和"广州古港一日游"，组合成一条集古代文化与当代文化以及生态美景于一体的独特旅游路线，这些都是开发黄埔古村，将这一品牌做强做大的重要依托。

总而言之，突出抓重点、树品牌、实施优化组合，这在总体规划中无疑具有重大的战略意义。

（二）建立政府主导、社会参与的人文资源保护与开发机制——正确处理资源保护与旅游开发的辩证关系

历史人文资源的保护与开发，其实是一项关系到国家与民族文脉传承、民族优良传统播扬的功业，也直接关系人类文明与社会进步，自然应有全社会的参与，但首先应该是政府的重要职责，因此国家对人文资源保护与开发，早已制定了"政府主导，社会参与，明确职责，形成合力，长远规划，分步实施，点面结合，讲求实效"的工作原则，我们应按这一原则，建立"政府主导，社会参与"机制，使广州市的人文资源保护与开发，能有序、有效地运行，赢取更大的社会效益与经济效益。

1. 政府主导的主要内容

政府主导应防止两种倾向，即既要防止政府大包大揽，也要防止政府失职失责。为此明确政府主导的职责范围与要点是十分必要的。我们认为实施政府主导，其职责应有以下5个要点：

（1）负责制定历史人文资源保护与开发的总体规划，对资源保护与开发两方面进行宏观调控，使两者协调发展、相互促进，同时将它纳入全市经济建设与社会发展规划中，使文化建设与经济建设一样获得有力的保障。

（2）负责制定有关历史人文资源保护与开发的法律、法规及相关政策，划定资源保护范围，使文化资源的保护利用有法可依。在此基础上，列明法律责任条款，包括各种行政责任、民事责任乃至刑事责任，切实做到违法必究。

（3）大力加强有关历史人文资源保护开发的宣传教育，切实增强各级政府和广大市民的文化遗产保护意识。当前要特别注意制止对文化资源进行"建设性破坏"、"破坏性建设"以及"急功近利"的"开发"。

（4）大力培养有关历史文化遗产保护开发的专门人才，全方位开展对人文资源的科学研究和多形式的推介，使资源效益获得更充分的发挥。

(5) 在促进文化产业（尤其是旅游业）发展方面，政府应充分发挥在法规政策、财政金融、规划调控及市场监管等方面的作用。通过各种经济和行政手段，帮助产业消除靠自身无法解决的外在不利因素，从而营造有利于产业发展的运作环境。引导产业结构优化整合，避免产业的同质化竞争和恶性竞争，并在资金投放、立项、用地、税收、信贷、社会保障等政策层面提供必要的支持与服务。

2. 社会参与的主要内容

全体市民切实遵守国家颁布的"文物保护法"，牢固地树立"保护文物，人人有责"观念，自觉制止破坏人文资源的行为。这是"社会参与"机制最基本、最重要的一环。

通过各种政策，引导和鼓励专家学者、团体（包括宗教团体）、企业（特别是文化产业）及民间人士（包括港澳台同胞、海外侨胞与华人）参与历史人文资源的保护与开发，如捐助历史文化遗址的修缮工程、筹建专题博物馆、推介文化资源品牌等，广州在这方面是具有优势的，出国华侨人数众多，港澳同胞大部分与广州市民有亲属关系，他们热爱乡梓，热心公益事业，只要我们制定适当的政策，予以鼓励和引导，他们必将成为参与我市历史人文资源保护与开发的一支重要力量。

保护和开发历史文化遗产已具有世界性。况且广州市许多历史文化遗存，与国外密切相关。许多外国游客到广州观光，大多怀有追念先祖在华事迹，带有浓厚的怀旧之情。要进一步完善有关对外文化交流政策，积极吸取国外的先进经验、科学技术、文化基金以及个人捐款与投资，这是社会参与历史人文资源保护与开发的一项重要内容。

3. 正确处理资源保护与旅游开发的辩证关系

以旅游业为主体的文化产业，是历史人文资源保护与开发的一支十分重要的力量。21世纪是全球文化产业和旅游业大发展时期，新世纪世界旅游业增长点将集中于文化。国务院颁发的《文化产业振兴规划》，实际上已将文化产业升格为国家战略。在这一时代背景下，我们认为历史人文资源透过文化产业（尤其是旅游业）的开发，不仅能更有效地实现其文化价值和经济价值，而且也是"十二五"规划优化经济结构、促进历史人文资源转化为新的经济增长点的时代要求，关键在于正确处理资源保护与旅游开发的辩证关系，使两者优势互补，相互促进，实现保护—开发—保护的良性循环。

(三) 建立具有权威性的监管机构，加强法制建设

无论从"政府主导，社会参与"角度看，还是从"资源保护，旅游开发"的角度看，我市都应尽快在行政层面建立一个具有权威性的监管机构，负责统筹全局、协调各方，加强法制建设，切实推行问责制，保证广州市历史人文资源保护与开发机制，能在高效、优质的条件下运营。

1. 统筹全局，协调各部门、各区镇的文管工作

统筹全局的重点在于科学地制定全市历史人文资源保护与开发的总体规划。世界上许多历史文化名城如巴黎、罗马、威尼斯、雅典等，对于毁坏历史人文资源的行为，大都通过政府统筹全局，先期制定总体规划防患于未然，因而这些世界历史文化名城，无不以其独特的人文资源饮誉全球，历久不衰。这些宝贵经验很值得我们借鉴。因此，总体规划一经确定，政府必须加强监管，任何部门、任何官员和个人均无权改变、破坏，否则必须严格追究其行政责任、民事责任，乃至刑事责任，用以体现规划的严肃性与权威性。

2. 加强法制建设

当前对历史人文资源造成最严重破坏的当是"破坏性建设"，致使许多具有历史文化名城特色的建筑毁于一旦。保护人文资源最有效的办法，就是加强立法，将资源保护与开发纳入法制化轨道。这在国内外均不乏成功经验，如世界历史文化名城法国巴黎，就是通过立法保护老城区，另建新城区，从而以其丰厚的人文资源，赢得世界各国游客的高度赞誉。在国内如上海在解决城市扩容时并没有"急功近利"，而是立法保护"外滩"，另建浦东新区，现在古今新旧两区隔江相映，相得益彰，成为上海城建的一大特色。而具有典型意义的是澳门旧城区的"申遗"成功，这是澳门政府自1976年颁布编号为34/76M的文物保护法令以来，历经30年不断加强法制所结出的硕果。因此，广州应进一步加强法制建设，一是在国家颁布的《文物保护法》的基础上，结合广州的实际情况，制定专项法规和实施细则。二是尽快制定《非物质文化遗产保护法》及《文物流通法》。三是根据广州市当前在资源保护与开发中出现的突出问题，对现有的法例法规作进一步完善和细化。四是对文化产业（尤其是旅游业）的发展，要制定明确的法律指引。对港澳台同胞、海外侨胞以及外籍人士（或团体）参与人文资源保护开发，亦应在法律上和政策上作出明确的和具体的规定。总之，加强法制建设，就是使资源保护开发法制化，做到有法可依，违法必究。

（四）重视非物质文化遗产的保护与开发

非物质文化遗产，自2003年联合国教科文组织通过《保护非物质文化遗产公约》以来，越来越受到世界各国的重视，韩国抢先以"端午祭"项目申遗成功，就是突出的一例。但广州的非物质文化遗产保护与开发还相当薄弱，其原因一是起步较晚，对这方面资源的挖潜发掘尚处于启动阶段。二是重视程度不足，前景亦不容乐观。因为这类文化资源大多依人存续，但随着社会经济的重大变化，这类资源赖以存续的社会基础和生存空间，或已消失，或正在改变。同时，随着老艺人的逝去；中青年艺人迫于生存环境，不得不"转行"；更多的年轻人不愿意继承这份"祖业"，从而出现"后继乏人"，大有"曲终人散"之虞。

解困之法，我们认为一是大力挖潜，可通过已经建立的"广州非物质文化遗产保护中心"继续做好资源的挖潜工作，特别要在传统工艺、传统美术、传统医药和民俗节庆这几个重点下功夫。二是大力扶持解困（包括政策扶持、资金扶持与组织扶持等），如最近组织了包括粤剧在内的全国巡回演出，其影响已初见成效，但还应鼓励创新剧目，定期举行省港澳粤剧大联演，鼓励与支持派出优秀粤剧团到海外华侨人数众多的城市演出，更应鼓励和支持粤剧下乡，进行广泛的巡回演出。只要给予高度的重视和足够的实质支持，广州非物质文化遗产的保护与开发定能迈上一个新的台阶。

（五）抓紧专业人才培养，充分发挥专家作用

历史人文资源的保护与开发利用，是一项专业性很强的系统工程，人文资源及优良的历史传统，需要有一大批专业人才对它进行发掘、整理、考订、研究、传承与播扬，这是做好资源保护与开发工作非常重要的一环。在这方面上海的经验值得借鉴，他们很早就与上海各高校联手，组建了"上海研究中心"，由复旦大学牵头，经常举办以"历史研究与历史文化资源开发利用"为主题的研讨会，从而形成了"保护为主，抢救第一，合理利用，加强管理"的原则。市政府非常重视专家建议，将保护文化遗存工作纳入城市规划，颁布了《上海市中心区历史风貌保护规划》，明确地划定13处保护区，其中最典型的是对"外滩"的保存和浦东新区的开发，充分展现历史传统与现代化完美结合的"上海风貌"，这些显然是与上海市政府历来重视专业人才培养和充分发挥专家作用密切相关。

在这方面，广州与上海相比较就存在明显的差距，应该说我们2000多年所积淀的历史人文资源，远比上海优厚，但由于我们本来就缺乏专门人才，对人才

培养也不够重视,资金投入不足,整体研究水平不高,以至资源保护与开发长期处于单一的粗放型状态,在重大项目上难以取得突破。要改变这种局面,就必须抓紧专业人才的培养,把它作为重要战略之一予以实施。同时还应在海内外广纳高才,参与到这一团队中来,实现培养、引进、使用"三管齐下",不断壮大这一队伍。在充分发挥专家作用方面,应诚邀专家,组成相对固定的"广州历史文化名城资源保护与开发委员会",对有关人文资源保护与开发的重大事项,起咨询顾问监督的作用,从而有利于进行科学决策,有利于广州开展"世界文化名城"的建设。

(六)精心筹划,积极申报世界文化遗产

目前世界各国均出现了"申遗"热,我国各省市更是持续升温,据不完全统计,国内有"申遗"意向的项目已有200多项,再加上第28届世界大会对原有的《凯恩斯决定》进行了修订,规定每年大会审议项目总数不超过45项。因应这一形势,国家已采取宏观调控措施,建立更严格的评审制度和准入机制,即"申遗"项目必须首先进入《中国世界文化遗产预备名单》,有些项目则采取捆绑式的联合申报。因此,我们所面临的"申遗"形势就更为严峻,必须进一步加大力度,精心筹划,因应新的形势,制定"申遗"的战略部署。为此,我们提出以下建议:

从广州市文化遗址目前所具备的条件成熟程度,以及"申遗"所产生的影响来看,我们认为"海上丝绸之路·广州古海港"和"广州古城址·南越国宫署遗址"这两项,条件已相当成熟,应列入"世界文化遗产"类的近期"申遗"规划。"广东音乐"的条件也相对较好,在国内外也有重大影响,可列为"口头和非物质遗产"类的近期"申遗"规划,抓紧部署,夯实基础,争取广州能早日在"世界文化遗产"项目上取得零的突破。至于远期规划,则是指资源具有潜质与特色,但目前在资源开发上还不够完善、需要有较长时间进行改进的项目,物质遗产类如沙面建筑群、"广州五大宗教建筑群"等。非物质遗产类如粤剧、雕刻(含牙雕、玉雕、骨雕)等。

(课题组成员:关汉华 祝宪民 叶蓬 莫吉武)

打造广州文化摩尔，
创建世界文化名城新名片

一、打造广州文化摩尔的战略意义

（一）创建广州文化新名片，加快广州世界文化名城建设

世界文化名城不仅拥有悠久的历史文化和深厚的文化底蕴，拥有发达的文化产业体系和公共文化服务体系，还具有众多的不同形式、不同内涵的文化品牌和文化名片。其中，文化品牌和文化名片对提升一个城市的文化知名度和美誉度，从而提高该城市的地位和影响力具有重要的作用。如威尼斯之"水"、维也纳之"音乐"、南京之"六朝古都"、曲阜之"孔子故里"等文化品牌和名片。因此，创建广州文化"新名片"，对加快广州世界文化名城建设具有重要的意义。

大型公共文化设施、标志性文化设施是最能彰显城市文化形象的文化名片。广州已经或正在规划建设多个可以体现城市形象的大型公共文化设施，如广州大歌剧院、广州新图书馆、市博物馆、市第二少年宫、广州长洲文化休闲旅游区等。但广州还缺少以文化购物消费为主题，集多功能于一体的大型公共标志性文化设施。

广州文化摩尔是以文化购物消费为主，集文化休闲、文化娱乐和相关文化服务功能于一体的大型综合购物中心和大型公共标志性设施。由于广州文化摩尔采用现代商业摩尔形态和发展模式，将更能展现现代、大型、综合和公共化的特征，对广泛聚集国内外文化消费享受以及观光旅游人流具有强大的吸引力；另一方面，广州文化摩尔平台，以文化商品、服务消费为媒，具有更强的展示性、学习性、交流性和传播性。如依托文化摩尔平台组织多形式的全国性和世界性文化论坛、文化知识、文化品牌交流和世界文化商品、艺术博览等，将更有利于提高广州城市的全国和世界的知名度、美誉度和影响力。因此，打造广州文化摩尔将成为创建一张更为亮丽的城市文化名片，对提高广州世界文化名城的影响力，加快广州世界文化名城的建设具有重要的意义。

（二）开创全国之先河，探索文化购物消费全新模式

目前，国内文化商品购物消费大都从商品属性出发，分门别类汇集于百货商店、超市、专卖店或批发市场进行销售批发，较少体现其文化属性的一面，单纯是商业行为，而且往往品种较少、功能单一。相对功能较多、文化属性较强的是购书中心，如广州购书中心、深圳书城等，但品种也主要集中在图书音像制品、学习文化用品方面，其功能也大都局限于购物消费领域。尽管目前购物中心或书城经营的品种和服务功能较传统意义上购物中心已经有了一定的扩展，如增加了一定的文化学习用品、学习体验、学习交流和美食功能等。但总体上看，文化商品的汇集广度和深度，文化功能的集合程度仍相当有限。

文化摩尔在文化商品汇集、功能集合、商业形态和经营运作模式方面将完全不同。"Mall"（中译文摩尔），即Shopping Mall，它源自美国，意思是专业的超级市场或大型的购物中心，是一种集商品购货、消费、服务、休闲、娱乐、餐饮、观光旅游于一体的新型的复合型商业形态。摩尔一般是特指规模巨大（面积在10万平方米以上），业态业种复合度极高，商品品种组合极其齐全，能满足全客层之需求的一站式购物消费和一站式享受的特大型综合购物中心。

广州文化摩尔就是借助现代摩尔的复合型商业形态和多品种、多功能集合以及综合服务的特征，以文化购物消费功能为主体，集文化购物消费、休闲、娱乐和服务功能于一体的复合型文化商业中心；也是集商业功能和公共文化活动平台功能于一体，能满足全客层多元文化需求的一站式购物消费和一站式享受的大型文化商业公共设施；是文化购物消费服务的全新模式，也是文化产业聚集发展的一个全新形态。如果说当年广州建设广州购书中心是全国图书购物消费领域的一大创举，那么，今天打造广州文化摩尔也必将是开创全国文化购物消费之先河。

（三）构建文化消费综合平台，满足日益增长的市民文化消费需求

随着我国经济发展的持续快速增长，城乡居民收入水平的不断提高，城乡居民的精神文化消费需求也呈快速增长态势，这种增长态势在中心城市表现得更为明显。例如，2007年广州居民年人均文化消费支出占年人均消费总支出比重达17.3%，是1990年的2.1倍；人均年文化消费总支出为3276元，是1990年的16.9倍。在总量快速增长的同时，文化消费需求日趋多样化、多层次和多元化。居民文化消费需求已不仅仅局限于购书、文教、娱乐等传统文化消费领域，而是已经向文化休闲、文化观光、文化旅游、文化美食等更广泛的领域扩展；在层次

上也从基本文化消费型向文化欣赏、文化体验、文化享受型转变。就是在传统文化消费领域，其形式和内涵也发生了根本的变化，呈现出明显的多样化、多层次和多元化特征。

在这样一种文化消费需求背景下，作为居民文化消费活动终端的载体平台，业态业种过于单一、功能缺失不齐，是很难满足居民快速增长和日益多样化、多层次和多元化的文化消费需求的。犹如20世纪80年代末，百货大楼、商店不能满足快速增长和日益丰富的商品购物消费需求一样，很快催生了连锁超市、大卖场和大型购物中心的迅猛发展。

广州文化摩尔正是借助摩尔的复合型商业形态，聚集文化购物消费、休闲、娱乐以及相关服务功能于一体，打造一个能满足全客层多样化、多层次、多元化文化需求的"一站式"购物消费和体验享受的综合载体平台，从而能更好地满足居民日益增长和日趋多元化的文化消费需求。

（四）探索"以商养公"发展机制，改变政府长期补贴公共文化设施的局面

长期以来，我国公共文化设施一直都是由政府投资建设为主，俗称"交钥匙工程"，并在项目建成交付使用后，由政府每年进行财政补贴维持其正常运营。这种建设和发展机制导致公共文化设施建设越多，财政压力越大的局面。广州也不例外，公共文化设施大都由政府投资建设，交付使用后每年还需大量的财政补贴维持运营。这些公共文化设施的建设对社会文化事业的发展非常必要，不可缺少，但部分功能单一的公共文化设施对市民的吸引力不大，使用效率不高，场馆创收能力有限，给各级政府也带来了不小的财政压力。

广州文化摩尔融公益性和商业性于一体，既为市民提供了一个大众公益性的公共文化活动场所，也为文化企业的经营发展提供了一个共享的平台，从而形成"以商养公"的良性发展机制，即以商业性项目的经营收入维持公益性设施的运作，政府在一次性投入以后，不再需要每年对其进行补贴，从而减轻政府财政压力，又可保证公共文化设施的长期健康发展。

二、打造广州文化摩尔的市场条件

（一）文化产业是最具发展潜力的"朝阳"产业

近年来，文化产业在全球获得飞速发展，被公认为21世纪全球经济一体化

时代的"朝阳产业"或"黄金产业"。有资料显示,在过去的 20 多年中,文化商品的国际贸易额呈几何级数增长。西方发达国家的文化产业的产值甚至占到 GDP 的约 1/5。

进入 21 世纪,中国文化产业同样获得高速的增长。2004—2008 年间,文化产业增加值年均增速达到 22%[1]。2009 年文化产业增加值为 8400 亿元,占 GDP 比重为 2.5%。文化产业呈现出规模不断扩大,经济效益大幅提高,文化体制改革成效显著,娱乐文化服务、会议及展览服务等新兴文化产业快速发展,非公资本比重上升,文化大省建设初见成效等特点。但总体上看,我国文化产业基本上是一个"战略性短缺"产业。在 3000 美元的发展水平上,我国文化产业大大低于世界各国平均水平,大约仅及世界各国平均水平的 1/5[2],可见,我国文化产业具有巨大的发展潜力。

广东已经成为文化产业大省。2008 年广东省文化产业增加值达 2720 亿元,占全省 GDP 的达 6.8%。从增加值规模看,2008 年是广东省文化产业总量规模连续五年名列全国各省市之首的年份,总量规模占全国的比重超过 1/3;从占 GDP 比重看,除北京文化产业占其 GDP 比重超过 10% 以外,广东的文化产业占 GDP 的比重在全国排名第二,超过上海、天津和其他省区市。文化产业已经成为广东省经济发展的新增长点和支柱产业。

广州作为广东的省会城市和国家中心城市,文化产业的发展和地位更加突出。2009 年,全市文化产业实现增加值 715 亿元,占 GDP 比重达 7.87%;文化产业法人单位从业人员 36.47 万人,全年实现营业收入 1835.54 亿元。进入 21 世纪以来,广州的书报刊、音像制品、演出娱乐、影视剧、艺术品拍卖等文化产品市场发展迅速;资本、产权、人才、信息、技术等文化要素市场逐步形成,连锁经营、物流配送、电子商务、电影院线等现代流通组织形式得到广泛采用;文化经纪、代理、评估、鉴定、推介、咨询、拍卖等中介机构发展迅速,文化市场机制与法规不断完善;广州在新闻出版、印刷、网游动漫、创意设计、文化会展和新兴文化产业业态发展在国内居前列地位;拥有一批知名度较高的文化企业和品牌、文化产业基地、文化特色街和园区。

不难预见,随着《广东省建设文化强省规划纲要》的实施和广州"加快建设文化强市,打造世界文化名城"战略的推进,广州文化产业发展必将迎来更

---

[1] 张晓明、胡惠林、章建刚:《2009 年中国文化产业发展报告》,社会科学文献出版社 2009 年版。
[2] 张晓明、胡惠林、章建刚:《2010 年中国文化产业发展报告》,社会科学文献出版社 2010 年版。

加灿烂的明天，这为成功打造广州文化摩尔提供了良好的产业发展前景。

（二）文化消费需求不断扩大

进入21世纪以来，随着我国经济的持续快速增长和居民收入、物质生活水平的不断提高，我国城乡居民文化消费的需求不断扩大，尤其城市居民文化消费需求呈快速增长态势。进入2000年以来，我国文化消费支出占城乡居民总支出的13%～15%之间；2008年我国城乡居民家庭文化娱乐用品及服务消费实际支出为5600亿元，2009年约为6076亿元，呈稳步增长态势（由于统计口径的问题，我们不认为这能反映文化消费需求增长的全貌）。广东省、广州市是文化消费大省和中心城市，居民的消费支出比重更高，消费需求增长更快。2007年广州居民年人均文化消费支出占年人均消费总支出比重达17.3%，是1990年的2.1倍；人均年文化消费总支出为3276元，是1990年的16.9倍。（见表1）

表1 20世纪80年代至今广州市民人均收入与文化消费比重变动趋势

年 份	广州市民人均收入与文化消费比重			
	年可支配收入（元/人）	年消费性支出（元/人）	年文化消费（元/人）	占消费支出比重（%）
1980	606	521	23	4.41
1985	1100	1011	79	7.81
1990	2749	2410	194	8.05
1995	9038	7602	734	9.66
1999	12019	9751	1115	11.44
2000	13967	11349	1443	12.71
2001	14694	11467	1516	13.22
2002	13380	10672	1751	16.41
2003	15003	11570	1884	16.28
2004	16884	13121	2219	16.91
2005	18287	14468	2329	16.10
2006	19851	15445	2531	16.39
2007	22469	18951	3276	17.29

从表 1 中可以看出广州市民文化消费需求变化的特点：

（1）20 世纪 80 年代，广州的人均可支配收入呈增长趋势，而文化消费比较稳定，但人均文化消费支出量却比较少，占消费支出的比重较低。

（2）20 世纪 90 年代，随着市民的人均可支配收入的大幅度增加，文化消费也有了明显的提高。

（3）进入 21 世纪以来，广州文化消费支出的增长率普遍高于可支配收入的增长率。平均收入增长率为 8.40%，而平均文化消费支出的增长率达到了 14.80%，这表明文化消费增长的幅度要明显大于收入增长的幅度。1980—2007 年，20 年间人均收入提高了 37 倍，同时，文化消费支出扩大了 142 倍，表明随着居民收入水平的增加，居民文化消费需求将获得更高的增长。

综上所述，随着我国经济的持续快速发展，城乡居民尤其是城市居民在文化生活方面的消费也将越来越多，文化消费需求将呈现更加快速增长之态势。文化消费市场的不断扩大为成功打造广州文化摩尔提供了良好的市场前景。

（三）文化消费结构不断趋向多样化、多层次和多元化

随着人们收入水平和物质生活水平得到了显著提高，精神生活要求也随之不断提高。另一方面，现代电子信息技术手段的日常生活化，也不断地改变着人们的生活方式，人民群众精神生活内容和方式也日趋多样化，促使文化消费结构不断趋向多样化、多层次和多元化。人们文化消费已不仅仅局限于教育、体育、娱乐等基本文化消费领域，而是逐渐向旅游、休闲、美食、美容、保健等领域扩展；消费形态也逐渐从实用性向时尚型、休闲型、体验型、欣赏型、收藏型转变。就在传统基本文化消费领域，其消费方式也逐渐多元化。随着现代电子网络技术和通信技术的迅猛发展，电视机、电脑、手机以及 MP3、MP4、影碟机、数码相机和摄像机等不但普及率高，功能使用也有很大的扩展。数据化音乐、数据化影像、数据化阅读、数据化文化交流不断进入人们的日常生活，一个数据化娱乐、数据化传媒和数据化学习的时代正在到来。这些不但大大改变了人们文化消费的观念，也大大丰富了人们文化消费形态和方式。

此外，文化消费的融合性也日趋明显，集文化购物、休闲、娱乐、学习、体验功能于一体的平台更加受到居民的欢迎。如购书中心已经不仅仅是图书购物消费的场所，而是市民购书、阅读、学习、休闲、娱乐一体综合活动的场所。以广州购书中心为例，现在市民在购书中心除了购书，更多是在阅读、学习、体验和休闲。市场调查表明，一半以上的市民已经把逛书店作为一种学习体验和文化休

闲娱乐的生活方式。

总之，文化消费结构多样化、多层次和多元化已经成为当代社会文化消费变化的基本趋势。随着我国社会经济的进一步发展，这种趋势将会不断增强，这为广州文化摩尔——文化购物消费服务综合中心的建设发展提供了更加广阔的市场空间。

（四）出版发行产业稳步增长

出版发行产业虽然是传统产业，但近几年，经过"转企改制"、"兼并联合"、"数字出版"、"国有民营合作"等创新发展，整个行业焕发出新的生机，就在国际金融危机影响下的2008—2009年，仍然保持稳中有升的增长态势，呈现出如下发展特点：

（1）总体上保持稳中有升的增长态势。2008年全国共出版图书27.6万种，总印数69.4亿册，比上年增长10.2%；定价总金额791亿元，比上年增长17%；电子出版物品种9668种，出版数量15770万张，分别比上年增长11.7%和16%。2009年上半年，全国图书销售增长20%，新媒体出版增长40%，产值增长30%。

（2）出版发行体制改革成效显著，市场化主体占据主导地位。2009年，全国文化法人单位为12万家，其中企业法人单位11.6万家，占总法人单位的96.3%，占据绝对主导地位。

（3）产业转型成效初显，数字出版发展迅速。2009年，数字出版总产出已达到799.4亿元，总体经济规模超过图书出版，初步形成了北京、上海、广东等数字出版产业集聚区。手机出版的营业收入已超过网络游戏，占数字出版行业全部营业收入的24.2%，居首位。出版发行业的总体格局在技术进步的带动下已发生了根本性改变。

（4）文化大省和东部沿海地区新闻出版业发展优势明显，并已形成产业带。从总规模看，全国出版发行业总产出的54.5%、增加值的55.2%、资产总额的55.3%和营业收入的54.5%集中于北京、苏浙沪长三角地区和广东珠三角等地区，呈现出集聚发展态势；从产业类别看，图书出版总产出的56.1%、增加值的73.7%、资产总额的50.6%和营业收入的56.1%集中于北京和苏浙沪长三角地区，期刊出版总产出的38.8%、增加值的39.1%、资产总额的45.9%和营业收入的39.1%集中于北京，印刷复制总产出的66.4%、增加值的62.3%、资产总额的64.1%和营业收入的66.7%集中于广东珠三角地区、苏浙沪长三角地区、北京和山东等地。

（5）市场更加开放，非公经济成分获得长足发展。非公有企业（排除国有全资、国有控股和集体企业）资产总额、增加值、营业收入和利润总额四大指标，在印刷复制企业中已分别占82.3%、83.2%、84.1%和84.7%，在出版物发行企业中已分别占69.0%、76.2%、69.3%和80.5%。

（6）广东是出版发行大省。2009年，广东出版发行产业总产出达1850亿元，占全国的18.8%；文化产业增加值为448亿元，占全国的15%；文化产业资产总额为1779亿元，占全国的15%，三大主要指标均居全国之首。从产业类别看，广东的印刷复制业产出占40%，居全国第一；广东的音像制品、期刊出版均居全国第二；数据出版居全国第三[①]。

我国以及广东出版发行的稳步增长、创新发展和市场化程度的不断提高，为广州文化摩尔的成功打造提供了坚实的基础支撑。

三、广州文化摩尔建设发展方案

（一）项目定位

1. 项目名称及性质

项目名称：广州文化摩尔。

项目性质：本项目是广州地区最重要的文化购物消费以及服务综合平台，也是广州地区最重要的大众公益性文化公共活动场所。

2. 目标定位

南中国规模最大、特色最明显、多元文化相融合、业态业种最齐全、辐射影响力最广的现代文化购物消费中心，广州国家中心城市、世界文化名城的文化"新名片"，全国图书及文化购物消费模式创新发展的"新标杆"。

3. 功能定位

广州文化摩尔将建成图书及文化商品购物消费为主，集文化休闲、娱乐、博览和服务功能于一体的新型文化购物消费中心，也是大型公共文化活动场所。主要的功能定位如下：

（1）核心功能。图书及文化商品购物消费。

---

① 中华人民共和国新闻出版总署：《2009年中国新闻产业发展报告》。

（2）基本功能。文化购物消费、文化休闲娱乐、文化博览、出版发行及文化综合服务。

（3）延伸功能。文化学习体验、文化观光旅游、文化信息技术交流、青少年科普园地。

4. 业态业种定位

项目体现现代"摩尔"的特征，力求较高的业态业种符合度，以出版发行商品及服务为主，实现文化商品消费全业态业种经营和服务目标。

（1）业态方面包括：购书中心、文化商品百货店、超市、专卖店、文化长廊、文化广场（含音乐喷泉）、文化会展、文化技术博览、文化美食娱乐城、文化主题公园、青少年科普园地等。

（2）业种方面包括：图书及音像制品、工艺美术及收藏品、文具办公用品、文化设备用品、游艺器材及娱乐用品、岭南文化商品、中华民族文化商品、世界民俗文化商品等。

5. 目标市场

广州文化摩尔的目标市场定位体现广州作为国家中心城市和世界文化名城的定位要求，具体定位如下：

（1）核心市场：广州地区。

（2）主体市场：珠江三角洲地区。

（3）外围市场：面向国内外。

6. 规模定位

广州文化摩尔作为广州国家中心城市的文化"新名片"，需要较大的规模体量以支撑。建议建设规模为总占地规模约300亩，建筑面积约40万平方米。

（二）功能架构

广州文化摩尔将建成图书及文化商品购物消费为主，集文化休闲、娱乐、博览和服务功能于一体的新型文化购物消费中心，同时承担大型公共文化活动场所功能。

1. 购物功能

购物功能是文化摩尔的主体功能。大型文化摩尔的优势在于可以凭借其商品业态业种较高复合性功能，全方位吸引文化消费者，实现全客层一站式文化购物消费，从而增强竞争中的优势。文化商品种类齐全是文化摩尔的最突出特征。广州文化摩尔的购物功能将根据不同的商品属性，进行明确的商品功能划区，并以多种业态将各类文化商品展现给消费者，以便满足全客层一站式文化购物消费需求。

广州文化摩尔的商品种类主要包括八大类：

（1）图书、音像制品。包括各类图书、报纸、期刊出版物、音像制品、电子出版物，等等。

（2）工艺美术收藏品。包括工艺品、美术品、收藏品、玉器及珠宝首饰、牙雕、竹纸工艺品等。

（3）文具办公用品。包括文具、办公用品、眼镜、礼品等。

（4）文化设备用品。包括印刷设备、复印设备、影音设备、数码设备、信息化学制品以及其他文化设备等。

（5）游艺器材及娱乐用品。包括游艺器材、娱乐制品、乐器、玩具、棋牌等。

（6）岭南文化商品。包括岭南陶艺制品、刺绣编织、字画雕刻等富有岭南特色的文化商品。

（7）国内民族文化商品。广泛汇集我国各民族文化手工艺品，展现我国各民族的文化精品。

（8）世界民俗文化商品。广泛汇集世界各地文化精品，如印度、埃及、希腊、日韩、东南亚等世界历史文化精品。

2. 服务功能

广州文化摩尔的服务功能，是以图书购销和出版发行服务为主，集相关文化配套服务功能于一体的综合服务功能，其主要的服务功能有以下七个方面：

（1）图书购销服务功能。是图书供应商和采购商、零售商提供购销综合服务平台，也是图书购销总部以及相关配套服务机构聚集的平台。

（2）出版发行服务功能。是广州地区出版发行综合服务中心，也是出版发行总部以及相关配套服务总部机构聚集中心。

（3）文化商务会议服务功能。是广州地区文化商务会议、论坛、沙龙、讲座等的经常举办园地。

（4）文化商品鉴定拍卖功能。是广州地区相关文化商品鉴定机构聚集地，也是文化商品的权威鉴定中心，具有较强的文化商品鉴定服务能力和文化商品拍卖服务功能。

（5）文化人才交流培训功能。是广州地区文化人才重要的交流培训平台，具有发达的文化人才资源信息系统和文化人才职业培训功能。

（6）文化信息交流服务功能。是广州地区重要的文化信息中心和文化信息的传播和交流平台。

（7）文化创意服务功能。是广州地区重要的文化创意工作者聚集园地，具有较良好的文化创意工作环境和服务功能。

3. 休闲功能

文化摩尔的休闲功能集购物消费休闲和文化休闲功能于一体，为消费者享受休闲的同时领略浓郁的文化气息、观摩文化艺术作品和接受文化熏陶发挥重要的作用，是营造摩尔文化氛围，提升摩尔文化品位，增强文化吸引力的重要功能。广州文化摩尔的主要休闲功能包括以下五个方面：

（1）艺术长廊。由工艺美术品、字画、收藏品等组成，既是创作者和爱好者展示的平台，也是消费者观摩、学习和感受艺术魅力的平台。

（2）文化广场。是含有较多文化内涵为主要建筑特色的较大型的场地，既是消费者歇息的室外场所，也是为消费者提供文化休闲娱乐的公共空间与文化活动的场所。广州文化摩尔文化广场还将展现水秀花香的特色，并规划建设现代大型音乐喷泉。

（3）人文科技展览。是展示人文科技发展历史和未来发展趋势的场所，也是消费者学习、了解人文科技历史、知识和展望未来的平台。

（4）文化美食城。是文化与美食相融合的场所，是具有丰富的文化内涵和浓郁文化氛围的美食天地；是消费者享受美食的地方，也是市民通过美食了解文化的窗口。

（5）文化主题公园。主题公园位于文化摩尔主体建筑周边，以不同文化主题划分若干个小公园。文化主题公园与文化广场构成文化摩尔的周边环境衬托，也是消费者歇息休闲的场所，同时还是消费者感受主题文化的园地。

（6）青少年科普体验园地。是青少年科普学习体验的场所，以现代技术手段和灵活方式系统展现科普知识和技艺，为青少年参观学习科普知识，体验实践科普技能提供平台，从而激发青少年爱科学、学科学的热情。

4. 娱乐功能

娱乐功能是广州文化摩尔的重要组成部分，是为广大消费者提供文化娱乐的场所，广州文化摩尔的娱乐功能主要有以下六个方面：

（1）文化影视城。影视场所和环境方面具有明显文化特色，影视内容具有较高的文化品位。在这里消费者既可以观摩到国内外的文艺大片，也可以欣赏到3D、4D等高科技影视作品，同时还可以观看到大众化的一般影视作品。

（2）艺术表演中心。是艺术家展现自我和学习交流的舞台，也是市民观赏个性化艺术表演的天地。

（3）市民演艺广场。是市民朋友展现自我和学习交流的舞台，也是让市民登上演艺台，展现来自民间的草根文化，实现自娱自乐的园地。

（4）特色体育体验功能。如花样自行车体验、大众化花样溜冰等。

（5）娱乐体验功能。如KTV、音乐茶座、影视配音、客串主持人等。

（6）网游动漫体验功能。如网游动漫制作体验、网游动漫娱乐体验等。

（三）发展思路和发展模式

1. 发展思路

以科学发展观为指导，以国家、省、市文化产业发展规划为指引，充分发挥广州作为千年商都、国家中心城市和文化产业基础雄厚的各方面优势，紧紧抓住广州建设国家中心城市和打造世界文化名城的历史契机，以及我国居民文化消费需求快速增长和国家、省、市大力发展文化产业所带来的发展机遇；以打造全国著名、辐射影响力最广的现代文化购物消费中心和公共文化活动平台为目标，创建广州国家中心城市、世界文化名城的文化"新名片"。以文化商业性经营和公益性服务相融合为发展模式，在提供满足居民不断增长的公益性公共文化需求服务的基础上，追求经济效益最大化为宗旨；以文化商品齐全、功能齐备、服务完善、一站式享受为号召力，用好用足国家、省、市促进文化产业发展的有关政策措施，实施开放式的发展战略，广泛整合社会资源，构建优质的平台软硬支撑条件，促进各类文化商品经销商、各地出版发行机构、各类文化休闲娱乐发展商、各类相关文化服务商家的聚集，形成政府搭台、新华出版发行集团为主、社会各方共同参与的发展格局；广泛引进现代摩尔的经营理念、人才、技术、装备，建立一流的管理制度、培育一流的员工队伍、采用一流的技术手段、营造一流的文化环境、创建一流的综合服务、构建一流的文化购物消费服务平台（简称"六个一流"）。用三到五年的时间，将广州文化摩尔初步打造成为华南规模最大、特色最明显、多元文化相融合、业态业种最齐全、辐射影响力最广的现代文化购物消费中心和公共文化活动场所，并初步确立起广州国家中心城市"文化新名片"和全国图书及文化购物消费模式创新发展的"新标杆"。

2. 发展模式和经营模式

广州文化摩尔作为广州地区最重要的文化购物消费以及服务综合平台，同时承担广州地区最重要的大众公益性文化公共活动平台功能，因此确定发展模式和经营模式如下：

（1）发展模式。广州文化摩尔确立政府搭台、股份制企业经营、广泛整合社会各方面力量共同参与、文化商业经营和文化公益服务相融合的发展模式。

（2）经营模式。广州文化摩尔将根据商业性经营和公益性服务的属性标准对文化摩尔的所有功能进行严格划分，确定商业性经营项目和公益性服务项目。商业性经营项目采取商业运作模式进行经营管理，追求经济效益最大化目标；公益性服务项目采取无偿服务方式进行经营管理，以最大限度地满足市民文化公共服务需求为目标，其管理和服务费用由商业性经营项目的收益给予补充支付。

广州文化摩尔的商业性经营项目和公益性项目初步划分如下：

（1）公益性服务功能及项目。艺术长廊、文化广场（含音乐喷泉）、人文科技博览、文化主题公园、青少年科普园地、艺术表演（部分）、市民演艺广场、文化商品检测鉴定、图书阅览功能等。

（2）商业性经营功能项目。所有购物和服务功能类项目，休闲娱乐功能的商业经营性项目有：文化美食城、国际影视城、艺术表演（部分）、各类学习体验项目等。

四、主要保障措施

（一）项目选址

1. 选址原则

科学的选址是保证广州文化摩尔活动健康发展和公共文化设施品牌效应得以充分发挥的重要因素。根据国内外相关项目的实践来看，广州文化摩尔的选址须遵循以下几个原则：

（1）中心城区原则。中心城区是城市高端要素的聚集地。广州文化摩尔本身具有明显的现代、高端的特征，是体现城市形象的标志性公共文化设施。布局在中心城区，一方面能够强化中心城区高尚的文化氛围，进一步增强中心城区高端形象标志的影响力；另一方面，有利于文化摩尔相关资源的聚集，有利于标志性公共文化设施功能的发挥，有利于增强文化摩尔的综合聚集辐射效应，从而能更好地发挥城市"新名片"的作用。

（2）符合规划原则。文化摩尔是大型文化标志性项目，其选址布局必须满足城市总体发展的要求，即布局在城市规划确定的文化聚集功能区或现代都市文化圈范围。

（3）交通便利原则。文化摩尔是人流集散规模巨大的项目，需要发达、便利的交通条件予以支持。因此，项目选址应位于轨道交通、公共交通发达的地点，还要具备自驾车通达性好的条件。

（4）发展空间原则。本项目兼具大型摩尔和大型公共文化活动平台功能，体量较多，需要较大的发展空间给予支持。因此，所选地址应具有较大的发展空间，以保证项目相关功能的合理布局和发展需要。

（5）商、旅、文聚集原则。文化摩尔是汇集购物、休闲、服务、体验等功能于一体的综合性项目，是一个集商业、旅游、文化等功能的大型文化航母。因此，项目选址应有利于商、旅、文相结合的功能区域，即商旅、文化氛围较浓厚的区域。

2. 推荐选址

根据上述原则，根据可能选址地块的优劣势分析，建议广州文化摩尔在海珠湖周边或汉溪长隆地块进行选址。

（1）第一选址——海珠湖周边。选择理由：一是海珠湖位于广州新城市中轴线上，紧靠珠江新城现代都市文化圈，相对于另外两个选址更有利于形成文化聚集效应，有利于培育广州文化"新名片"。二是该区域是广州未来重点打造的区域之一，建设周期不会太长，成功建设后将沿新城中轴线与珠江新城连成一体，形成广州最高端的城区，更有利于本项目的全面发展和功能的全面发挥。三是该地点符合城市规划功能定位要求，交通条件优越、通达性优，具有足够的发展空间。四是该选址拥有海珠湖这一水景，是广州文化摩尔所追求的体现岭南水秀花香文化这一主题的重要载体。因此，建议将海珠湖周边作为本项目的第一选址。

（2）第二选址——汉溪长隆地块。选择理由：一是汉溪长隆地块位于广州新城市中轴线的延伸线上，且紧靠长隆旅游度假区和番禺大道商业带，是未来广州新城发展的核心地带，商旅与文化氛围浓厚。二是汉溪长隆地块的综合交通条件十分优越。三是该区域周边将形成华南商务、休闲、商贸基地和总部经济CBD区，具有潜在良好商圈和高端城区条件。四是该区域有大幅地块未开发使用，可供选择的区域较大，有利于本项目较大发展空间的需求。

（二）项目工程方案

1. 工程内容及功能

本项目包括五个主体工程。一是文化商城。主要承载文化商品购物功能、图书报刊阅览、学习交流、文化影视和文化美食等功能。二是文化博览馆。主要承载人文科技博览、艺术长廊、美术艺术博览、各类文化学习体验等功能。三是文化商务服务大楼。主要承载图书购销服务、出版发行服务、文化商务会议、文化及信息交流、文化人才交流、文化创意服务、文化商品拍卖及鉴定和摩尔行政管理功能等，也是相关服务功能总部机构聚集大楼。四是文化广场。主要聚集文化艺术雕塑、市民艺术广场和音乐喷泉、水幕电影内容于一体的大型文化广场，是市民公共文化活动的主要平台之一。五是文化主题公园。聚集包括岭南风情园、文学知识园、艺术品位园、青少年科普园等，并形成相互交融为一体的文化公园，是市民歇息、休闲和沐浴文化熏陶的场所，也是市民公共文化活动平台之一。

2．空间布局

本项目总占地面积为：20万平方米，其五大主体工程空间布局如下图所示。其中文化商城占地约5万平方米，文化博览馆约占地2万平方米，文化商务服务大楼约占地3万平方米，文化广场占地约4万平方米，主题公园约占地6万平方米。

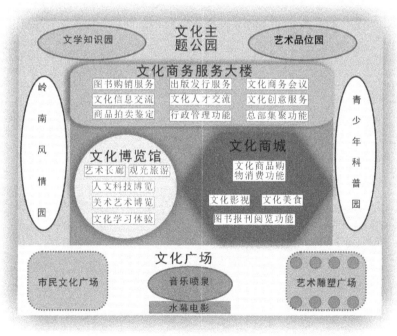

广州文化摩尔空间布局

（三）投资主体

广州文化摩尔的投资主体，可以考虑以市国有文化产业集团企业（如市新华出版发行集团）牵头，广泛整合外资或民营资本组成股份制企业作为本项目的投资主体，负责广州文化摩尔的开发建设和经营发展。

（课题组成员：李江涛　欧开培　李发金　罗谷松）